Le Chemin vers la Race d'Or

FSC
www.fsc.org
MIXTE
Papier issu
de sources
responsables
Paper from
responsible sources
FSC® C105338

Larisa SEKLITOVA
Ludmila STRELNIKOVA

Le Chemin vers la Race d'Or

Série « Au-delà de l'inconnu »

Édition : BoD · Books on Demand GmbH,
In de Tarpen 42, 22848 Norderstedt (Allemagne)
Impression : Libri Plureos GmbH, Friedensallee 273,
22763 Hamburg (Allemagne)
*ISBN : 978-2-**3225-1687-2***
Dépôt légal : **Novembre 2024**

Seklitova Larisa Alexandrovna.
Strelnikova Ludmila Leonovna.
Le chemin vers la race d'or
(Série « Au-delà de l'inconnu »)

Cet ouvrage complète la série de livres que nous avons écrits précédemment et aide les lecteurs à élargir leur propre base d'informations sur des sujets inexplorés et peu étudiés, dont nous continuons à décrire la nature en répondant à leurs nouvelles questions. Ce style permet à ceux qui étudient de nouvelles informations, parfois assez complexes pour eux, de clarifier leur compréhension de divers sujets et même de certains termes mentionnés dans nos livres. Toutes les clarifications contribuent à approfondir et élargir les connaissances des lecteurs intéressés, c'est-à-dire que les questions permettent d'enrichir les sujets, de les rendre plus détaillés et parfois plus accessibles à d'autres personnes. Nous espérons que chaque lecteur trouvera dans ce livre quelque chose de nouveau et d'intéressant.

Les auteures continuent à révéler de nouveaux secrets pour ceux qui ont soif de découvrir de nouvelles vérités.

Ces informations sont issues de contacts avec une intelligence supérieure et contiennent des éléments exclusifs.

Introduction

Le livre "Le Chemin vers la race d'Or" ouvre les mystères de la création de l'humanité de la prochaine race, appelée la race d'Or (l'Ère d'Or), les raisons de son apparition sur Terre, et explique pourquoi elle sera appelée la race d'Or. Le livre fournit des informations sur le nombre d'âmes des personnes de la cinquième race qui passeront à la prochaine nouvelle civilisation et ce qui arrivera aux autres.

Cet ouvrage explique les raisons pour lesquelles notre planète est si fréquemment visitée par des extraterrestres, qui apparaissent de plus en plus souvent et ne cachent presque plus visuellement leurs visites sur Terre. Pour beaucoup, il est devenu évident comment ils plongent dans les mers et les océans, et comment leurs vaisseaux extraterrestres pénètrent même dans les cratères des volcans ou disparaissent dans des ouvertures de la Terre.

De manière similaire, le lecteur découvrira qui et dans quel but reconstruit notre planète, fera connaissance avec les nouvelles expérimentations de l'Esprit Suprême concernant la planète et la reconstruction de la structure et des propriétés de l'homme lui-même.

De même, l'Esprit Suprême révèle à l'humanité le fait qu'elle a pris du retard dans son processus de développement par rapport à ce qu'Il avait prévu, et comment, en conséquence, les Supérieurs envisagent de combler cette lacune dans le développement moderne de l'humanité en accélérant le perfectionnement vers la Race d'Or.

Le lecteur découvrira de nombreuses nouveautés dans la compréhension de la planification familiale et comment des changements se produiront dans la vie de chacun. Il apprendra quelque chose d'inconnu sur son enfance précoce, et une nouvelle perspective s'ouvrira sur la raison pour laquelle, tout au long des cinq races, la vieillesse a été accordée à l'homme, et si elle persistera dans la sixième race. Les processus énergétiques agissant au sein de la famille entre les membres seront également expliqués, ainsi que les changements qu'ils subiront dans la prochaine race de l'humanité.

Le livre dévoilera également de nombreux autres mystères de l'Univers et d'autres choses qui sont restées inconnues de l'humanité jusqu'au vingt et unième siècle.

Chapitre 1
LA RECONSTRUCTION DE LA PLANÈTE ET DE L'HUMANITÉ

La désintégration de l'ancienne civilisation

Durant les dernières années de l'existence de la cinquième race, nous avons la possibilité d'observer comment les villages et les hameaux autour de nous s'effondrent activement. Maintenant, même de petites villes provinciales se joignent à ce processus, et la dévastation commence à s'étendre aux villes de taille moyenne. C'est pourquoi, même les personnes ordinaires, plutôt que les philosophes, commencent à se demander comment arrêter ces processus de destruction et, en général, comment apprendre à les gérer et à orienter la vie de tout ce qui existe déjà vers une nouvelle ère et de nouveaux processus de développement. En relation avec cela, nos lecteurs ont posé les questions suivantes.

Lecteur : Pourquoi tant de villages brûlent-ils actuellement chez nous et dans d'autres pays ? Les petites villes s'effondrent. Pourquoi les Supérieurs le permettent-ils ?

Réponse : Sans aucun doute, la destruction des anciennes villes, ainsi que de nombreuses structures terrestres à des fins industrielles et agricoles, est un processus naturel de conclusion du développement de la cinquième race. Il y a une réduction de la fourniture d'énergies d'En Haut pour la vie de l'humanité de la cinquième civilisation, ce qui se manifeste économiquement par l'allocation de fonds pour le développement des villes et des villages. Ainsi, tout ce qui n'est plus nécessaire aux Supérieurs subit la destruction. Par conséquent, les villages se vident, les villes à la surface et en sous-sol entrent en déclin.

La race actuelle achève son existence, emportant avec elle dans le passé tout ce qui est non-perspectif, créé pour une période spécifique. Ainsi, tout se déroule selon les desseins des Supérieurs. Nous avons mentionné ici une période "spécifique". Il est possible que c'est précisément en elle que réside le début de toutes les destructions. À l'origine, tout est construit non pas pour l'éternité, mais pour 3-4 décennies, d'où la solidité des structures est immédiatement établie à un niveau de résistance minimal, qui commence rapidement à se dégrader sous la pression du cours du temps.

Les gens ne sont pas habitués à faire des investissements supplémentaires dans la solidité, caractérisés par sa longévité. Ils aiment économiser, mais au lieu d'économies, parfois ils se retrouvent avec des dépenses supplémentaires. Si, autrefois, certains bâtiments monumentaux étaient construits pour l'éternité, une certaine résistance était incorporée dans leur matière, ce qui faisait que les bâtiments et les structures résistaient après la restauration pendant une période plus longue et continuaient à servir la société. Cela contribuait finalement à économiser des ressources allouées à l'expansion de la production, etc.

Souvent, de petits détails et des processus prédéterminés contribuaient à sauver toute une civilisation de la destruction rapide et favorisaient sa reconstruction rapide. Autrement dit, la déstructuration découle d'une planification étroite de certains moments de transition.

Tout repose sur des calculs d'ingénieurs insuffisamment bien réalisés et sur le manque de rigueur dans le développement des projets aux points de jonction entre l'ancien et le nouveau. Cependant, nous espérons qu'à l'avenir, de telles lacunes seront éliminées et que les gens cesseront de remarquer comment quelque chose depuis longtemps obsolète évolue en douceur vers quelque chose de renouvelé et plus adapté à la modernité. Tout se présentera comme un projet naturel, et nos yeux ne verront plus ces moments de transition répugnants, de la destruction totale avec sa difficile transformation vers la nouveauté classique de quelque chose d'autre, où la transformation d'une forme en une autre s'accompagne d'une perte partielle des proportions véritables de la forme générale, entraînant la destruction des subtilités de la réunion de tout ce qui est obsolète avec l'innovant et actuel, dans le but d'unir et de maintenir une forme globale cohérente.

La vie change fondamentalement

Le changement de races s'accompagne toujours de changements majeurs dans la vie des personnes. Indéniablement, les nouveaux stades de développement humain sont accompagnés de transformations dans les situations de vie et de réformes dans les relations entre les individus. Tout au long de chaque race, de nombreuses innovations sont introduites de manière imperceptible. Cependant, l'homme est ainsi fait que dès qu'il n'aime pas quelque chose, il organise des émeutes, des révolutions. Si les "élites" ne souhaitent pas introduire quelque chose de nouveau dans leur vie par elles-mêmes, les "masses" les obligent à le faire par la force. C'est ainsi que cela s'est généralement passé tout au long des cinq races.

Cependant, aucune innovation n'est capable de faire fonctionner le corps humain à un Niveau supérieur si la construction même de l'homme n'est pas conçue pour de telles réactions. Nous savons déjà que la structure de l'homme ne se limite pas à la seule présence de son corps matériel. La communication avec les Maîtres Supérieurs nous a permis de découvrir qu'en réalité, les structures fondamentales se trouvent sur son plan subtil. En plus du corps physique, il possède six enveloppes subtiles, et chacune d'elles a sa propre structure énergétique et a besoin, pour son développement, de types spécifiques d'énergies. Lors du passage d'une race à une autre, un nombre correspondant d'enveloppes était ajouté à la forme physique de l'homme : parfois une, parfois même deux à la fois.

Nous expliquons tout cela pour que l'homme moderne comprenne désormais que le changement de races n'est pas un caprice des Maîtres Supérieurs, mais représente un besoin naturel du Cosmos. Dès le moment où le premier homme est apparu sur Terre, les Supérieurs* ont tout de suite compris que de telles âmes ne pouvaient pas rapidement passer du Niveau animal au Niveau des Substances* spirituelles pour une existence ultérieure dans les mondes de Dieu, situés dans Sa Hiérarchie. Beaucoup d'âmes sous-développées ne seront même pas nécessaires au Diable.

C'est pour cette raison qu'il a été décidé que le développement de l'homme devait se faire de manière progressive. Étant donné que déjà dans la première race, l'homo sapiens a montré beaucoup de volonté propre, la décision a été prise par les Supérieurs de lui organiser 7 (sept) étapes de développement, c'est-à-dire de le faire passer à travers sept races. Cela signifiait que chaque race offrait l'opportunité de créer de nouvelles conditions d'existence pour les humains. De plus, une telle division progressive du perfectionnement de l'âme permettait de corriger les développements incorrects. Seule la volonté propre de l'homme et son désir de vivre selon ses propres souhaits ont conduit à l'introduction de la réincarnation. Le sens de ces réincarnations était que, après la mort et le Jugement Divin, les âmes positives, aspirant à Dieu, étaient obligatoirement envoyées pour la purification. Les cellules de leurs matrices étaient nettoyées de tous les types d'énergie qu'elles avaient acquis en dehors du programme*. Il s'agissait d'énergies non planifiées (défectueuses)*. Pour la vie suivante, chaque âme de ce type se voyait à nouveau insérer dans le programme des situations de vie similaires à celles qu'elle avait mal traversées dans la vie précédente. De cette manière, elles étaient obligées d'accumuler dans leurs matrices le type d'énergie requis par le programme.

La propre structure de l'homme exigeait la présence en lui uniquement des types d'énergies que les Supérieurs cherchaient à obtenir de lui. Bien sûr, la purification des cellules est douloureuse, mais l'individu en est lui-même responsable. Il ne faut pas les accuser de cruauté et d'insensibilité, car ils posent devant l'homme un grand objectif. Ils veulent qu'il entre non seulement dans la Hiérarchie de Dieu, mais aussi qu'il accède à l'existence éternelle.

Il est nécessaire de fournir une explication supplémentaire ici : seule la structure hiérarchique correcte des cellules leur confère la résistance requise par l'Éternité. L'Éternité possède un potentiel énorme, donc tout ce qui y est construit de manière incorrecte sera écrasé un jour.

Sachant cela, les Maîtres Supérieurs exigent de l'homme qu'il construise son âme correctement, c'est-à-dire solidement. En purifiant les cellules des énergies défectueuses accumulées, ils aident les âmes des humains à renforcer la résistance de leurs structures. Cependant, le perfectionnement de l'âme est également compliqué par le fait que chaque âme est construite avec des qualités strictement définies. Cela est indispensable. Chaque nouvelle âme apparaît dans notre Création (Univers entier) en fonction de ses besoins et est destinée à la revitalisation d'une partie spécifique, de son "organe", pour simplifier la compréhension des changements qui surviennent chez l'homme.

Ainsi, en résumant, soulignons les points suivants pour lesquels il est nécessaire de changer de races. Dans cette énumération, partons des principales raisons en séquence descendante, car les raisons ultérieures découlent déjà de la première, la principale :

1. Les besoins de la Création (Univers Entier) en renouvellement par l'introduction de nouvelles âmes de qualité et de quantité spécifiques. Les Supérieurs confient cette tâche à la Hiérarchie de Dieu.

2. Pour atteindre ces objectifs, les Maîtres Célestes ont créé la planète Terre et le système solaire dans lequel elle devait évoluer. Ils ont incarné à la Terre une âme planétaire se trouvant à un stade de développement spécifique.

Le développement de cette âme a, à son tour, nécessité l'introduction dans le système solaire de certaines planètes supplémentaires avec lesquelles la Terre devait échanger des énergies.

3. L'apparition d'autres planètes dans le système solaire a engendré une autre raison : la nécessité de connecter l'âme planétaire de la Terre avec d'autres planètes pour organiser entre elles des liens plus puissants. C'est pourquoi des planètes correspondant au Niveau de développement de l'humanité tout au long de ses sept civilisations ont été introduites. En outre, l'homme lui-même a été connecté à ces planètes pour accélérer son perfectionnement. Ainsi est née la science de l'astrologie, qui a aidé l'homme à comprendre ce que lui apporte, dans cette incarnation, le lien avec telle ou telle planète.

Mais lorsque l'humanité achèvera son perfectionnement ici, sur Terre, cela entraînera toute une série d'autres dépendances inverses liées aux changements qui se produisent dans notre Univers à cet endroit. Mais tout se déroulera dans l'ordre inverse.

Par conséquent, toutes les âmes qui ont atteint la norme requise passeront dans la Hiérarchie de Dieu (les âmes négatives iront vers le Diable). Quant à la Terre, devenue inutile après avoir accompli sa mission, elle commencera à se refroidir. Le Soleil, lui aussi, s'éteindra, se transformant en naine noire, et ensuite tout notre ancien système solaire, avec toutes les planètes, passera simultanément à travers un trou noir vers une autre dimension. Toutes les planètes suivront le Soleil là-bas. Un nouveau système apparaîtra à cet endroit.

Cependant, toutes celles qui auront traversé le trou noir vers une autre dimension progresseront déjà à un Niveau plus élevé de leur développement, car elles doivent continuer à progresser. Ainsi, elles passeront dans une région de notre Univers qui leur permettra de progresser grâce à l'utilisation d'énergies d'une gamme plus élevée et puissante. Là-bas, elles continueront leur existence dans des corps subtils et d'autres situations de vie.

Mais revenons à notre planète Terre.

4. Maintenant, on peut expliquer le point suivant. L'apparition de la Terre avec des âmes en développement est également due à sa propre nécessité de développement. Étant donné que l'humanité n'était pas capable de progresser rapidement et commettait de nombreuses erreurs, qu'il fallait corriger par des ajustements de son programme, le chemin entier de son perfectionnement jusqu'à la phase qui lui permet de passer dans la Hiérarchie de Dieu a dû être divisé en sept races.

C'est pourquoi les réincarnations ont été introduites pour corriger ces erreurs.

Il convient de noter ici qu'à la fin du développement des êtres humains de la cinquième race, tous les esprits les plus évolués et réussis dans leur perfectionnement seront immédiatement distingués et regroupés à part.

Et enfin, l'humanité est arrivée au passage vers la nouvelle sixième race. Nous appelons ce passage spécial, car il divisera l'humanité en âmes :

a) qui seront autorisées à évoluer davantage dans le développement évolutif ;

b) qui seront considérées comme inaptes à l'évolution et seront envoyées pour un décodage*, c'est-à-dire pour la destruction complète de leurs propriétés personnelles ;

c) qui passeront du côté du Diable ;

d) qui continueront leur développement dans des mondes inférieurs. Ce sont les quatre divisions les plus importantes.

Et maintenant, essayons de clarifier cette répartition. Le développement dans la cinquième race était crucial car de cette race, certaines âmes (comme des perspectives) seront immédiatement transférées vers une existence éternelle. Ainsi, les Supérieurs examineront très strictement toutes les situations qu'elles ont traversées et décideront ensuite de la manière d'accélérer leur perfectionnement et de transférer autant d'âmes que possible vers une existence éternelle.

Une partie des âmes ayant excellé dans des actions négatives et des connaissances négatives passeront également immédiatement du côté de la Hiérarchie négative, servant désormais de manière permanente et poursuivant leur perfectionnement sous Sa direction.

5. Cependant, maintenant, nous allons donner aux lecteurs la possibilité de découvrir quelles âmes auront encore l'opportunité de poursuivre leur existence. En effet, initialement, les Supérieurs ont pris une décision assez sévère : *décoder toutes les âmes qui n'auraient pas atteint le Niveau requis pour passer à la sixième race.* Cependant, après avoir calculé le nombre d'âmes devant être décodées (décodages), ils ont été choqués par le résultat extrêmement bas atteint par l'humanité dans son perfectionnement au cours des cinq races.

Après cela, les Supérieurs ont conclu ensemble que les âmes jeunes et inexpérimentées méritaient tout de même une chance supplémentaire pour leur salut et leur développement, mais cette fois-ci, pas sur Terre. C'est ainsi qu'ils ont effectué une autre division, qu'ils ont considérée comme définitive :

a) L'accent principal sera mis sur les âmes qui, au cours de leurs réincarnations, ont cherché à apprendre quelque chose de nouveau, à progresser dans quelque chose, à accomplir des succès. Ainsi, immédiatement après la conclusion de leur cycle de perfectionnement par la cinquième race, toutes les âmes les meilleures et les plus prospères seront distinguées dans un groupe distinct appelé « les âmes prometteuses ».

Une petite partie d'entre elles ayant atteint un progrès exceptionnel (ce sont des individus exceptionnels de la cinquième race ayant excellé dans leur développement et la construction de qualités telles que la bonté, le volontariat, l'aide aux autres, et d'autres actions bienveillantes) passera dans la Hiérarchie Divine et le Système Médical. Nous rappelons que le Système Médical comprend un Système d'Aide et de Sauvetage. Ces âmes se prépareront à fournir de l'aide et du secours à toutes les créatures vivantes, d'abord dans notre Univers, puis dans toute la Création (l'Univers entier ou le Méga-Univers).

b) Le comportement des gens change jusqu'au dernier jour de leur vie sur Terre, et le nombre exact des âmes à décoder sera déterminé lors du Jugement Dernier. Il faut cependant se rappeler que son objectif n'est pas de détruire les âmes, mais de leur offrir une chance supplémentaire de salut. Par conséquent, le pourcentage d'âmes à décoder sera connu ultérieurement. Il comprendra toutes les âmes en retard, non prometteuses, paresseuses et parasitaires.

c) Le Diable emportera toutes les âmes négatives avec lui, et il n'y en aura plus sur Terre, c'est-à-dire qu'il n'y aura plus d'âmes négatives qui poussent à commettre le péché et déroutent les faibles et les moralement instables, les attirant dans leur Système. La Hiérarchie négative les dispersera dans ses mondes négatifs en fonction de ses propres plans et du type de spécialistes dont il a besoin, car il commencera à développer ses propres âmes orientées professionnellement. Et ici, bien sûr, les lecteurs peuvent nous poser une autre question (voir ci-dessous - question "A").

Question «A» : Que se passera-t-il avec ces spécialistes si, après un certain temps, le Diable est également écarté ? Après tout, ces hiérarques négatifs sont également périodiquement réélus.

Réponse : Le fait est que tout Hiérarque est tenu de développer ses spécialistes pour les futurs travaux en fonction des principaux objectifs que Dieu lui fixe. Ainsi, dans tous les cas, ces spécialistes doivent convenir également à un nouveau Hiérarque à venir.

Mais, comme la réélection des Hiérarques négatifs se produit après un laps de temps considérable suivant le changement de races, et que toutes les qualités dans les âmes se construisent sur une longue période, cette âme sera d'abord dirigée vers le perfectionnement de toutes les anciennes qualités qu'elle possède. Ce n'est qu'après cela qu'une telle âme pourra se développer pleinement dans de nouvelles qualités, conformes aux plans d'un autre Hiérarque. Il est compréhensible que chaque âme, en particulier celle d'un Hiérarque, atteigne sa but à sa manière, de sorte que chaque nouveau Hiérarque apporte inévitablement les modifications nécessaires aux programmes de ses âmes affiliées, car chacun d'entre eux aura besoin de ses propres spécialistes.

d) Ajoutons également ce qui précède en mentionnant que notre Dieu a également des âmes négatives (ce sont des calculateurs, des programmeurs, des mathématiciens, des physiciens, des inventeurs ; des scientifiques de diverses disciplines liées au travail avec des énergies négatives et donc accumulant une grande quantité dans leurs matrices). Mais, elles s'efforcent toutes de vivre selon les lois, la bonté et la justice leur sont inhérentes, c'est-à-dire que leur moralité correspond à un comportement positif, c'est pourquoi elles sont restées dans le Système de notre Dieu.

Ces âmes négatives continueront également leur développement dans une nouvelle race, restant dans un Système positif de perfectionnement.

- - -

Revenons maintenant à la question précédente et expliquons comment notre cinquième race sera divisée en sous-groupes après l'achèvement de son développement.

En effet, dans la cinquième race, il y a encore un nombre considérable de jeunes âmes qui ont été introduites dans le cycle de la vie au lieu d'être décodées. Il n'est pas permis de détruire ces jeunes âmes, car certaines d'entre elles n'ont pas encore eu la chance de vivre dix incarnations de vérification et ont donc besoin de poursuivre leur développement. Mais, étant donné que les conditions pour leur perfectionnement progressif sur la planète seront désormais absentes parce que seule la sixième race existera sur la Terre, et qu'il s'agit d'âmes ayant atteint le 50e niveau de développement et plus, une partie des âmes immatures sera envoyée vers d'autres mondes de Niveaux inférieurs pour continuer à perfectionner leurs qualités individuelles, ou d'autres planètes leur seront assignées où les conditions de vie sont semblables à celles de la Terre.

Cependant, la plus grande partie des âmes de Niveau moyen de la cinquième race, qui se développent avec succès et consciencieusement, passera à la sixième race pour poursuivre leur perfectionnement et élever le Niveau général de l'humanité. Elles s'efforceront de compenser tout retard accumulé par l'humanité et de la faire progresser conformément aux plans établis pour le perfectionnement des âmes au début de la colonisation de la Terre par les représentants de la cinquième race. C'est une division approximative que les âmes de l'humanité moderne devront traverser dans un proche avenir. Et bien sûr, chacun devra travailler dur pour éliminer simultanément le retard et faire un bond en avant dans le développement. Ainsi, dans les deux cents prochaines années, il ne faut pas s'attendre à une vie heureuse et facile.

La raison du passage de la cinquième race à la sixième

L'homme a depuis longtemps compris le passage du temps et comprend parfaitement que, avec le cycle des saisons, les années passent vite. Il est habitué à percevoir le flux du temps à travers les changements constants qu'il observe autour de lui. Ces changements sont également visibles en lui-même : l'enfance cède la place à la jeunesse, la jeunesse à la maturité, et la maturité glisse imperceptiblement vers la vieillesse. Tout cela se reflète dans les petites étapes de l'existence humaine. Cependant, il existe également des périodes plus longues de changements et de cycles mondiaux. Par exemple, il y a des cycles de changement de la Terre elle-même, des continents qui se rapprochent et s'éloignent. La planète elle-même se renouvelle, son écosystème subit des transformations, les espèces de plantes changent. Et toujours, quelque chose d'autre succède à ce qui était là auparavant. En d'autres termes, il y a des raisons pour lesquelles un phénomène prend la place d'un autre. Pour les êtres vivants, la raison de ce changement est le plus souvent le changement climatique. Mais comme tous les êtres vivants sont reliés entre eux par un cycle de connexions de toutes sortes, les changements d'une chose entraînent nécessairement et inévitablement des transformations correspondantes dans une autre.

Le plus souvent, de nombreuses connexions et changements se produisent sur un plan subtil qui n'a pas encore été exploré par les humains, de sorte que la plupart de ce qui se passe reste imperceptible pour eux. Par exemple, les gens savaient qu'une civilisation succède à une autre sur Terre. Mais les raisons de ces changements sont restées inconnues pendant longtemps. Ce n'est que vers la fin de la cinquième race que les Maîtres Supérieurs nous ont révélé le mystère de la succession des civilisations.

Il s'avère qu'une race succède à une autre en raison du fait que la construction subtile précédente de l'homme ne permet pas à son âme de poursuivre son développement à un Niveau supérieur. C'est pourquoi les âmes des animaux passaient à la forme initiale de l'homme, et cette nouvelle construction leur permettait de se développer jusqu'à un certain Niveau.

Cependant, dès que ce Niveau a été atteint, les Créateurs Supérieurs ont dû créer une nouvelle construction humaine, conçue pour un Niveau de perfectionnement de l'âme encore plus élevé. Mais cela n'était qu'une raison initiale, car il existait également un fondement plus profond justifiant la nécessité de changer de race. La deuxième raison était que notre Terre elle-même est un organisme vivant en développement, et elle a besoin de certains types d'énergies pour soutenir la vie, que seule l'humanité est capable de fournir à la planète.

Ainsi, elle est construite de manière à, tout en se développant elle-même et en produisant de l'énergie pour sa matrice, partager une partie de son énergie avec la planète. Nous savons depuis longtemps que l'homme absorbe de l'énergie du Cosmos (de son Maître Céleste), la transforme, et une partie de la nouvelle énergie produite s'écoule vers la Terre par ses pieds. Mais, puisque la nouvelle forme est conçue pour l'énergotraitement (énergoproduction) à un Niveau supérieur, il est compréhensible que la Terre commence également à recevoir de l'énergie du Niveau suivant pour son propre perfectionnement.

Ainsi, brièvement, on peut résumer les raisons comme suit :

1. La principale raison de l'émergence des races et de leur succession est le besoin de la Terre elle-même en énergies du Niveau suivant de son développement. Et ces énergies ne peuvent lui être transmises que par l'intermédiaire de l'homme.

2. Le changement de races (civilisations) est également motivé par la nécessité du développement de l'âme humaine à un Niveau plus élevé.

Ces deux raisons obligent les Créateurs Supérieurs à ajuster les constructions subtiles des humains selon d'autres paramètres. C'est là que se manifeste précisément l'interconnexion de tout dans la nature.

Le nombre d'enveloppes subtiles dans l'homme augmentera, mais pour l'instant, elles sont créées artificiellement par les Créateurs Supérieurs. Après la sixième race, une nouvelle enveloppe subtile sera encore ajoutée à l'âme humaine. Cependant, lorsque l'âme accédera à la Hiérarchie de Dieu, la structure de l'âme suivra un principe légèrement différent, et les enveloppes artificiellement créées ne seront plus ajoutées à l'âme qui évolue vers un Niveau plus élevé. L'âme commencera elle-même à développer les structures nécessaires.

Avec la sixième race, aucun changement extérieur significatif ne sera observé chez l'homme. En général, on peut dire que la race perdra sa différenciation sur la base de caractéristiques nationales, et elle sera uniforme avec une seule teinte de peau légèrement bronzée. Les autres caractéristiques ont été abordées précédemment dans d'autres livres, nous n'allons pas répéter.

Il est également important de se rappeler que le changement des structures subtiles entraîne également un changement dans les fonctions du fonctionnement de l'organisme.

Ainsi, les raisons qui provoquent le changement des races remontent haut dans le 'Ciel', c'est-à-dire dans les Mondes Supérieurs, et les interdépendances se déroulent de la manière suivante : tout d'abord, des types spécifiques d'énergies ont été nécessaires aux Supérieurs pour leur existence. Pour cela, ils ont créé la Terre. Et afin de lui fournir les types d'énergies nécessaires, ils ont créé la forme humaine, adaptée à un Niveau spécifique de développement. Comme l'homme n'est pas capable de se transformer rapidement, les Créateurs changent périodiquement les structures subtiles de son être, élevant avec chaque race le travail de l'homme avec des énergies d'une gamme plus élevée. L'énergie elle-même ne peut pas accéder aux nouveaux énergocorps additionnels - seulement à travers le travail de l'âme, à travers des actions spécifiques de l'homme. C'est pourquoi il devra maîtriser de nombreuses nouvelles actions par le biais de capacités paranormales.

L'acquisition de capacités paranormales signifie un changement dans les situations de la vie quotidienne et dans le domaine social de l'individu. Cela entraîne à son tour une transformation complète des programmes du perfectionnement humain.

Chaque race évolue selon ses propres programmes*, correspondant à son Niveau global de perfectionnement. Les nouveaux programmes orientent les individus à accumuler les deux nouvelles enveloppes énergétiques apparues à un Niveau plus élevé. Cependant, en parallèle, les habitants de la Terre continueront à accumuler également les énergies qu'ils n'ont pas encore travaillées. Dans le plan de l'ensemble du cosmos, l'homme est son unité opérationnelle, c'est-à-dire qu'il est effectivement l'énergoporteur qui fournit à la planète et aux Supérieurs certains types d'énergies, mais avec un énergopotentiel accru. Ce potentiel accru est souvent obtenu en surmontant des situations de vie complexes, en surmontant des difficultés.

Sur Terre, une énergie très puissante descend des Systèmes hiérarchiques Supérieurs de Dieu. Et cela se remarque déjà maintenant. Certes, les Supérieurs ont déjà transmis de l'énergie à la planète par le passé, mais elle était adaptée aux faibles énergopotentiels, correspondant aux Niveaux de développement traversés à la fois par l'humanité et la planète elle-même.

Pendant ce temps, l'énergie envoyée sur Terre à la fin de chaque race a toujours été plus puissante que celle avec laquelle les gens ont travaillé tout au long de l'existence de la race précédente. Cette régularité est facile à ressentir à l'époque actuelle, car à la fin de la cinquième race, une énergie si puissante descend sur Terre que sa puissance énergétique provoque des incendies dans de nombreuses régions du monde : des tourbières s'enflamment constamment, les forêts de Sibérie, de la région de Vladimir, de la région de Moscou brûlent, les forêts d'Espagne, du Canada, de France et de nombreux autres endroits sont en feu. Et cela n'est pas dû au "facteur humain", comme on le dit souvent en référence aux touristes irresponsables, mais aux conséquences des changements inévitables qui accompagnent la transition d'une race à une autre à l'époque actuelle. (Par exemple, dans les régions reculées de Sibérie où aucun être humain n'a mis les pieds depuis des dizaines d'années, où peut-on trouver une allumette ou un mégot de cigarette jeté ?) C'est le résultat du travail des Systèmes hiérarchiques Supérieurs, qui envoient une énergie puissante sur Terre pour déplacer la planète et l'humanité vers la sixième orbitale. La Terre se recharge, et la transition vers un nouveau régime de température atmosphérique se prépare.

Mais il est important de souligner que jamais auparavant une énergie aussi puissante n'a été déversée sur la Terre, c'est pourquoi la planète elle-même n'a pas appris à transformer cette nouvelle énergie de manière appropriée, d'où les incendies qui éclatent ici et là. Mais, notre planète bénéficie d'un certain laps de temps pour assimiler cette nouvelle énergie divine, afin d'apprendre à la diriger correctement pour le développement de la Terre elle-même, en tant qu'organisme vivant, et apprendre à l'utiliser correctement.

Il faut se souvenir que ce Niveau d'énergie puissante est capable de détruire, de consumer toutes les formes d'existence des anciennes modifications, c'est pourquoi il est nécessaire d'apprendre à gérer l'énergie reçue et à la diriger correctement vers des actions bénéfiques. Cependant, lorsque les Supérieurs voient que l'homme ne peut pas faire face à l'énergie qui lui est envoyée, ils essaient de s'ajuster à lui jusqu'à ce qu'il comprenne enfin ce qu'il doit faire par lui-même.

Mais, l'émergence d'énergies puissantes en ce moment est liée à une autre raison importante pour notre planète - sa transition vers un Niveau de développement supérieur, c'est-à-dire le processus que nous avons déjà mentionné dans d'autres livres sous le nom de "transition de la planète vers une nouvelle orbitale", signifiant le passage de la planète à un Niveau supérieur de son développement selon sa hiérarchie planétaire. Ainsi, nous observons les processus cosmiques grandioses impliqués dans cette descente de l'énergie divine sur notre Terre.

La Terre, en compagnie de l'humanité, évolue vers un nouvel état énergétique à travers une transformation à son Niveau planétaire.

Bien sûr, cela ne sera pas immédiatement perceptible, mais avec le temps. Par exemple, les clairvoyants capables de regarder dans le futur voient des individus lumineux. Ils ne peuvent pas dire avec certitude s'ils appartiennent à la sixième ou à la septième race, mais on peut en conclure que les gens du futur rayonneront intensément, en comparaison avec notre contemporain émettant une lumière faible.

Les représentants de la cinquième race ont accumulé dans leurs enveloppes subtiles un bas spectre d'énergies, tandis que les individus du futur (vers la fin de la sixième race) accumuleront à l'intérieur de leurs énergocorps des énergies d'une gamme plus élevée, ce qui les fera paraître lumineux en comparaison.

Ainsi, l'arrivée sur Terre d'énergies élevées en ce moment est une préparation à la formation de tels êtres lumineux à l'avenir. Quant à notre contemporain, qui apparaît comme une tache grise et floue en comparaison, il devra endurer cela. Mais, il peut déjà observer les changements qui se produisent autour de lui en vue de la création d'un nouveau climat favorable à l'existence des représentants de la sixième race.

Notre contemporain observe comment un hiver froid a depuis longtemps cédé la place à des périodes de dégel, et il lui est même difficile de faire du ski. La neige, à peine tombée au sol, fond instantanément. Nous nous souvenons personnellement d'il y a environ 40 ans, dans la région de Vladimir, lorsque nous allions travailler le thermomètre indiquait une température inférieure à -40 degrés. Actuellement, au cours du même mois de décembre, la température n'est pas descendue en dessous de -4 degrés pendant 15 ans. Dans la région de Krasnodar, par exemple, en 2016, au mois d'octobre, des lilas ont fleuri pour la deuxième fois, et en février 2015, des pommiers ont fleuri et des primevères ont éclos. En d'autres termes, des anomalies ont commencé dans les cycles de la nature, qui étaient auparavant caractérisés par la précision de leur alternance.

Les personnes qui ne lisent pas nos informations, y compris les chercheurs scientifiques contemporains, ne peuvent pas expliquer toutes les déviations par rapport à la norme qui se produisent autour d'eux dans la nature, tandis que nos lecteurs sont déjà capables d'expliquer beaucoup de choses qui restent incomprises pour les autres.

Les Supérieurs ajustent le climat en fonction de l'environnement destiné à la sixième race, et toutes les déviations des anciennes normes qui s'y produisent sont sous leur influence. Si des typhons, des tornades, des ouragans, des tsunamis, des inondations et des tremblements de terre se produisent quelque part, cela n'est pas lié à une "guerre climatique" menée par certains pays contre d'autres dans le but de dominer le monde. Tout cela est observé en raison de la restructuration de la Terre, de ses enveloppes subtiles et de sa plate-forme matérielle. Bien sûr, la présence de forces opposées sur la planète permet de s'accuser mutuellement d'attaques délibérées contre l'adversaire et d'ignorer des aspects plus globaux.

Mais, la véritable essence de ce qui se passe ne réside pas dans l'«homme tout-puissant», mais dans le fait que le temps de la transformation de la planète est venu en raison du changement des races qui s'y produit. Cela est démontré par des anomalies inhabituelles qui se produisent partout sur la planète, et les gens observent des manifestations anormales de la nature là où cela n'a jamais été le cas, ou cela s'est produit il y a très longtemps. Par exemple, même dans la région de Novorossiysk, la patrie de L. A. Seklitova, les gens ont vu comment des trombes d'eau se formaient à la surface de la mer sous leurs yeux, puis s'abattaient en torrents sur la terre ferme. Dans ces régions, il y avait généralement seulement des vents forts, mais les trombes d'eau sont apparues pour la première fois. De plus, les trombes d'eau ont commencé à apparaître même sur la terre ferme dans des régions où leur formation est naturellement impossible, par exemple à Moscou et dans la région de Moscou.

Aussi, de nombreux lecteurs observateurs peuvent également donner des exemples pertinents de leur propre vie. Il est donc temps d'arrêter de s'accuser mutuellement de «guerre climatique» et de flatter l'humanité avec le pouvoir imaginaire de son intelligence. Il vaut mieux orienter nos pensées vers la prise de conscience de la véritable nature des phénomènes qui se produisent autour de nous.

Cependant, l'homme est structuré de manière à se flatter en s'attribuant à lui-même certains phénomènes naturels et en pensant qu'il est capable de contrôler ces phénomènes. Mais lorsque ces phénomènes commencent à détruire des villes et à entraver le mode de vie et le développement de la civilisation, il refuse de comprendre que la planète, en tant qu'être vivant, tente de montrer aux gens qu'elle n'est pas satisfaite de leur comportement et qu'il est temps pour eux de se réveiller et d'apprendre à interpréter correctement les signaux qu'elle envoie. Par conséquent, l'homme doit continuer à diriger sa pensée vers l'étude non seulement de la Nature, mais aussi de la planète elle-même. Il est temps, ne serait-ce qu'un peu, d'apprendre à comprendre les formes cosmogoniques de vie. Elles aussi ont le droit d'exiger de l'humanité un certain respect envers elles.

Le climat du futur

Lecteur : Si la sixième race devient unifiée, y aura-t-il des sous-cultures locales ou non ? Par exemple, en Yakoutie, il existe des compétitions spécifiques telles que les courses de traîneaux tirés par des rennes. L'élevage de rennes est lié au fait que c'est une région nordique. Ces animaux ont besoin du froid, c'est dans ces conditions qu'ils peuvent se sentir normaux. Autrement dit, les facteurs climatogéographiques favoriseront-ils l'émergence de spécificités culturelles dans le mode de vie des gens dans différentes régions de la Terre avec une sixième race unifiée ?

Réponse : Aucun type ni sous-type de cultures ne sera préservé. Il n'y aura pas non plus de différences climatiques. Pour la sixième race, les Supérieurs ont déjà commencé à créer des conditions climatiques spéciales pour un climat tempéré chaud confortable. Certaines nations sont peu nombreuses, et elles n'ont pas réussi à créer de culture spécifique ou de caractéristiques particulières de leur existence, car elles ont survécu pendant une période très courte de l'histoire de l'humanité. Les différences de vie qui se manifestaient chez elles étaient également des adaptations nécessaires. C'étaient aussi des variantes expérimentales qui montraient que le climat froid ralentissait le développement des êtres humains. Ils pouvaient rester à un certain Niveau de développement pendant plusieurs générations. Cependant, lorsque ces âmes changeaient leur environnement de vie pour le mieux, elles réalisaient immédiatement des percées accélérées dans leur auto-perfectionnement et élevaient leur Niveau.

Qui reconstruit la Terre

Pendant de nombreuses années, l'humanité a vécu paisiblement sur Terre, persistant à se considérer comme la seule forme intelligente dans notre Univers. Cependant, à partir du milieu du XXe siècle environ, l'humanité a régulièrement observé des engins spatiaux extraterrestres, sous des formes variées : des objets ressemblant à des « soucoupes volantes », des formes cylindriques, voire même des engins pyramidaux. Alors que les OVNIs étaient auparavant rares, ces derniers temps, on les observe presque tous les jours à différents endroits de notre planète.

Beaucoup ne comprenaient pas pourquoi leurs visites sur notre planète devenaient de plus en plus fréquentes. Les scientifiques, ne comprenant pas la raison de cela, ont adopté une position qui leur était confortable, affirmant qu'il ne pouvait y avoir aucune forme de vie intelligente extraterrestre, car ils avaient envoyé à plusieurs reprises des signaux radio et autres dans le Cosmos, sans recevoir de réponse. Et puis, soudain, des articles ont commencé à apparaître de manière sporadique dans différents journaux et magazines, rapportant qu'on avait vu non seulement leurs engins volants, mais aussi les extraterrestres eux-mêmes, qui ne ressemblaient en rien aux humains, affirmant que les extraterrestres pouvaient prendre différentes formes externes. Cependant, même ces articles d'observateurs ne suffisaient pas à convaincre les scientifiques de l'existence d'une autre intelligence dans le Cosmos. Pour eux, sans preuves tangibles, cela signifiait que ce phénomène pouvait être expliqué de n'importe quelle manière.

Donc, qu'est-ce qui pourrait intéresser les extraterrestres : pourquoi sont-ils attirés par certains endroits de la planète tandis qu'ils ne prêtent aucune attention à d'autres ?

Cependant, des observateurs ont noté que les extraterrestres ont appris à se cacher habilement des humains : ils descendent librement dans l'eau, au fond des mers et des océans, plongent sans encombre dans le sol lui-même, ne laissant aucune trace, ils peuvent même pénétrer dans le cratère de volcans en activité, puis en ressortir entiers et parfaitement intacts.

Mais tout cela ne fait que témoigner du fait que leur civilisation a considérablement progressé dans son développement, comparée à la nôtre, en apprenant à survivre techniquement même dans des environnements agressifs. Par exemple, à la fin du vingtième siècle et au début du vingt-et-unième siècle, les chercheurs du ciel ont réussi à enregistrer l'immersion d'engins volants même dans le magma en fusion du Soleil. Tout engin volant terrestre aurait fondu, même avant de toucher le plasma, bien avant même cela. En revanche, les vaisseaux extraterrestres pénétraient librement dans le plasma et ressortaient indemnes après un certain temps.

Cela peut s'expliquer par plusieurs raisons. Leur matière appartient à une dimension différente, donc elle possède des propriétés complètement différentes. De manière similaire, les extraterrestres visibles à nos yeux peuvent traverser librement les murs de nos bâtiments et ainsi apparaître calmement devant un terrien, le surprenant accidentellement. Ils passent ainsi à travers toutes les barrières de notre matière : les murs en béton, en briques, en bois, et ne laissent aucune trace lors de leurs déplacements. La matière de leur corps perçoit les structures matérielles terrestres de la même manière que le corps physique d'un être humain perçoit notre atmosphère terrestre, à travers laquelle nous passons librement sans la remarquer jusqu'à ce qu'elle soit polluée par la pollution, la fumée ou les agents chimiques toxiques.

Une autre raison pour laquelle les extraterrestres traversent facilement notre matière réside dans leur maîtrise de codes spéciaux qui transforment la matière terrestre aux endroits de leurs déplacements, la déplaçant comme s'ils l'écartaient en n'importe quel point nécessaire sans lui causer de dommages. Ainsi, les extraterrestres à bord de vaisseaux spatiaux peuvent plonger librement sous notre matière.

Ces engins techniques extraterrestres ne craignent ni les températures élevées, ni les basses, ni les roches dures.

Tout cela, y compris l'entrée d'engins volants dans le magma de notre planète et dans le plasma du Soleil, où la température atteint six mille degrés, témoigne de la solidité du matériau dont sont faits leurs engins volants et confirme les technologies de pointe de ces civilisations d'où ils viennent.

Bien sûr, la question de savoir pourquoi ils visitent si souvent notre planète intéresse depuis longtemps tous les terriens. Qu'est-ce qui les intéresse ici et de quelle manière peuvent-ils influencer la vie de l'humanité ?

Cependant, nous avons déjà mentionné à plusieurs reprises que les extraterrestres visitaient la Terre depuis sa création. Rappelons qu'ils ont contrôlé notre planète dès le premier jour de sa formation. Ils n'étaient pas de simples observateurs, mais étaient souvent des participants actifs à la vie des humains. Par exemple, nos chercheurs trouvent actuellement des traces de vie intelligente sur Terre, bien avant l'existence de l'homme. Les paléontologues et les archéologues, lors de fouilles anciennes, découvrent parfois des objets caractéristiques d'une civilisation déjà avancée à des époques où la première civilisation n'existait même pas. Les chercheurs se demandent avec étonnement d'où viennent, par exemple, les roulements à billes récemment trouvés lors de fouilles d'un ancien objet de ces époques reculées, bien avant l'existence de la première civilisation. De même, les trous de balle rencontrés dans les crânes de dinosaures et d'autres animaux anciens suscitent souvent des interrogations.

Cependant, ces questions ne se posent que parce que les scientifiques ne savent pas que les extraterrestres ont activement visité notre planète bien avant l'émergence de la première race, car ils ont créé un environnement approprié pour elle, propice à l'existence du premier être humain créé par notre Dieu et Ses Assistants. Parfois, ils devaient même se défendre contre des dinosaures ou d'autres animaux agressifs inconnus de notre science. Les archéologues ont même réussi à découvrir, lors de fouilles, le crâne d'un être humain avec des dents en or, et la fabrication de ces dents artificielles ne différait en rien du travail des dentistes modernes. Bien sûr, les scientifiques incrédules peuvent immédiatement avancer leur version selon laquelle il s'agit d'un homme de la cinquième race mort sur les ruines d'un bâtiment étrange, et dont le crâne a été pris pour un objet ancien. Cependant, l'analyse de sa matière a montré que ce crâne est apparu trois cent mille ans avant la première civilisation humaine.

Et comme nous avons reçu des informations lors du contact, nous pouvons également affirmer selon Leurs paroles que les extraterrestres ont toujours été des participants actifs à la vie sur notre planète et qu'ils ont été les principaux acteurs (responsables) de toutes les transformations qui ont eu lieu sur Terre.

Ils n'ont pas seulement aidé à créer et à remodeler l'environnement pour différentes races, mais, lorsque cela était nécessaire, les extraterrestres pouvaient provoquer des catastrophes mondiales. Par exemple, lorsqu'il a fallu punir les gens pour leur décadence (manque de spiritualité) et leur style de vie dissolu, ils ont réussi en une nuit à plonger les habitants de la Lémurie dans les abysses marins. Ce n'était pas un simple caprice ni pour se moquer des créatures plus faibles, mais un acte de châtiment selon les ordres des Enseignants Célestes Supérieurs, car à ce moment-là, l'immoralité des habitants de la Lémurie avait atteint son maximum. Ils ont également participé à la punition des habitants de l'Atlantide. Ainsi, les extraterrestres ont non seulement contribué à créer des conditions de vie pour le perfectionnement des races terrestres, mais ils ont également participé à la punition des humains lorsqu'ils se comportaient d'une manière qui n'était pas conforme aux plans des Enseignants Célestes Supérieurs.

Nous avons déjà mentionné à plusieurs reprises que les extraterrestres surveillent constamment le comportement des humains. Leur supervision se poursuivra jusqu'à la fin de la présence de l'humanité sur cette planète. Même pendant les périodes de guerre, une surveillance était exercée pour veiller à ce que les actions militaires ne dépassent pas les limites autorisées par les programmes des personnes de cette époque. Ils veillaient également à ce que la victoire revienne à celui à qui elle était prévue par les Enseignants Célestes Supérieurs, selon leurs plans de développement et d'éducation de l'humanité.

Et ici, les lecteurs pourraient se poser la question : 'Pourquoi les Êtres Supérieurs ne dirigent-ils pas eux-mêmes les opérations militaires et font-ils appel aux extraterrestres pour les surveiller ?'

Il est important de rappeler ici que les Supérieurs ne sont pas eux-mêmes matériels, en raison de leur Niveau élevé de développement (notre matière est éclairée par leur essence), et ils ont besoin de contrôler des objets matériels. Ainsi, à certaines périodes, les Supérieurs doivent faire appel à l'aide à des civilisations matérielles hautement développées. Ils leur donnent des missions et indiquent ce qu'ils doivent faire et les résultats auxquels une situation particulière doit aboutir.

Ainsi, les Systèmes Supérieurs de la Hiérarchie de notre Dieu* doivent constamment conclure des contrats avec des civilisations matérielles pour qu'elles accomplissent des travaux spécifiques sur Terre. Les extraterrestres matériels sont généralement impliqués dans la reconstruction des masses terrestres physiques, tandis que des extraterrestres plus évolués, résidant dans une dimension différente (que nous appelons le plan subtil), se chargent de la reconstruction des enveloppes énergétiques de la Terre et d'autres objets similaires.

En cette période de transition de la cinquième à la sixième race, une reconstruction globale de notre planète est en cours. Outre le climat, d'autres conditions de vie sont préparées pour la future sixième race.

Ainsi, à la fin du XXe et au début du XXIe siècle, les extraterrestres se sont activement engagés dans la reconstruction des continents sur Terre, préparant les conditions nécessaires à la survie de la sixième race sur le plan physique. Étant donné que l'intention était de laisser seulement un continent, sur lequel l'humanité poursuivrait son développement, passant par ses dernières étapes de perfectionnement dans les sixième et septième races, d'importants changements mondiaux se produiront à nouveau dans notre monde physique, touchant même sa plate-forme principale.

Pour laisser un seul continent, il sera nécessaire d'immerger les autres dans les océans. Les humains ont-ils réfléchi à cela ? C'est un travail colossal que l'humanité ne peut en aucun cas accomplir. C'est pourquoi cette tâche a été confiée aux extraterrestres, et ils ont déjà commencé à la mettre en œuvre.

L'objectif des extraterrestres n'est pas de tout détruire jusqu'aux fondations, mais de tout refaire avec soin, de reconstruire, sans causer de dommages importants à l'humanité moderne. Cependant, certains inconvénients de cette reconstruction de notre planète se manifestent déjà visiblement dans le monde extérieur.

Détaillons ce qui a été remarqué dans cette direction. Par exemple, les habitants de la Terre dans certaines régions ont commencé à entendre un **bourdonnement étrange venant du sol**, mais ils ne pouvaient pas déterminer exactement d'où il provenait. Il s'agit précisément des extraterrestres matériels, étroitement liés à notre matière physique, qui ont été mobilisés par les Supérieurs pour travailler en vertu d'un contrat lié à la reconstruction des continents. Un travail colossal était nécessaire pour les séparer les uns des autres et organiser leur préparation à être immergés dans l'eau.

C'est pourquoi, pour une telle activité, certains extraterrestres en mission contractuelle arrivent, d'autres repartent après avoir accompli une partie de leur travail. Récemment, même des correspondants ont réussi à photographier de grands affaissements et d'énormes fissures qui apparaissent soudainement à la surface de la Terre. Malheureusement, des véhicules et des maisons sont tombés à l'intérieur. Tout cela résulte des modifications de la structure des continents, conséquence de leur préparation aux futurs changements mondiaux.

Comme nous le savons déjà, les continents possèdent non seulement une structure physique, mais aussi une structure énergétique qui est également en cours de reconstruction. Tout comme les chirurgiens tentent de restaurer la circulation sanguine et le système nerveux d'un patient lors d'une opération en suturant une plaie, les Supérieurs Célestes, qui s'occupent du développement de la Terre et de l'humanité, cherchent à reconstruire tous ses canaux énergétiques. Cependant, tant que cet "organe" subit une intervention chirurgicale, de l'énergie peut s'en échapper de manière non dirigée vers l'extérieur.

C'est pourquoi, lors des moments de reconstruction de la Terre, d'importants déversements d'énergie ont commencé à être observés, qui s'avèrent dévastateurs pour de petites formes de vie telles que les oiseaux. Ainsi, par exemple, certaines volées d'oiseaux survolant des zones similaires sur la planète avec un déversement nocif de rayonnements meurent en une fraction de seconde. Les extraterrestres eux-mêmes s'efforcent de neutraliser rapidement de tels rayonnements, mais malheureusement, ils ne peuvent pas toujours anticiper tout à temps, et de telles victimes surviennent toujours lors de moments de transformations mondiales.

Les baleines et les dauphins, sensibles à certaines émissions nocives de la Terre, commencent également à se sentir mal à l'aise au point de s'échouer sur les rivages et de mourir.

Mais le bourdonnement étrange, le bruit que les gens entendent ne provient pas seulement des profondeurs de la Terre, il émane également de manière inexpliquée des sphères aériennes et célestes. Bien sûr, le son est déjà différent de celui qui monte des profondeurs terrestres, mais il reste toujours incompréhensible pour l'homme, impossible à localiser et à comprendre la raison de son apparition.

(Si, par exemple, il n'y a pas de nuages, il ne devrait pas y avoir de tonnerre, et des sons étranges émanant du ciel deviennent alors mystérieux, d'où provient ce son profond, comme si quelqu'un frappait une cloche ou frappait avec un marteau sur un objet.)* Les habitants des villages voisins écoutent attentivement et essaient de comprendre sa nature, d'où il provient, mais aucun scientifique n'est encore capable d'expliquer quelle est sa source.

Contrairement au fait bien connu des gens : le grondement du tonnerre, qui peut être tantôt retentissant, tantôt rude et menaçant, tantôt ressemblant à des coups de cloche, les gens ont commencé à comprendre qu'en cette période, le ciel émettait des sons totalement nouveaux qui n'avaient jamais été entendus par personne auparavant.

Certaines personnes sont convaincues que les sons inexpliqués sont semblables au bourdonnement du métal. Cependant, la perception du son, de la couleur, du goût est individuelle pour chaque personne, de sorte que tout témoin peut décrire sa propre perception, différente de celle des autres. Et le principal facteur ici reste le même : le ciel émet de nouveaux sons inconnus aux humains. Ces sons sont entendus par des témoins vivant dans différentes localités.

Cependant, les Maîtres Supérieurs nous ont donné leur explication.

Dans ce cas, nous pouvons dire que ce sont précisément des extraterrestres immatériels, c'est-à-dire des visiteurs invisibles à l'œil humain, qui s'engagent également dans une restructuration active des enveloppes énergétiques de la planète. En effet, trois nouveaux corps subtils, appartenant à des gammes de fréquences plus élevées que ceux qu'elle possédait précédemment, ont été ajoutés à la planète. Rappelons qu'auparavant, la planète possédait 7 enveloppes subtiles, puis, avec son passage au stade de la sixième orbitale, trois nouveaux énergocorps ont été ajoutés à la Terre. Leur nombre a été augmenté afin que les futures races - la sixième, la septième (et peut-être même la huitième) - puissent, dans leur perfectionnement, les remplir de nouveaux types d'énergies de gammes de fréquences plus élevées. En d'autres termes, dans les cieux, les extraterrestres doivent également s'occuper du montage de structures subtiles de la planète et produire, au cours de leur travail, différents sons qui deviennent déjà audibles pour les êtres humains dans un rayon spécifique de leur action.

Et on peut considérer comme un honneur que vous ou quelqu'un d'autre ait réussi à entendre comment les extraterrestres travaillent et comment ils restructurent notre planète. Cette expérience pourrait ensuite continuer à s'enrichir d'autres faits sur la transformation de notre planète par des extraterrestres.

Auparavant, nous avons parlé des énergies néfastes émanant de la Terre aux endroits de ses futurs fissures. Bien sûr, elles sont dangereuses non seulement pour les oiseaux et les baleines, mais aussi pour les personnes se trouvant dans la zone de leur influence. Cependant, si l'on compare l'homme aux oiseaux, son énergoniveau est plus élevé, ce qui signifie que ses structures subtiles sont plus puissantes et sa protection plus solide, le rendant mieux adapté aux changements en cours. Ainsi, les effets nocifs sur l'organisme peuvent ne pas être immédiatement perceptibles, mais se manifester plus tard. Les travailleurs extraterrestres tentent de sécuriser leur travail contre son impact négatif sur les humains, cependant, tout peut arriver, car personne n'est à l'abri de rien. Avec le temps, les humains ont changé, la planète s'est transformée au fil des années, provoquant des réactions différentes du corps face aux divers processus changeants de la Terre. À la fin de la cinquième race, la Terre était remplie de nouvelles énergies à travers des enveloppes subtiles, contribuant à l'élévation du potentiel énergétique global. Ainsi, au début de la cinquième race et à la fin de celle-ci, la Terre présentait deux constructions totalement différentes sur le plan subtil. Tout cela grâce aux indicateurs supplémentaires apparus sur notre planète et influençant les résultats recherchés par les Supérieurs.

Mais l'homme moderne a déjà acquis beaucoup de connaissances sur le plan ésotérique, et désirant se confirmer dans l'étude du nouveau, il est devenu plus observateur, apprenant à comparer ce qu'il sait avec ce qu'il ne comprend pas encore. Ainsi, beaucoup de choses ont déjà été remarquées par lui concernant la restructuration en cours de notre planète. Cependant, en raison de la méconnaissance des processus en cours, ces faits sont encore perçus comme quelque chose d'obscur. Certains processus, demeurant au-delà de sa compréhension, ne sont toujours pas perçus en raison de l'absence de concepts appropriés. En conséquence, il continue seulement à spéculer sur les raisons pour lesquelles quelque chose se produit à un endroit donné, tandis qu'à un autre endroit, cela se déroule différemment.

Les raisons de l'immersion des vaisseaux extraterrestres dans

la terre, les mers et les océans.

Si l'on parle en général des raisons pour lesquelles les vaisseaux extraterrestres "plongent" dans la terre ou les océans, elles sont les suivantes :

1. La réalisation du mouvement tectonique de la croûte terrestre. Il s'agit d'un travail laborieux avec des mesures complexes, des calculs et la préparation des continents à leur déplacement - une activité difficile et dévouée, dangereuse non seulement pour les humains, mais aussi pour les extraterrestres eux-mêmes.

2. L'alimentation propre par certains types d'énergies et le travail avec les énergocristaux de la Terre dans le but d'établir des liens énergétiques avec d'autres planètes du système solaire, car ils sont tous interconnectés par le mouvement des énergies, leur redistribution et leur transformation.

3. Dans certaines régions de la planète, il existe des "stations extraterrestres, des laboratoires" effectuant directement les modifications nécessaires dans la structure terrestre, ainsi que dans ses enveloppes subtiles. Ils sont situés sous terre ou profondément au fond des océans, afin que les humains ne puissent pas les détecter.

4. Et bien sûr, les extraterrestres se cachent des Terriens, car les gens ne sont actuellement capables que de les gêner, ne comprenant pas l'ampleur des travaux qu'ils entreprennent et les objectifs supérieurs.

5. Les extraterrestres continuent de contrôler le développement de la planète Terre, en enlevant divers indicateurs dans différents endroits, puis les analysent ; ils décident s'il est nécessaire d'apporter des corrections à ses fonctions.

6. Ils continuent également à surveiller la faune et la flore, la composition du sol et les changements qui s'y produisent.

7. Périodiquement, les extraterrestres prélèvent des échantillons du code génétique de tous les animaux, des personnes de différentes nations, des plantes et d'autres formes de vie terrestres. Ensuite, ils les étudient, les analysent, rédigent des rapports et les envoient aux Supérieurs pour évaluation et conclusions spécifiques.

Actuellement, en raison de la période de restructuration globale de la planète, il y a sur Terre des extraterrestres de différents Niveaux de développement et de spécialisations qui effectuent des travaux d'une complexité variée. En grande partie, ces travaux sont liés à sa restructuration à la fois sur les plans physique et subtil.

En raison de la restructuration des continents, des mouvements de ceux-ci commenceront. Comme les humains vivront dans des situations différentes lors de la sixième race, les extraterrestres doivent introduire de nouveaux hologrammes ou ajuster certains aspects existants. Et bien sûr, cela, nous n'avons pas tout énuméré.

La restructuration de la planète ainsi que de l'humanité se déroule à différents Niveaux, ce qui indique que des spécialistes de différents Niveaux de développement sont nécessaires pour un travail aussi multidimensionnel. De plus, des extraterrestres matériels capables de modifier la matière solide sont également nécessaires.

Cependant, étant donné que la planète comporte de nombreuses structures subtiles qui nécessitent également une mise à jour et des ajustements dans leur fonctionnement, les extraterrestres du plan subtil sont utilisés à ces fins. Ainsi, dans un travail global comme celui-ci, des spécialistes de différents Niveaux sont nécessaires, mais aussi des experts capables d'influencer la matière physique grossière, ainsi que d'autres capables d'agir sur la matière subtile afin de restructurer les plans subtils de notre planète.

De là, il devient compréhensible pourquoi certains extraterrestres plongent dans les profondeurs de notre Terre, d'autres font résonner nos cieux d'une nouvelle manière, et d'autres encore plongent librement dans les cratères des volcans avec de la lave en fusion. Cela leur permet actuellement de contenir les effets destructeurs globaux qui pourraient survenir en raison de cette restructuration.

Les extraterrestres évitent les rencontres avec les humains, car ils voient que de nombreuses personnes ont des auras agressives de couleur rouge ou orange. En général, les extraterrestres tentent d'éviter les Terriens, car les habitants de cette planète n'ont toujours pas appris à communiquer dignement avec eux.

Des fissures dans la Terre

Lecteur : dans les reportages d'actualités, des informations apparaissent sur l'apparition de fissures dans la croûte terrestre : en Nouvelle-Zélande, une fissure de 200 mètres de long sur 20 mètres de profondeur est apparue ; la faille de Taimyr - un lac dégageant une odeur de soufre est apparu après la formation d'une autre fissure dans la région. Dans ces endroits, les continents seront-ils submergés par l'eau à mesure que s'installe l'ère de la sixième race ?

Réponse : Le continent se forme selon ses dimensions en fonction de la superficie destinée à l'installation de la sixième race. L'apparition de fissures est planifiée dans le temps et se poursuivra au cours des prochains siècles (quatre à cinq).

La diminution de la population

Lecteur : Vous écrivez que d'ici la fin du XXIe siècle, de nombreuses personnes de bas niveau de développement disparaîtront. Dans quels pays ? Est-ce lié à une augmentation de la natalité dans certains pays ? Et cette disparition dépendra-t-elle des nations ?

Réponse : En ce qui concerne l'extinction, elle dépendra non seulement du nombre d'enfants produits (bien que cela jouerait également un rôle), mais principalement des effectifs de la population qui seront affectés par diverses maladies envoyées d'En Haut sur une nation, sur une région spécifique. En effet, les épidémies ont généralement décimé des régions spécifiques, des villages et des villes. Et d'En Haut, il est déjà prévu quelles zones doivent être libérées des habitants en premier lieu.

Et cela a été largement influencé par l'insalubrité organisée par les humains, la lutte insuffisante contre les micro-organismes, l'incapacité d'arrêter à temps la propagation des virus, des bactéries, et la négligence de leur propre hygiène.

Les Supérieurs, lors de la détermination des territoires à libérer de la population, ont pris en compte de nombreux facteurs. Rien n'était pris en considération sans prendre en compte tous les facteurs de l'environnement. Et les Supérieurs ont essayé de préserver les endroits pour lesquels les gens fournissaient des soins particuliers et méticuleux.

Toutes les épidémies ont leurs propres règles de propagation, tout comme il existe des normes et des lois pour les arrêter. Seulement, beaucoup d'entre elles ont été oubliées par les humains. L'étude attentive et l'application correcte de toutes ces règles et normes pour les faire cesser ont toujours donné d'excellents résultats pour stopper rapidement les maladies et poursuivre la lutte en faveur de la préservation de leur population.

Pour la sécurité de la population, certaines connaissances sont également nécessaires, ainsi que de l'amour envers les gens et une lutte désintéressée pour chaque individu. Il faut savoir apprécier chaque être humain, alors toute la nation sera forte et préservée pour les siècles à venir.

Il est grand temps que l'homme comprenne que tout sur Terre est régi par ses propres règles et lois de propagation et d'arrêt, partout il y a des leviers spécifiques. Il suffit simplement de trouver ces leviers à temps et d'appuyer habilement sur eux avec la force nécessaire.

Mais l'aspect principal dont nous parlons ici est que les âmes inférieures* et les âmes Supérieures* existent dans chaque nation, et donc, dans chacune d'entre elles, les individus les meilleurs seront choisis en fonction de leurs qualités morales, spirituelles et intellectuelles, malgré la diminution générale de la population. Le choix ne dépendra pas de la nation, il sera influencé par la capacité des âmes à poursuivre leur évolution, ainsi que par le désir des Supérieurs d'accomplir au plus vite les tâches qui leur ont été confiées d'En Haut.

Le yin et le yang dans l'équilibre de la Terre

Lecteur : Je vous prie de répondre à la question : est-ce que l'équilibre des énergies féminines et masculines de toutes les nations joue un rôle dans l'équilibre énergétique de la Terre ?

Réponse : Les énergies féminines et masculines n'influencent pas l'équilibre de la Terre, mais plutôt ses caractéristiques générales. Il n'est pas approprié de parler d'équilibre dans ce contexte, car ce que la Terre accumule en termes d'énergies positives et négatives est quantitativement incomparable avec l'accumulation d'énergies positives et négatives par les âmes minuscules des personnes. En effet, ces âmes humaines ont des puissances très faibles, tandis que l'âme de la Terre est immense et colossale en termes de ses caractéristiques de puissance.

Mais toutes les énergies produites par l'homme participent à un énergoéchange global qui existe entre les mondes Supérieurs, notre planète, plus précisément ses enveloppes subtiles, et cela est globalement lié au fonctionnement du système solaire.

La cinquième race travaillait avec certaines énergies de la Terre.

Cependant, avec l'élévation du Niveau de développement de notre planète, trois nouvelles enveloppes subtiles d'un ordre plus élevé que celles qui existaient auparavant ont été ajoutées. C'est pourquoi l'humanité, représentée par la sixième race, devra travailler avec un spectre énergétique plus élevé, ce qui nécessite une restructuration des activités fonctionnelles de la race elle-même. La spiritualité est nécessaire, ce qui constitue en réalité un nouveau travail de l'homme avec des types d'énergies plus élevés et spécifiques.

Quant à d'autres types d'énergies, leur existence et leur développement obligent les humains à une fonctionnalité et un comportement fondamentalement différents.

Le comportement bas contribue à la production et à la transformation d'énergies basses et grossières, tandis que les énergies élevées exigent la participation de l'individu dans des relations élevées, caractérisées par une moralité et une éthique élevées, ainsi que par d'autres actions et comportements élevés sur le plan professionnel et autres. Nous comprenons depuis longtemps que tout individu spirituel se comportera toujours même dans des situations basses de manière totalement différente d'une personne au comportement bas.

La spiritualité intérieure engendre chez l'individu l'émergence de pensées différentes, d'actions, elle crée une culture comportementale, la noblesse des actions, le dévouement, l'autodiscipline, et bien d'autres choses dont l'individu lui-même ne soupçonne même pas. C'est pourquoi les Maîtres Supérieurs se soucient autant de leurs frères cadets et s'efforcent d'insuffler de nouvelles énergies élevées dans leurs âmes, contribuant ainsi à la transformation complète de l'homme sauvage en un être humain du futur, noble, beau non seulement extérieurement, mais aussi intérieurement.

Rappelons que le développement de l'âme humaine s'est déroulé sur cinq races déjà. C'est pourquoi on pourrait s'écrier ici : « Combien de millions d'années faut-il pour éduquer l'homme afin qu'il devienne enfin honnête et digne des grandes aspirations pour lesquelles il a été créé. Mais une fois de plus, il faut lui rappeler tout cela, car lui-même l'a oublié. C'est pourquoi il faut rappeler, afin qu'il prenne enfin au sérieux cette information et commence à réfléchir plus souvent à la manière dont il doit construire sa vie pour entrer dans la catégorie des personnalités spirituelles ».

Et dans la sixième race, l'homme devra travailler dur pour accélérer ne serait-ce qu'un peu sa progression spirituelle. À cette fin, afin de lui donner l'opportunité de se manifester dans ses meilleures qualités, les représentants de la sixième race ont élaboré un programme* de vie qui englobe simultanément quatre programmes ordinaires du représentant de la cinquième race. On pourrait même dire que de manière artificielle, les Maîtres Supérieurs tentent une fois de plus d'accélérer le progrès spirituel de l'homme et souhaitent le doter le plus rapidement possible de capacités paranormales, afin de lui donner la possibilité de ressentir vers quelle grande perspective le poussent ses Maîtres Célestes. La prise de conscience de ses grandes perspectives futures permettra à l'individu lui-même de manifester de l'initiative dans l'accélération de son développement et le poussera à se contrôler dans toutes ses actions, l'expression de ses sentiments et sa quête d'élévation du niveau d'acquisition de nouveaux concepts.

Que va-t-il arriver aux animaux

Lecteur : Que va-t-il advenir des animaux dans la sixième race ?

Réponse : Des observations ont été menées depuis longtemps sur les animaux contemporains dans notre pays. Les zoologistes se sont efforcés non seulement de tenir des statistiques et de déterminer quels types d'animaux sont devenus moins nombreux et lesquels ont augmenté, mais ont également créé artificiellement des conditions de vie pour eux. Des réserves ont été créées, des mesures de protection ont été mises en place pour empêcher les chasseurs de tirer sur ces animaux.

Par exemple, nous connaissons bien l'histoire de la diminution drastique du nombre de tigres de l'Amour en Sibérie. Cependant, lorsque ces tigres ont commencé à exister dans une réserve, sous la surveillance des gardes, la race a pu non seulement être préservée, mais aussi multipliée par la naissance de descendants. Si des mesures n'avaient pas été prises à temps, il est possible que plus aucun tigre de l'Amour ne subsisterait en Russie. Les zoologistes n'auraient eu d'autre choix que de les inscrire sur la liste rouge.

Cependant, aucune réserve ne pourra préserver de nombreuses espèces et races lorsque les conditions de vie de tous les animaux changeront considérablement. Après tout, toute forme de vie coexistant sur Terre avec la cinquième race est conçue pour travailler avec des types d'énergie strictement définis.

Et lorsque ces formes, fonctionnant constamment avec certains types d'énergies, sont maintenant contraintes de travailler avec d'autres énergies plus puissantes, ces dernières commenceront naturellement à "déstructurer" de nombreux éléments subtils en elles. En fin de compte, cela conduira inévitablement à l'émergence de nouveaux types de maladies, favorisant ainsi leur extinction. En se basant sur la structure ancienne des formes animales, des insectes, des reptiles, des oiseaux, on peut dire que toutes les énergoconstructions en cours chez eux entraîneront leur dégénérescence. En revanche, les nouveaux modèles d'animaux, de plantes, d'insectes, de reptiles ne sont pas conçus par les constructeurs Supérieurs, car les Maîtres Célestes ont conclu que d'autres formes d'existence ne sont pas nécessaires à la sixième race. Par conséquent, toutes les âmes des animaux poursuivront leur développement dans d'autres mondes et sous d'autres formes.

Dernièrement, on a constaté une augmentation de la disparition non seulement des animaux, mais aussi des plantes. Il a été remarqué que même les abeilles, les mouches, les cafards et les grillons disparaissent activement. Les lucioles, qui ornaient récemment notre nature, sont devenues une rareté. Selon les scientifiques, leur extinction se produit à une vitesse comparable à celle des extinctions mondiales dans les temps anciens. Cependant, comme l'ont découvert les chercheurs, les périodes entre les extinctions ont toujours été différentes.

Les scientifiques tentent de percer le mystère des extinctions de masse. Cependant, nous affirmons que la principale cause réside dans le changement même de l'énergie de la Terre. Ainsi, les anciennes formes de vie ne peuvent pas s'adapter à cette nouvelle énergie et commencent à disparaître massivement. Et cela est irréversible, car les formes de vie elles-mêmes (plantes, insectes, animaux), construites pour fonctionner avec le spectre énergétique de la cinquième race, ne peuvent pas s'adapter indépendamment aux nouvelles énergies.

Cependant, pour que tout cela perdure, les âmes de cette couche de vie doivent maintenant être incarnées dans de nouvelles formes d'existence spécialement conçues pour fonctionner avec la prochaine gamme d'énergies plus puissantes. En d'autres termes, une restructuration globale de toutes les constructions de ces formes vivantes est nécessaire pour assurer leur survie future dans la sixième race.

Il n'est pas question ici d'adaptation aux nouvelles conditions environnementales : le concept d'«adaptation» est fonctionnellement impossible dans ce cas, car il nécessite la restructuration de toutes les constructions subtiles des formes d'existence, des changements radicaux que les anciennes formes ne peuvent pas supporter. C'est pourquoi, dans ce cas, les Supérieurs ont décidé de ne pas reconstruire bon nombre d'entre elles, mais de les réinstaller dans d'autres mondes qui se rapprochent au maximum, en termes d'énergostructure, des énergies de la cinquième race.

Mais, bien sûr, elles pourront encore vivre pendant un certain temps dans la zone frontière des énergies, qui contiendra les énergies de deux Niveaux de développement adjacents. Autrement dit, au début de la nouvelle sixième race, la faune terrestre continuera son existence, car ce type d'âmes doit également mener son développement dans la Hiérarchie animale jusqu'à sa phase finale.

Mais ensuite, toutes ces espèces s'éteindront, comme on dit, "on ne va pas loin sur des roues usées". Cependant, cela ne signifie pas que le monde animal disparaîtra complètement.

À la place des animaux actuels, de nouvelles espèces d'habitants aquatiques émergeront, par exemple. Les vastes étendues d'eau des océans occuperont une grande partie des terres, et elles ne peuvent pas rester inoccupées ; de nouvelles formes de vie apparaîtront en elles, avec lesquelles les humains seront également heureux d'interagir.

Afin de rendre la vie humaine plus intéressante et active lors de la recherche à long terme de la vie dans les milieux marins et océaniques, les Supérieurs offriront aux humains la possibilité d'expérimenter de nouveaux moyens de déplacement aquatique, et avec cela, de nouveaux types de sports aquatiques (aquamovement) et bien d'autres choses qui pourraient intéresser chaque individu.

Lecteur : Actuellement, sur Terre, il y a de nombreuses âmes élevées dans la Hiérarchie du monde animal. Quel sera leur destin ? Auront-elles le temps de commencer leur évolution humaine ? Mon cœur se serre pour mon compagnon, c'est-à-dire mon chien. Un petit être intelligent et aimable.

Réponse : Les animaux domestiques actuellement élevés par de nombreuses personnes dans l'espoir de les faire progresser ne commenceront malheureusement pas leur réincarnation en tant qu'êtres humains. La raison en est qu'ils ne sont plus évolutivement capables de rattraper le développement des âmes humaines qui ont considérablement progressé. Leurs âmes évolueront dans d'autres mondes inférieurs et dans des formes inconnues des humains pour le moment. Cependant, les âmes d'animaux domestiques les plus élevées sur Terre en termes de Niveau de développement, bien qu'elles soient rares, se réincarneront en habitants aquatiques jusqu'à ce que cette catégorie d'animaux s'éteigne complètement en raison de l'achèvement total de leur stade de développement sous forme animale.

Les incarnations dans les animaux

Lecteur : Parfois, naissent des animaux dont les visages ressemblent à des visages humains. C'est bien sûr des cas individuels et uniques. Mais cela ne suggère-t-il pas que l'âme d'un être humain dégradé pourrait s'incarner dans le corps d'un animal ?

Réponse : Selon les lois du développement progressif dans notre Création (Univers Entier), il n'est pas permis d'incarner une âme d'un Niveau de perfection supérieur dans le corps d'un être de Niveau inférieur, car dans ce corps, l'âme n'aurait pas la possibilité de progresser. Pour cela, une forme est généralement créée qui permet non seulement d'élargir le nombre de mouvements qu'elle peut apprendre, mais aussi d'ouvrir des opportunités (possibilités) pour acquérir et développer de nouvelles capacités extraordinaires.

Cependant, comme nous l'avons déjà mentionné précédemment, pendant la période de transition entre les changements de races, il a été décidé, à titre de punition, d'incarner certaines âmes dégradées dans la forme animale, afin que l'âme puisse ressentir que l'existence dans un corps humain lui avait été donnée pour son bien, une opportunité qu'elle n'a pas souhaité apprécier. Maintenant, les Supérieurs ne cachent pas que cette punition existe lors du changement de races. Cependant, ce n'est pas seulement une punition ; de cette manière, les Supérieurs donnent une chance à un pourcentage minimal d'âmes dégradées en forme humaine de comparer les différences dans leur existence sous différentes formes et de se manifester de manière très sage. En accumulant ce pourcentage d'âmes, elles seront ensuite réintégrées dans l'évolution, mais cette fois-ci dirigées vers le développement dans des mondes inférieurs. En d'autres termes, les Supérieurs ne cherchent pas à décoder de telles âmes, mais tentent plutôt de leur offrir la possibilité de retourner à un perfectionnement normal.

Les Maîtres Célestes ont pris la décision de punir les individus pour leur mode de vie animal dans un corps humain en les ramenant de nouveau dans des corps d'animaux, mais cette fois avec une nouvelle conscience. Puisqu'ils n'ont pas voulu apprécier les perspectives de développement dans une forme humaine, qu'ils ressentent à nouveau toutes les limitations imposées par le corps d'un animal, ainsi que celles des autres êtres de basse nature.

Cette décision est d'infliger un grand nombre d'incarnations d'anciens humains dans des corps d'animaux sous forme de punition - a été prise très récemment. Auparavant, il s'agissait de cas isolés, mais ils n'ont pas permis une analyse complète des changements de comportement de l'âme après son retour dans un corps humain. C'est pourquoi les Supérieurs ont décidé de poursuivre cette expérience, qui durera également un laps de temps limité, ne dépassant pas 150 ans à la fin de la cinquième race.

Ceux qui ont pris conscience de la punition continueront leur développement dans les mondes inférieurs, tandis que ceux qui ne se seront pas corrigés seront soumis à un décodage*. Les Supérieurs tentent également, par cette mesure, de ramener de nombreuses âmes sur le chemin de l'évolution.

Le Karma des animaux de haut Niveau

Lecteur : Dans l'un de vos livres, vous avez écrit que les bergers allemands ont déjà un karma. Mais les animaux se développent selon des programmes stricts. Comment peuvent-ils alors avoir un karma ?

Réponse : Vous avez remarqué qu'à la fin de la cinquième race, les animaux ont beaucoup changé ; encore il y a 20 à 30 ans, ils étaient simples, mais après 2012, de nombreux animaux dont la conscience est au Niveau initial de la Hiérarchie Humaine ont émergé. En d'autres termes, leurs âmes sont préparées pour une transition vers une forme humanoïde, puis elles passeront dans d'autres mondes inférieurs et continueront à évoluer sous des formes humanoïdes, permettant ainsi à l'âme de progresser davantage. Les animaux qui ont un retard de développement seront répartis dans des mondes encore plus bas.

En d'autres termes, à la fin de la cinquième race, les lois du développement changent. Auparavant, nous fournissions des informations principalement sur ce qui caractérisait les âmes des humains et des animaux lors de leur évolution dans la cinquième race, de son début à sa fin. Des lois spécifiques sont orientées pour chaque race, guidant les âmes vers l'accumulation de certaines énergies strictement définies dans la gamme du Niveau de la cinquième race.

Cependant, il existe également une période de transition d'une race à l'autre, qui prend en compte les lacunes du passé et ajuste les indicateurs des âmes en cas de retard dans le développement par rapport aux normes de la future race.

C'est pourquoi la période de transition entre les races **modifie de nombreuses lois du développement dans le but d'harmoniser les différentes époques selon leurs indicateurs énergétiques, d'éliminer les lacunes, les retards et de préparer les âmes à exister dans la nouvelle configuration de forme externe de la race suivante.**

Pour cela, il est nécessaire de briser de nombreuses anciennes lois et d'introduire temporairement de nouvelles. Cela concerne le processus de formation tant des animaux que des êtres humains. La raison en est le retard dans le développement de l'humanité et la préparation à l'existence dans une nouvelle forme, ainsi que l'assimilation de nouveaux programmes pour le développement futur.

La période de transition pour les animaux d'une forme à une autre s'accompagne de changements de programmes, car l'âme doit commencer à maîtriser les règles de l'existence dans une forme plus élevée. Ainsi, ce qui était légitime pour les Niveaux inférieurs de développement animal demeure dans le passé, et pendant la période de transition, des programmes sont élaborés pour les préparer à l'existence sous forme humaine.

De ce fait, pour certaines d'entre elles (celles dont la conscience est déjà développée) et qui se sont bien développées dans des formes animales, la liberté de choix est introduite dans les programmes d'existence, ce qui entraîne l'apparition du karma. Ainsi, elles sont transférées vers un Niveau de perfectionnement supérieur.

En d'autres termes, les animaux qui existaient lors de la cinquième race n'avaient pas de karma. L'apparition de celui-ci est liée à l'élévation des Niveaux de développement des âmes animales, au changement de leurs programmes à un Niveau plus élevé de développement, et à l'introduction de programmes progressifs incluant la liberté de choix, un aspect très important de leur existence, car cela contribue à l'amélioration (perfectionnement) de leur pensée. (La conscience développée des animaux leur permet déjà de faire des choix.)

Ce Niveau a été atteint non seulement par certaines races de chiens, mais aussi par certains autres types d'animaux, tels que des individus uniques : des singes, des dauphins, des éléphants, et d'autres. Même chez certaines espèces d'oiseaux (corbeaux, perroquets, etc.), on a observé une progression significative dans leur développement, avec une augmentation notable de la conscience vers la fin de la cinquième race. Les Supérieurs s'efforcent de ne pas perdre ces moments de progrès significatif chez des individus spécifiques d'animaux et d'oiseaux, et les utilisent pour accélérer davantage le développement des âmes correspondantes. En d'autres termes, tout ce que l'animal ou l'oiseau a commencé à développer de sa propre initiative, les Supérieurs essaient de le consolider en eux et de continuer à perfectionner ces résultats positifs de leur développement.

Cependant, si ces moments sont manqués et que l'âme prospère est réincarnée dans la forme suivante d'un animal ou d'un oiseau, toutes ces réalisations seront immédiatement perdues, et ces âmes devront recommencer à accumuler beaucoup de choses à nouveau dans d'autres conditions, ce qui prolonge finalement leur chemin de développement (ce qui n'est plus énergétiquement avantageux pour les Supérieurs).

En d'autres termes, **il est incorrect d'assimiler les formes de vie aux mêmes lois d'existence au début de la race, au milieu et à sa fin**. Les âmes de ces formes de vie changent considérablement au fil du développement, et les lois doivent impérativement prendre en compte cette situation, ainsi que mettre en œuvre des changements disponibles dans l'existence des différentes formes de vie. Cela doit toujours être pris en compte. (Cependant, il faut se rappeler qu'elles sont également capables de se dégrader considérablement.)

La chose la plus importante qui se produit à la fin de la cinquième race est l'extinction de diverses espèces animales, d'insectes, de plantes, et cela est confirmé par l'article ci-dessous. Nous rappelons simplement que dans la sixième race, il n'y aura plus d'animaux. (Les poissons resteront, mais les espèces végétales changeront.) Cela a été mentionné précédemment, et maintenant cela est confirmé par d'autres sources.

L'extinction des formes de vie sur la Terre

Cet article nous a été fourni par notre lecteur A.P. Yelchinov. Nous l'avons trouvé utile car il confirme notre information, agissant comme une preuve de ce que nous écrivons. Cela est important. Nous n'avons pas encore quitté la Terre, et nos lecteurs attentionnés trouvent ici et là des preuves de ce que nous avons écrit autrefois. Et, bien sûr, il n'est pas si important pour eux que nous écrivions sous cet article qui l'a trouvé dans cet océan d'informations, mais ils veulent aussi que d'autres personnes nous croient et sauvent leur âme..

Passons directement à la lettre du lecteur. Alexandre Petrovitch Yelchinov écrit :

"... Étant à Moscou mercredi dernier, j'ai lu dans le journal 'Metro' l'article suivant, confirmant vos informations.

Journal 'Metro' du 22.05.2019

LE RYTHME DE L'EXTINCTION DES ESPÈCES S'ACCÉLÈRE

(Article écrit par Dmitri Belyaev.)

Aujourd'hui marque la Journée internationale de la diversité biologique - la diversité de la vie qui diminue rapidement sur la planète. «Metro» a rassemblé les faits les plus importants sur le problème.

Plus de 8 millions - le nombre total d'espèces animales et végétales sur Terre (y compris 5,5 millions d'insectes).

Plus de 500 000 sur 5,9 millions d'espèces terrestres souffrent du manque d'habitat pour une survie réussie.

Plus de 40 % des espèces d'amphibiens sont menacées d'extinction.

25 % des espèces de groupes terrestres, d'eau douce et marines de vertébrés, d'invertébrés et de plantes pourraient disparaître.

560 races domestiquées de mammifères ont disparu d'ici 2016. Au moins 1 000 sont en danger.

680 espèces de vertébrés sont au bord de l'extinction en raison de l'activité humaine depuis le 16e siècle.

10 % des insectes sont en danger d'extinction.

33 % des coraux constructeurs de récifs, des requins et de leurs proches, ainsi que plus de 33 % des mammifères marins, pourraient disparaître.

3,5 % des races domestiquées d'oiseaux ont disparu d'ici 2016.

47 % des mammifères terrestres non volants (ainsi que 23 % des oiseaux) ont déjà été affectés par les changements climatiques.

70 % - c'est le pourcentage d'augmentation du nombre d'espèces exotiques dans 21 pays depuis 1970.

Plus de 6 espèces de mammifères herbivores s'éteindront ou ne survivront qu'en captivité.

30 % - c'est la diminution de l'intégrité de l'habitat terrestre.

1 million d'espèces sont menacées d'extinction dans les prochaines décennies (ces données datent de 2019).

Cet article avec les calculs présentés a une importance particulière. Il est une chose de rapporter des faits de la vie et une autre de tenter de quantifier quelque chose pour voir la tendance du phénomène global. Nous exprimons donc notre gratitude à A.P. Yelchinov pour la fourniture des données et directement à l'auteur de l'article lui-même, D. Belyaev. Nous le remercions pour son travail minutieux et considérable. Nous espérons que cela aidera non seulement à prouver et à confirmer quelque chose dans notre information, mais que ses matériaux seront précieux pour de nombreux autres chercheurs également.

Les âmes cosmiques

Lecteur : Une âme cosmique peut être telle si elle ressent depuis l'enfance une affinité (se sent attachée) avec le Cosmos, les étoiles et si elle perçoit bien la connexion avec son Déterminant dans ses rêves et à l'état de veille ? Ou peut-être sont-ce d'autres forces qui la guident dans la vie ?

Réponse : Une telle possibilité est envisageable pour une âme cosmique. Pour une âme terrestre, elle est également utilisée dans le but d'élargir la perspective d'une personne et de la détourner des intérêts terrestres vers un Niveau plus élevé de compréhension de ce qui se trouve au-delà de sa planète. Cet intérêt pour l'homme terrestre s'inscrit dans le programme, c'est pourquoi il se manifeste dans des situations particulières. Ainsi, les gens sont toujours attirés par les vastes étendues inexplorées de l'Univers, et même s'ils ne comprennent pas encore tout, naturellement, l'homme cherche toujours à le découvrir, à explorer et à expliquer tous les aspects inconnus pour lui.

Si une âme cosmique aime regarder les étoiles, cette inclination ne caractérise pas du tout la qualité d'un 'attachement à l'Univers', à un lieu précis d'un habitat antérieur. Si une telle connexion existait, alors les personnes ayant des âmes cosmiques regarderaient le ciel de jour comme de nuit. Mais le jour, quand les étoiles ne sont pas visibles dans le ciel, ils ne ressentent pas ce besoin.

Les âmes cosmiques, tout en étant dans le corps humain, présentent des caractéristiques distinctes par rapport aux âmes terrestres :

1. elles ressentent fortement leur étrangeté ;

2. elles possèdent une ou plusieurs capacités extraordinaires ;

3. elles pensent différemment de la majorité des Terriens ;

4. elles ont beaucoup de mal à apprendre les langues ;

5. la structure de leurs corps subtils diffère qualitativement et constructivement de celle des énergocorps des Terriens.

Les âmes cosmiques des Déterminants

Lecteur : Les Déterminants se sont-ils perfectionnés dans d'autres mondes ? Ont-ils des âmes cosmiques, car sur Terre, avant le stade des Déterminants, il n'était pas possible de se perfectionner davantage, étant donné que les âmes humaines doivent encore passer par les 6e et 7e races ? Et quel est le nombre maximal d'élèves qu'ils sont capables de guider simultanément ?

Réponse : La conclusion est correcte, en général, les Déterminants sont des âmes cosmiques, mais il existe des exceptions à toutes les règles, car toutes les âmes sont individuelles. De plus, les gens ne font absolument pas de distinction et confondent souvent les âmes cosmiques avec les âmes venant de mondes parallèles, qui sont nombreuses sur Terre, et en termes de Niveau de développement, elles sont bien inférieures aux âmes cosmiques.

Les Déterminants ayant partiellement traversé la phase terrestre de développement existent néanmoins. Leurs âmes ont commencé leur progression réussie sur Terre pour ensuite achever la période de perfectionnement dans le monde matériel sur d'autres planètes.

Chacun d'entre eux est capable de guider plusieurs dizaines de personnes simultanément. Le nombre d'élèves guidés varie en fonction de la population terrestre. Par exemple, au début du XXe siècle, il y avait 2 milliards de personnes sur Terre, et à la fin du même siècle, leur nombre avait déjà dépassé les 6 milliards. Ainsi, le nombre d'élèves guidés par un Déterminant peut varier en fonction des besoins de la Hiérarchie Divine globale. De plus, il est important de noter que la vie humaine est très courte (comparée à l'existence intemporelle des Enseignants Célestes), et les élèves des Déterminants changent très fréquemment. Avant le début du XXe siècle, il n'était donc pas nécessaire d'avoir beaucoup de Déterminants pour guider les gens. Maintenant, le nombre de personnes dirigées par un seul Déterminant est beaucoup plus élevé, car la race termine son développement et il est nécessaire de permettre à toutes les âmes présentes dans les Archives (Dépôts) de perfectionner rapidement leurs qualités.

L'être humain comprend tout de manière très limitée. Cela signifie qu'en évaluant le travail des Substances Éternelles, qui sont les Déterminants, il est nécessaire de prendre en compte de nombreux facteurs, notamment le temps d'incarnation dans la race considérée, la durée de vie de l'individu et du Déterminant, les exigences de la Hiérarchie, et bien plus encore.

Les Âmes cosmiques et les noms cosmiques

Lecteur : À partir de vos informations, il a été possible de découvrir que sur notre Terre, il existe des âmes cosmiques qui développent dans leur matrice des qualités qu'elles ne peuvent acquérir sur leur propre planète. Peut-on connaître leurs noms, par exemple, auprès d'un médium, ou bien délibérément se cachent-ils des êtres humains par les Supérieurs ?

Réponse : Ils sont tous maintenus secrets, bien que certains chercheurs curieux parviennent à pénétrer dans leur subconscient et à découvrir certains mystères de leur vie passée.

Lecteur : Il nous a été également révélé que les terriens utilisent parfois leurs noms cosmiques, donnés à leurs âmes. Cependant, les Maîtres Supérieurs s'efforcent également de les maintenir secrets, craignant que les forces négatives puissent les exploiter pour nuire à l'humanité. Est-ce vraiment le cas ?

Réponse : Ces noms, lorsqu'ils sont prononcés, sont audibles non seulement dans le plan physique, mais aussi dans le plan subtil, car ils seront entendus par tous. De plus, ils (noms) peuvent être facilement calculés (lire) à partir des pensées de l'individu lui-même.

Toutes les âmes de Niveau spirituel bas ne possèdent pas de noms cosmiques. Dans la Création (Univers Entier), elles sont désignées par des codes numériques. Les âmes qui subissent des réincarnations sur Terre sont stockées dans le Conservatoire des Âmes, situé dans l'une des enveloppes terrestres. Ces âmes ne sont pas autorisées à se déplacer au-delà de la Terre.

Sur Terre, il existe un certain règlement qui établit une juste répartition entre toutes les âmes réincarnées (terrestres et cosmiques) et détermine une dépendance proportionnelle des âmes locales par rapport à celles venant de manière ponctuelle

C'est pourquoi, selon la réglementation cosmique, sur les sept milliards d'âmes terrestres, l'accès limité à l'incarnation des âmes étrangères n'est autorisé qu'à hauteur de 500 à 600 mille.

Les âmes cosmiques sont généralement dispersées parmi presque toutes les nations. Ce sont généralement des individus exceptionnels qui ne consulteront jamais un médium ou un devin ordinaire pour déterminer des mesures personnelles et ainsi se dévoiler. Pour eux, cette quête de quelconques indicateurs est dénuée de valeur, et ils comprendront toujours que ces mesures sont fallacieuses, car les gens ne font que commencer à explorer les mondes subtils et parallèles et ne comprennent pas encore beaucoup de choses.

Lecteur : Est-ce que les planètes ont des noms ?

Réponse : En ce qui concerne la désignation des planètes dans notre Univers, elles sont toutes identifiées par des numéros de code donnés d'En Haut, et elles n'ont pas de noms propres. Bien que leur Niveau de développement dépasse de loin celui de l'humanité (les noms ne sont tout simplement pas nécessaires pour elles), c'est pourquoi les extraterrestres utilisent toujours des codes numériques lors de leurs voyages cosmiques.

De plus, chaque planète a ses propres missions, notamment la production d'une quantité spécifique d'énergie pour le Système Cosmique qui s'occupe de leur développement. Elles sont tenues d'engendrer, par exemple, un nombre prédéfini d'âmes d'une qualité particulière. Ainsi, les âmes ne sont jamais transférées d'une planète à une autre simplement pour le plaisir ou l'aventure. Tout est soigneusement planifié avec des tâches définies.

Les objets se connectent périodiquement au travail collectif, l'accomplissent, puis passent à l'état de "récupération technique", après quoi ils peuvent passer à une autre tâche. Les âmes cosmiques n'ont généralement pas la possibilité, par leur propre volonté, de continuer à exister dans des réincarnations ultérieures sur une planète qui leur plaît. Cela est dû au fait que chaque âme est initialement attachée à une planète spécifique et liée à l'objectif qui lui a été assigné, qu'elle doit accomplir dans un laps de temps déterminé.

Et seulement lors de grandes missions décidées d'En Haut, elles peuvent être envoyées pour une ou deux incarnations sur une autre planète de notre Univers. Par exemple, un petit pourcentage d'âmes cosmiques est présent sur notre Terre. Elles ont été envoyées ici avec divers objectifs : certaines purgent leur peine ici, car elles viennent d'un monde plus avancé vers un monde moins civilisé où les relations entre les âmes sont complètement différentes, certaines acquièrent des qualités pour leur propre âme qu'elles ne peuvent pas obtenir sur leur propre planète.

De plus, les âmes cosmiques sont généralement des spécialistes hautement qualifiés, donc elles vivent toujours selon les missions de leurs Dirigeants Supérieurs et non selon leurs propres désirs.

Les qualités qui distinguent les âmes cosmiques

Lecteur : Vous avez mentionné que «Les âmes cosmiques (non liées aux missionnaires), se trouvant au même niveau de développement que les âmes terrestres, se distinguent des âmes terrestres par leur structure et possèdent des qualités qui ne sont pas propres à l'humanité» (livre «Matrice - la base de l'âme»).

Pourriez-vous donner un exemple de telles qualités qui différencient ces âmes de celles terrestres (en dehors des capacités paranormales) ?

Réponse : Actuellement, il reste très peu d'âmes cosmiques sur Terre, littéralement quelques-unes, c'est pourquoi nous n'avons pas particulièrement étudié leurs propriétés.

En général, elles vivent de manière solitaire, ne mettant pas en avant leurs qualités et capacités, cherchant à ne pas se distinguer de quelque manière que ce soit.

C'est là l'essentiel pour elles. Il leur est très difficile de s'intégrer dans l'environnement humain et d'adopter un comportement similaire, car leurs âmes ont existé précédemment et ont été éduquées dans une conception totalement différente des actions et des perceptions, avec d'autres lois et ordres. Ainsi, leur mentalité a une base exclusivement différente de celle des humains, et la composition de leur âme est entièrement constituée de qualités différentes, non propres à l'humanité. Par conséquent, même si un ancien extraterrestre parle d'une de ses compétences et la montre, cela peut ne pas être compris par un humain. Cependant, ces qualités, pour de nombreuses raisons, ne conviennent pas à leur utilisation dans la vie terrestre, c'est pourquoi elles sont préalablement bloquées avant la descente de l'âme dans le monde terrestre.

Comment comprendre si une personne particulière a une âme extraterrestre, une âme d'une autre galaxie, intégrée dans le corps humain ? En d'autres termes, comment reconnaître une âme cosmique ?

Elles peuvent se distinguer par l'originalité de leurs pensées, la spécificité de leur apparence, l'individualité de leur comportement, la complexité de leur caractère. Dans de nombreuses situations, elles se comporteront différemment des gens. La plupart de leurs qualités, la personnalité cosmique ne peut pas les cacher, car elle s'appuie sur ces caractéristiques qualitatives de l'âme dans son développement, et souvent ses actions sont le résultat de qualités spécifiques déjà formées en elle, qui s'activent automatiquement. Cependant, il y a des qualités qui doivent être cachées, principalement liées aux capacités paranormales de l'âme. Ce sont précisément ces qualités que les Supérieurs de l'âme cosmique bloquent lors de son transfert vers un monde qui ne lui est pas propre. Les humains ne comprennent pas dans quel but ces qualités apparaissent chez les gens, et ils ne sont pas capables de les utiliser correctement.

Et étant donné que de telles âmes cosmiques se trouvent actuellement parmi la majorité des âmes terrestres agressives, les Supérieurs bloquent délibérément toutes leurs propriétés et capacités extraordinaires pour ne pas susciter l'agressivité des Terriens envers elles. Ainsi, seules celles qui sont perçues normalement par les humains et nécessaires pour cette incarnation sont laissées.

Par exemple, certaines âmes cosmiques maîtrisent la téléportation ou ont la capacité de lire à travers les yeux d'une personne toutes les informations à son sujet (non pas les pensées, mais les caractéristiques de caractère et le but de développement) ; ou elles peuvent déplacer librement des objets matériels lourds par la pensée (télékinésie) et autres. Elles sont capables de bien d'autres choses, mais cela est gardé secret par ceux qui les envoient, car le niveau de l'environnement local des âmes cosmiques ne permettra pas aux humains de réagir de manière adéquate à leurs capacités paranormales. Généralement, la société accueille avec hostilité les individus ayant des qualités différentes des leurs et cherche à les persécuter de toutes les manières possibles ou à les exploiter à des fins égoïstes.

La plupart des qualités des âmes cosmiques qui ne peuvent pas être mises en œuvre dans un autre monde semblent être en état latent. De même, chez les humains, de nombreuses qualités restent dormantes pour la même raison, jusqu'à ce qu'une situation se crée pour les activer. Ces qualités peuvent rester dormantes même pendant plusieurs réincarnations.

Par exemple, une personne a étudié dans le passé une langue ancienne d'une civilisation, mais le temps a passé, tout a changé, et cette connaissance de la langue n'est désormais plus nécessaire à la société, car même les écritures ne sont plus préservées, et ce que la personne pourrait dire ne serait compris par personne. C'est pourquoi cette qualité sommeille temporairement.

Mais quand cette qualité, en association avec d'autres qualités similaires, se transforme à son stade absolu en une qualité unique de langage commun à toutes les formes, dans lesquelles l'âme a subi des réincarnations, <u>elle se transformera en une merveilleuse capacité de pensée collective formant l'unité de l'Esprit.</u>

Tout cela doit être développé pour finalement former, par la sommation de leurs qualités, un potentiel quantitatif spécifique d'une nouvelle qualité collective de l'Esprit Suprême de l'âme unique (en l'occurrence, l'Absolu), vers laquelle nous travaillons tous finalement.

Cette qualité doit être dotée d'une telle puissance que, par la suite, cette âme unique, par la force de la puissance de son Suprême Esprit, soit capable de former en un instant ce dont elle a besoin pour sa propre vie ou ce qui est nécessaire à l'existence de l'Univers, de la Création (Univers Entier).

<u>Au-dessus de cette qualité, le pouvoir du temps cesse d'exister,</u> et donc la force et la puissance de la pensée du Suprême Esprit doivent déjà être suffisantes pour surmonter la résistance de l'espace dans lequel réside cette âme unique, en vue de sa propre transformation.

La nouvelle qualité doit être plus puissante que tout ce qui est ancien et établi, ce qui entrave la capacité de cet Absolu à se transformer et à se renouveler, préservant ainsi sa jeunesse et le facteur d'existence éternelle dans une constance unifiée.

En d'autres termes, c'est par ces mises à jour qualitatives que se mène la lutte pour son existence éternelle. L'éternité doit toujours être plus puissante que tout ce qui est temporaire et éphémère.

Ce n'est que dans ce cas que l'Absolu lui-même sera capable d'exister éternellement et d'ajuster habilement sa vie à tout ce qui est en constante évolution et éphémère. L'éternité exige la présence en elle-même de nombreuses qualités diverses et de leur puissance.

La Matrice de la Parole (Mot) chez les âmes cosmiques.

Lecteur : Il serait intéressant de savoir : chez les humains sur Terre, la matrice de la Parole progresse-t-elle avec les réincarnations ? Et quelle est la matrice de la Parole pour les âmes extraterrestres sur Terre ? Après tout, ils peuvent avoir des mots différents sur leurs propres planètes, c'est-à-dire que sur Terre il y a une langue, et sur d'autres planètes, il peut y avoir d'autres langues complètement différentes ? Ou leur (extraterrestre) est-il temporairement attribué une matrice de la Parole pour leur incarnation terrestre ?

Réponse : Les âmes cosmiques s'incarnant sur Terre reçoivent des matrices temporaires de la Parole. À travers celles-ci, ces âmes acquièrent seulement les concepts dont elles ont besoin, et les mots eux-mêmes, en tant qu'outils pour obtenir ces concepts, ne leur sont pas nécessaires pour l'avenir. Ainsi, si les extraterrestres retournent dans leur monde où la communication à travers les mots est absente, cette matrice est retirée.

Il est important de rappeler que l'apparition de la matrice de la Parole oblige le corps associé à la forme à développer des cordes vocales. Certaines âmes cosmiques aiment explorer le chant, ce qu'elles font lorsqu'elles étudient la possibilité de transmettre des informations par le son sur de courtes distances. En revanche, cela n'est pas nécessaire pour la télépathie. Bien que l'on puisse transmettre des œuvres musicales par télépathie, la transmission dépendra alors de l'ouïe musicale et de la mémoire individuelle.

Chapitre 2

LES LOIS ET LA NOUVELLE DOCTRINE (ETUDE). L'INCARNATION. L'EXISTENCE.

La compréhension des Lois dans la sixième race.

Lecteur : En ce moment, les représentants de notre cinquième race peinent à saisir le sens du livre "Les Lois de l'Univers ou les fondements de l'existence de la Hiérarchie Divine". Jusqu'à présent, il me semble que les représentants de la sixième race ne différeront pas beaucoup de nous, car ils viennent de s'engager sur la voie de la perfection et n'ont pas encore accumulé la quantité nécessaire de concepts pour comprendre de nouveaux termes. D'où la question : "Les personnes de la sixième race seront-elles capables de comprendre librement et profondément l'information du livre 'Les Lois de l'Univers' uniquement grâce à une plus grande activation de leur cerveau ou grâce à l'ajout de nouvelles sections (domaines), qui sont actuellement absentes chez l'homme de la cinquième race ?" Les Lois sont données, mais qui et quand les comprendront, cela reste pour moi incompréhensible.

Réponse : Il est indéniable que pour accélérer le progrès des représentants de la sixième race dans leur structure subtile, des mécanismes spéciaux seront ajoutés pour renforcer le fonctionnement des différents domaines du cerveau physique. Le fait d'ajouter deux nouvelles enveloppes subtiles à leurs énergocorps existants contribuera également à activer le fonctionnement de leur cerveau physique.

Cependant, il faut noter que tous les domaines nécessaires au développement complet du cerveau humain existent en lui depuis longtemps. (Ils existent également chez les êtres humains de la cinquième race dès le départ, mais l'homme n'a pas réussi à les activer de manière adéquate, c'est pourquoi ils sont restés sous-développés.) Le cerveau humain est si universel qu'il est construit dès le départ pour toutes les sept civilisations que l'âme doit traverser dans son développement. À un moment donné, l'enveloppe mentale, ainsi que deux nouvelles enveloppes données à l'homme pour la sixième et la septième race, se connecteront au cerveau avec une plus grande activité. Ces enveloppes contiennent de nombreux mécanismes intéressants qui aideront à accélérer le perfectionnement de l'âme humaine et révéleront ses capacités paranormales et autres.

La nouvelle connaissance est-elle réservée uniquement pour les chrétiens ?

Lectrice : Il n'y a pas longtemps que j'ai commencé à lire vos livres, mais je lis beaucoup d'extraits de vos livres sur les réseaux sociaux. Dès le début, j'ai eu l'impression que les livres étaient destinés aux chrétiens. Cependant, ce n'est pas le cas, il y a des connaissances qui devraient être lues par tout être vivant sur la planète Terre, que ce soit un Américain, un Français, un Chinois, un Japonais... peu importe sa confession actuelle. Cependant, ce qui me dérange un peu, c'est que tous les exemples liés à la religion se limitent au christianisme et à Jésus lui-même. Je n'ai encore trouvé aucune mention des autres prophètes et fondateurs d'autres religions. Je voudrais citer un exemple du livre "Notre Armageddon" : "Mais d'abord, je rappellerai qu'après avoir fourni aux lecteurs les informations de base, nous, les auteures, en collaboration avec nos assistants, avons créé un symbole - l'Étoile de l'Union, qui doit remplacer la croix chrétienne pour les représentants de la Race d'or. La raison de ce remplacement est que l'ancienne croix fonctionne avec les énergies des personnes de la cinquième race, qui, en termes d'énergopotentiel, sont inférieures au Niveau avec lequel les gens de la sixième race devront travailler.

Et l'étoile à huit branches, l'«Étoile de l'Union», dans sa réalisation matérielle, est conçue de manière constructive pour les énergies d'un Niveau plus élevé. Sa gamme englobe le travail avec les énergies sur une période de quatre mille ans, à partir de l'avènement du christianisme. (En raison de son retard, l'homme n'a pas pu utiliser ce signe de manière adéquate pendant la période de développement de la cinquième race...

bien qu'il aurait pu le faire.)

J'aimerais savoir pourquoi les livres ne mentionnent que le christianisme ?

Mais, dans la cinquième race, ce ne sont pas seulement les chrétiens qui vivent, et tout le monde n'a pas une croix. Dans la cinquième race, il y a beaucoup de religions différentes. Chaque religion a son propre symbole. Par exemple, dans l'islam, il y a le croissant avec une étoile (bien que cela soit probablement un symbole symbolique seulement, car ils n'ont pas d'idolâtrie). Il est bien expliqué ce que signifie la croix. J'ai aussi lu que lors du processus de baptême, une personne se connecte à l'égrégore du christianisme. Comment les autres personnes (non-chrétiennes) se connectent-elles à leur égrégore religieux ? Par exemple, dans l'islam et le bouddhisme ?

Réponse : Répondons immédiatement à la dernière question. Chaque religion a ses propres rituels. Leurs clergés nationaux en sont bien informés. Lors de la naissance d'un enfant ou lorsque quelqu'un souhaite embrasser une autre foi, les prêtres accomplissent les rituels appropriés et récitent leurs prières, qui aident à connecter l'âme de la personne à l'égrégore de la foi qu'adopte cette personne.

La véritable ambition des Maîtres Supérieurs n'est pas d'unifier toutes les croyances en une seule, mais de rassembler les personnes de différentes nations en une race puissante et moderne, capable de faire progresser toutes les âmes désireuses d'évoluer. Les Maîtres Supérieurs ne sont pas favorables à la division constante de l'humanité, à partir de laquelle naissent les conflits perpétuels, le mécontentement mutuel. Les Maîtres Célestes ont toujours souhaité que tous les êtres humains, indépendamment de leur nationalité et de leur croyance, vivent en paix comme des frères, soient unis dans leurs pensées et dans leur orientation vers le développement. Ils (Les Maîtres Célestes) sont contre toute séparation, toute tendance des individus à s'isoler et à créer quelque chose de distinct des autres religions. Les êtres humains ont été créés pour l'unité, et il est donc important de soutenir et d'encourager, au contraire, non pas ce qui différencie les gens, mais ce qui les unit et les conduit vers un grand objectif. Et l'objectif de chaque individu positif est de devenir spirituel et de rejoindre la Hiérarchie de Dieu. Dieu pour l'humanité, peu importe comment son nom résonne dans d'autres langues, est Un. Cela doit être compris.

Et il faut également comprendre que Moïse, Bouddha, Jésus-Christ et autres ne sont que des fils de Dieu, c'est-à-dire des âmes missionnaires envoyées sur Terre dans des nations et des peuples en retard afin de les aider dans leur développement, réduisant ainsi leur chemin de retard et accélérant la transition des âmes vers le royaume de Dieu.

Nous ne sommes pas intéressées par la manière dont telle ou telle religion a pris naissance. À la base de toute séparation se trouve l'égoïsme humain, le désir de s'isoler, de se distinguer des autres, de ne se soumettre à personne tout en imposant sa propre domination, et ainsi de suite.

Les Nouvelles Connaissances sont universelles et destinées à l'ensemble de l'humanité, indépendamment de la nationalité et de la croyance de l'individu. Elles visent à unir toutes les nations dans le but de créer une race unie et cohésive, capable de survivre dans les nouvelles conditions difficiles de l'existence.

Rappelons que l'union de différentes nations et nationalités dans un État tel que l'Union soviétique a montré à quelle vitesse les petites nations ont pu progresser dans leur développement, comment en peu de temps elles ont élevé leur Niveau de développement et sont devenues indiscernables des représentants de pays plus développés et avancés. En d'autres termes, une telle union a permis aux nations en retard de sauter des millénaires de développement pour atteindre le résultat que les nations développées cherchaient à atteindre pendant des siècles.

C'est pourquoi, en s'appuyant sur cette expérience, les Maîtres Supérieurs espèrent créer une nouvelle et dernière union stable des peuples et des différentes nations, basée sur la compréhension par tous des nouvelles connaissances spirituelles. Cette fois-ci, ils veulent que l'humanité dans son ensemble fasse un bond en avant dans le progrès spirituel. Chaque nouvelle époque place devant les individus de nouveaux objectifs, et cette fois-ci est venue l'heure de l'élévation spirituelle pour toutes les âmes terrestres.

Et le fait que soudainement le lecteur puisse penser que toutes les nouvelles connaissances sont destinées uniquement aux chrétiens nous semble étonnant. C'est, bien sûr, une compréhension déformée de ce qui se passe dans le monde en ce moment et de ce qui s'est passé auparavant. Toutes les connaissances, peu importe d'où elles viennent, ont toujours été universelles. Toutes les âmes progressistes ont toujours accueilli avec joie tout ce qui est nouveau et ont cherché à le partager avec les autres. Ainsi, peu importe à quelle religion ou nation appartiennent les Nouvelles Connaissances, elles se répandent toujours rapidement dans toute l'humanité et aident à distinguer parmi elles les âmes progressistes, tout en identifiant celles qui sont en retard, conservatrices.

Nous avons écrit à maintes reprises dans nos livres que la sixième race rassemblera les meilleures âmes de chaque peuple, de chaque nation, indépendamment de la langue parlée par l'individu et de l'objet de son culte. Un indicateur important pour la transition vers la sixième race est la base morale de l'âme humaine. Nous mentionnons souvent le Christ dans nos livres, le prenant comme prototype de tous les fils de Dieu dans chaque religion existante. Tous portent leurs missions, tous sont envoyés par le même Dieu-Créateur et servent un seul but, à savoir l'éducation de l'homme dans une attitude juste. Chaque nation a ses propres rituels conduisant à la connexion de l'individu à l'égrégore de sa foi. Ainsi, en observant les rituels, l'individu se connecte automatiquement à son égrégore.

Et le simple fait de la désunion donne lieu au fait que quiconque rejoint une faction séparée a désormais le droit d'affirmer que seule leur religion est vraie et qu'elle seule guide l'âme sur le chemin correct. Tout ce qui est douteux commence à se rassembler autour de cet objet séparé, incitant activement tous contre ceux dont ils se sont séparés ou qui existaient déjà depuis longtemps. En réalité, avec les nouveaux rituels, une opposition à tout le reste qui a existé depuis des siècles commence à se former chez les représentants de la nouvelle religion. Ainsi, des querelles et des confrontations commencent à s'installer progressivement entre les peuples et les nations. À tout moment, une guerre peut éclater entre l'ancien et le nouveau, car lorsque les gens manquent de force persuasive par la parole, ils se tournent vers les armes.

Il est nécessaire de comprendre qu'une nation est une accumulation d'énergies d'une qualité et d'une quantité spécifiques de l'âme humaine, nécessaires aux Plans Supérieurs. C'est un phénomène temporaire dans l'évolution générale de l'humanité, car après avoir accumulé certains types d'énergies, l'âme se déplace pour s'incarner dans une autre nation, puis une troisième, et ainsi de suite. Cependant, cela se produit seulement lorsque l'individu a encore beaucoup de temps pour se développer, et en s'incarnant plusieurs fois dans le monde terrestre, il parvient à accumuler des réserves importantes pour son âme. Ainsi, il y a un remplissage complet des cellules de la matrice de son âme avec divers types d'énergies.

Les réincarnations dans différentes nations indiquent que l'âme, dans le passé, changeait périodiquement sa confession, c'est-à-dire qu'elle pouvait professer l'islam, le bouddhisme, l'hindouisme, etc., au cours de ses incarnations antérieures. C'est pourquoi toutes les âmes traversent, au cours de leur cycle de développement sur Terre, de nombreuses religions jusqu'à ce qu'elles parviennent à l'Unité de Foi, qui ne sera adoptée comme foi que par les âmes de la sixième race. Et l'Unité de Foi sera la dernière religion, unifiant toutes les âmes progressistes de différentes nations, peuples et religions.

Plus précisément, l'Unité de Foi ne sera pas tant une religion qu'une plateforme commune avec les Nouvelles Connaissances, introduisant un mode de vie qui propulsera rapidement les âmes des individus en avant sur le chemin de l'évolution. Quant aux temples et églises spécifiques, il n'y en aura plus dans le futur. Seules subsisteront des bibliothèques et des dépôts d'informations variées.

Les extraterrestres n'ont pas de religions, et ils ne connaissent pas, par exemple, qui est Jésus-Christ, ils ne savent pas qu'il est un guide spirituel dans le développement de nombreuses âmes sur Terre. Les extraterrestres choisissent immédiatement les bonnes voies de développement, ne se laissent pas distraire par toutes sortes de plaisirs et de péchés. Ils sont plus déterminés que l'homme terrestre, préférant travailler plutôt que « perdre du temps à ne rien faire », c'est pourquoi ils n'ont jamais eu besoin de religion et aucun missionnaire ne leur a été envoyé.

Ainsi, dans chacun des groupes de personnes que vous avez énumérés, la partie morale de l'âme sera prise en compte. De plus, vous n'avez pas encore pris en compte la présence sur Terre d'un autre groupe de personnes sélectionnées pour la Race d'or : ce sont des spécialistes hautement qualifiés dans la société humaine.

Ces spécialistes de haut niveau, passionnés par leur métier, possèdent toujours des qualités élevées de l'âme, car le Niveau élevé de leur spécialisation **exige la présence de telles qualités supérieures dans leurs professions (ils sont tous intelligents, intègres, disciplinés, et** font preuve d'une grande responsabilité dans tout ce qu'ils font et envers leur famille). **Parmi eux, il y aura certainement ceux qui répondent à ces exigences élevées pour la transition vers la sixième race, indépendamment de leur croyance et de leur connaissance (ou ignorance) de nos livres.**

C'est pourquoi 10 % des âmes de notre Terre seront certainement sélectionnées pour la transition vers la sixième race, comme cela avait été initialement prévu dans le Grand Projet de Dieu.

Rappelons que les deux autres Terres (la Terre du Futur et la Terre du Passé) doivent également fournir 10 % d'âmes chacune pour la sixième race. En somme, les trois Terres fourniront justement la quantité d'âmes élevées que notre Terre Actuelle était censée fournir aux Plans Supérieurs lors de son perfectionnement spirituel correct.

Bien que la Terre du Futur ait explosé et que de nombreuses personnes y aient péri, leurs âmes sont restées et ont continué leur développement sur notre Terre Actuelle, et en partie sur la Terre du Passé. Cela s'explique par le fait que toutes les âmes prometteuses se développent de toute façon jusqu'au Niveau requis et acquièrent les indicateurs énergétiques nécessaires pour entrer dignement dans la sixième race et poursuivre leur développement en égalité avec d'autres âmes prospères.

S'il y a une pénurie d'âmes pour la sixième race, les âmes manquantes seront prises parmi les âmes cosmiques. Ainsi, la sixième race sera entièrement complète, et le nombre d'âmes qui entreront dans la Hiérarchie de Dieu sera exactement celui qui était initialement prévu pour être obtenu du plan terrestre d'existence.

Cependant, l'introduction de deux planètes jumelles supplémentaires de notre Terre Actuelle à ces fins témoigne de l'importance qu'Elles accordent à la qualité et au Niveau de développement des âmes. En revanche, l'homme moderne refuse de comprendre cela, il remplit assidûment son âme de tout ce qui lui tombe sous la main, y compris toutes sortes de saletés, et estime qu'en étant populaire auprès de la population, il est une âme prospère en développement. Mais ce succès est illusoire. Ils se dégradent et ne le comprennent même pas. Et quand ils commenceront à chuter rapidement en Enfer, il sera déjà trop tard. Il est important pour l'homme de montrer à temps qu'il emprunte le mauvais chemin, afin qu'il puisse consciemment prendre la voie du développement qui ne mène pas en enfer, mais vers la Race d'Or. Les Nouvelles Connaissances, lorsqu'elles sont étudiées attentivement, permettent à l'homme de comprendre beaucoup de choses, en particulier la direction dans laquelle il devrait se perfectionner, et quel chemin il vaut mieux quitter à temps pour chercher la voie véritable.

Les connaissances du passé dans le présent

Lecteur : L'homme, de vie en vie, se confronte à des connaissances de sa vie passée, mais ne s'en souvient pas. Ces connaissances qu'il a accumulées précédemment ne passeront pas dans la matrice, même si elles sont bloquées ? L'homme est ramené aux connaissances, afin qu'il puisse, en confrontant les connaissances précédemment acquises dans une situation, en tirer quelque chose de nouveau. Il se confronte simultanément à ces connaissances-là et à celles-ci ?

Réponse : Toutes les connaissances correctes restent dans la matrice de l'homme, tandis que toutes celles incorrectes sont supprimées après sa mort, comme des connaissances défectueuses de l'individu. Cela se produit parce qu'après la mort, il y a une énergopurification, le Niveau d'accumulation chez l'homme diminue. En raison de l'accumulation de concepts incorrects, le chemin de son développement est prolongé. Cependant, tout ce qui a été assimilé correctement à partir des informations qu'il a étudiées forme la vision du monde général de l'homme. C'est pourquoi nous observons qu'un individu a une vision du monde minimale et ne comprend pas grand-chose, tandis qu'un autre en comprend beaucoup, ce qui témoigne de ses vastes accumulations passées, formant une base plus étendue de sa vision du monde.

L'homme se souviendra toujours des connaissances correctement assimilées. C'est pourquoi les lecteurs qui ont accumulé un nombre suffisant de connaissances véritables sur le monde au cours de leurs vies précédentes comprennent immédiatement notre information et la trouvent proche de leur esprit. Ceux qui en ont encore peu ont plus de difficulté à la maîtriser. Ainsi, d'une incarnation à l'autre, seules les connaissances vraies restent dans l'âme de l'homme, en quantités variables. Celui qui en a accumulé davantage comprend mieux et de manière plus correcte tout ce qui se passe dans la vie.

Le développement de l'homme consiste à relier nécessairement les connaissances passées aux nouvelles. C'est là que réside le progrès de son âme. Les Nouvelles Connaissances sont celles qui se construisent sur une gamme d'énergies d'un Niveau de développement plus élevé que les connaissances passées. Les anciennes et les nouvelles connaissances sont liées par une séquence de Niveaux. Certaines personnes présentent des informations anciennes, par exemple, datant de deux mille ans, comme étant nouvelles, mais comme elles sont construites sur une gamme d'énergies passée, elles ne peuvent pas élever l'âme au Niveau de développement suivant, car ces connaissances sont formées à des énergies basses du Niveau précédent. Ainsi, les anciennes et les Nouvelles Connaissances doivent nécessairement se distinguer par leurs Niveaux et gammes d'énergie. Les Nouvelles Connaissances auront toujours une énergie plus puissante, contribuant ainsi à l'élévation du Niveau de développement de l'âme humaine lors de leur assimilation.

Les anciennes et Nouvelles Connaissances pour la cinquième et la sixième races

Afin que l'élève puisse voir comment il apprend, on a inventé les « journaux intimes » à l'école. Tout au long de ses années scolaires, il a la possibilité de suivre son propre développement : dans quels domaines il excelle et dans lesquels il prend du retard. Bien que ces connaissances soient enregistrées dans sa matrice, il n'y pense pas. Mais même une invention aussi primitive que le « journal intime » permet à l'homme de surveiller la qualité de la construction de son âme.

Mais dès qu'il devient adulte et commence une vie indépendante, il perd tous ses points de référence pour comprendre s'il évolue bien ou mal. Il est vrai que pour beaucoup de gens, l'argent est la motivation qui les pousse à réussir dans la société. Mais il est tel qu'il conduit souvent l'âme non pas vers les sommets du progrès de la perfection spirituelle, mais devient une mesure de la dégradation humaine, de la chute du Niveau de son développement.

Dans la vie adulte, l'individu se trouve confronté à de nombreuses autres évaluations qu'il considère comme des repères de son développement réussi. Malheureusement, certaines de ces références sont interprétées de manière incorrecte. Ainsi, en croyant progresser dans son perfectionnement, il continue en réalité à diminuer son Niveau spirituel de développement et à dériver réellement vers les enfers. Ces repères incorrects peuvent inclure : la gloire, les applaudissements sur scène, diverses récompenses financières, la participation à des fêtes constantes et d'autres événements futiles, etc.

Il est difficile pour l'individu de suivre ses succès évolutifs de développement. Il ne peut pas voir combien d'accumulations il a réalisées à l'intérieur de sa matrice au cours d'une seule incarnation, et encore moins au fil de plusieurs.

Cependant, le progrès vers l'avant est aidé par la régulation des anciennes et des Nouvelles Connaissances. Cela lui est donné, c'est-à-dire qu'il a appris à déterminer clairement que certaines connaissances qui le passionnaient il y a 15 ans sont désormais obsolètes de manière irréversible, et qu'il est nécessaire de remplir son âme avec des connaissances plus modernes et fraîches, c'est-à-dire de remplir ses structures subtiles de nouveaux types d'énergies.

Si une personne s'efforce constamment de les actualiser, la proportion des anciennes notions en elle et des nouvelles changera constamment. En étudiant de Nouvelles Connaissances, l'individu remplace progressivement les anciennes notions dans sa conscience par de nouvelles. Et cela fait partie du mécanisme de croissance du potentiel global de son âme.

L'assimilation de concepts d'un Niveau supérieur à travers de nouvelles informations contribue à enrichir la matrice de l'âme avec des types d'énergies plus élevés du prochain Niveau de développement, plus puissants que ceux précédemment assimilés. Tout cela contribue à l'élévation de tous ses énergo-indicateurs et prépare l'âme énergétiquement à maîtriser de nouvelles qualités exceptionnelles. Notre information est artificiellement chargée par les Enseignants Supérieurs, de sorte que, en la lisant et en assimilant de nouveaux concepts, l'individu contribue ainsi à augmenter son Niveau énergétique global.

La sixième race a-t-elle commencé à s'incarner ?

Lecteur : Est-il correct de supposer que déjà maintenant, parallèlement aux âmes des personnes de la cinquième race, les âmes des personnes de la sixième race ont commencé à s'incarner ? Ou s'agit-il seulement de prototypes pour le moment ? Les gens pensent que les enfants indigo sont des représentants de la sixième race. En 2018, combien d'enfants indigo ont été incarnés, environ ? Combien sont prévus pour l'année prochaine ?

Réponse : Il n'est pas possible de fournir des données quantitatives exactes pour le moment, car tout évolue rapidement. De plus, de telles informations ne vous apporteraient rien, mais pour les sujets de l'expérience, elles pourraient être nuisibles. En effet, chaque enfant indigo identifié pourrait être isolé de la société, placé sous observation et utilisé à des fins égoïstes, entravant ainsi son développement complet. Les enfants indigo ne viennent pas dans ce monde pour émerveiller, ils ont des objectifs spécifiques.

Votre objectif consiste à comprendre le sens des processus en cours, dans leur version générale, des changements qui se produisent sur Terre, afin de savoir où orienter votre vecteur de connaissance pour ne pas rester en retard.

Nous avons déjà écrit à plusieurs reprises dans nos autres livres que, pour l'instant, des âmes expérimentales de la sixième race s'incarnent dans le monde terrestre, et que la société moderne est testée pour voir comment elle les accueille, et dans quelle mesure elle parvient à utiliser leurs capacités extraordinaires. Jusqu'à présent, les personnes dotées de capacités paranormales de la cinquième race ne trouvent pas d'application, et beaucoup d'entre elles se retrouvent marginalisées.

Les nouvelles capacités extraordinaires dont disposent les gens ne sont toujours pas pleinement exploitées au bénéfice de la société. À l'avenir, les autorités s'efforceront d'éliminer tous les défauts de communication qui ont été observés chez elles, et s'engageront certainement à créer des conditions favorables à une utilisation plus active des capacités paranormales dans la vie sociale, ainsi que dans des professions spécifiques. Ainsi, ces capacités ne seront pas simplement démonstratives : on les observera, on s'émerveillera, puis on saura comment les utiliser. L'utilisation de ces capacités exceptionnelles dans le cadre professionnel permettra de renforcer la cohésion sociale et d'orienter correctement le développement.

Le nombre de nouvelles âmes introduites augmentera progressivement en fonction de la manière dont la société utilise correctement et avec quelle amplitude les capacités extraordinaires des individus. Il n'est pas encore question d'une quantité exacte d'introduction, car la civilisation est en déclin.

Cependant, avec une attitude normale envers les personnes dotées de capacités extraordinaires, de tels individus deviendront de plus en plus présents dans la société. Dans l'ensemble, la société pourra accélérer le développement des capacités extraordinaires chez les individus, ce qui, d'une part, accélérera le perfectionnement des âmes et, d'autre part, éliminera d'abord le retard de l'humanité dans son ensemble, puis favorisera le progrès de la sixième race dans son ensemble. Le retard de l'humanité sera finalement éliminé.

L'incarnation des disciples du Nouvel Enseignement dans la sixième race

Lecteur : Dans combien d'années, pendant la période de transition après leur mort actuelle, les âmes des personnes qui ont cru et accepté votre Enseignement seront-elles réincarnées pour poursuivre leur développement dans la sixième race ?

Réponse : Au début du nouveau XXIe siècle, des âmes de différents Niveaux de développement se sont réunies dans la cinquième race, c'est-à-dire des personnes de Niveaux de développement variés. En raison de la difficulté pour les Supérieurs de réunir sur Terre le nombre initial prévu d'âmes nécessaire pour les élever au premier Niveau dans la Hiérarchie de Dieu, où ces âmes doivent compléter le Niveau inférieur de la Hiérarchie terrestre, où un nombre spécifique d'âmes terrestres doit être rassemblé, ils se voient contraints de rechercher les âmes manquantes dans le règne animal.

C'est pourquoi les Supérieurs sont contraints d'introduire de nombreuses jeunes âmes du règne animal dans le cycle de la vie. Naturellement, elles ne parviennent pas à accomplir le nombre de réincarnations qui leur permettrait de former leur propre degré de développement. Ces âmes ont toujours certaines qualités sous-développées. Cependant, parmi elles, on trouve également de nombreuses âmes déterminées. Elles ne sous-développent pas leurs qualités non pas parce qu'elles sont paresseuses ou cherchent des plaisirs, mais parce qu'elles ont vécu peu d'incarnations et n'ont pas eu le temps

66

de perfectionner toutes leurs qualités initiées. Incontestablement, les Supérieurs traiteront de telles âmes avec indulgence.

C'est pourquoi il a été décidé d'accorder à tous ceux qui ont cru dans le Nouvel Enseignement, mais qui ne satisfont pas à tous les aspects positifs du développement, trois incarnations supplémentaires ainsi que de nouveaux programmes de développement. Dans ces programmes, toutes les situations de vie sont spécialement conçues de manière à ce que leurs qualités positives l'emportent d'une certaine proportion sur leurs qualités négatives. Pour ceux qui en ont besoin, cela permettra de perfectionner leurs qualités importantes.

Ceux à qui le Jugement accorde l'opportunité de vivre encore trois incarnations de vérification pourront se réincarner dans les 3 à 5 ans suivant leur dernière incarnation. Pour perfectionner ces qualités en vue de rejoindre la 6e race, ils auront besoin d'un maximum de 170 ans (temps total pour les trois vies supplémentaires, en tenant compte du temps passé dans le monde subtil).

Leurs vies seront brèves, difficiles et très riches en événements variés. Ils n'auront pas de repos. Les autres âmes qui n'ont pas accepté notre Enseignement seront dirigées vers des mondes inférieurs. Cela se produira environ 5 à 10 ans selon le temps terrestre après le Jugement Dernier. Il y aura également, bien sûr, des âmes progressives qui continueront simplement leur perfectionnement, se préparant à passer à la septième race, puis à la Hiérarchie de Dieu.

Les âmes des trois races de couleurs dans la future civilisation

Lecteur : Vous écrivez que les Hauts Systèmes Matériels Cosmiques ont créé des corps humains pour trois races (blanche, jaune, noire), et après leur mort, leurs âmes iront vers les Distributeurs correspondant à ces races. Autrement dit, les âmes dans les Distributeurs ne sont pas spécifiquement subdivisées par nation, car périodiquement elles peuvent passer d'une nation à une autre.

Les livres suggèrent également que les âmes peuvent s'incarner dans différentes races. Mais quelle est la signification de cette distribution, puisque le corps meurt, et l'âme appartient à la Hiérarchie Divine ?

Réponse : Clarifions que dans ce contexte, dans notre livre, le concept de "race" ne concerne pas toutes les civilisations passées, mais seulement les peuples constituant la cinquième civilisation, qui se distinguent par la couleur de leur peau. Dans la cinquième civilisation, trois races de couleur coexistent simultanément : la race blanche, la race jaune et la race noire.

Revenons au terme qui prête à confusion dans la compréhension humaine, à savoir le mot "race". Dans d'autres ouvrages, nous utilisons le mot "race" pour désigner les civilisations présentes et passées, mais cette question concerne les races qui sont apparues uniquement dans la cinquième civilisation (c'est-à-dire, il est question ici uniquement des races de couleur)*, et leurs principales différences résident dans les caractéristiques externes, en particulier la couleur de la peau. Nous utiliserons donc de manière conventionnelle le terme moderne de classification scientifique "races de couleur", c'est-à-dire celles qui diffèrent par les caractéristiques nationales et la couleur de la peau.

Cependant, les Supérieurs appellent aussi des civilisations, dans lesquelles les âmes des êtres humains se perfectionnent depuis le début de l'apparition de l'humanité sur Terre, des races. Ainsi, dans de tels moments historiques, les termes "race" et "civilisation" sont identiques. (Les individus de ces races sont principalement unis par le Niveau de développement qu'ils doivent maîtriser à la fin de chaque race traversée. Cela signifie que dans toutes les races passées, leur objectif principal était de parcourir tout le spectre de ces énergies et de construire sur cette base des qualités spécifiques.) Donc, en termes simples, lorsque nous disons "race", nous faisons référence au terme "civilisation", et lorsque nous disons "race de couleur", nous nous référons spécifiquement à notre cinquième race.

Maintenant, répondons à la question posée.

Les trois races de couleur principales ont été créées par les Supérieurs dans un but spécifique. (Et nous n'avons pas le droit de contester Leurs termes.) Chacune d'entre elles (des races de couleur) doit apporter une qualité énergétique spécifique aux âmes, c'est pourquoi elles sont distinctes, et les réincarnations principales des âmes sont respectées pour obtenir les trois qualités nécessaires.

Mais, cependant, une certaine partie des âmes de chaque race de couleur passe parfois de sa propre race à une autre lors des réincarnations. Il s'agit d'une quantité spécifique (et pas nécessairement pour chaque âme) destinée à fournir aux Supérieurs un mélange des énergies des trois spectres sur lesquels se développent les races de couleur mentionnées. Ce mélange est également nécessaire pour Leurs objectifs spécifiques, que l'humanité ne comprend pas encore. En d'autres termes, des âmes aux qualités de transition sont également nécessaires.

Prenons une analogie. Par exemple, un artiste prend trois couleurs : le rouge, le jaune et le bleu. Le mélange du rouge avec le jaune donnera une couleur orange supplémentaire, le jaune avec le bleu donnera du vert, le rouge avec le vert donnera du marron, et ainsi de suite. Possédant les couleurs de base, l'artiste obtient des couleurs supplémentaires pour sa toile, qui, par exemple, pourraient être absentes individuellement. De même, avec les races de couleur, en possédant les caractéristiques fondamentales des âmes, les Supérieurs obtiennent des âmes avec des caractéristiques supplémentaires dont ils ont besoin.

Quant à son évolution future, personne ne le sait, car les désirs peuvent toujours conduire l'homme dans une direction opposée. Cependant, l'humanité n'a pas encore achevé son développement, et tous les meilleurs représentants des véritables races de couleur sont appelés à passer à la sixième civilisation, qui aura une nationalité unique.

Tous les anciens représentants des races blanche, jaune et noire continueront à évoluer dans une forme matérielle commune, constituant le corps de l'humanité de la race d'or. Tous atteindront simultanément les sommets qu'ils mériteront à l'avenir, et lors de leur transition vers la Hiérarchie de Dieu, ils se libéreront (débarrasseront) complètement du corps matériel, passant à un état énergétique, représentant de magnifiques Substances de Dieu.

La division des personnes en races de couleur est temporaire

Lecteur : Chaque race ethnique - noire, jaune, blanche - est-elle sous la direction d'une Hiérarchie spécifique ? Cependant, l'âme peut s'incarner dans différentes races. Lors de la transition d'une âme vers une autre race, se produit-elle avec un passage sous la direction d'une autre Hiérarchie ? Ou reste-t-elle toujours "attachée" à sa Hiérarchie et est-elle envoyée dans une autre race comme une "mission", temporairement, pour une ou plusieurs incarnations ?

Réponse : Vous confondez les Hiérarchies avec les Systèmes. Pour toutes les âmes positives, il n'y a qu'une seule Hiérarchie, et pour les âmes négatives, il y a une autre Hiérarchie. Et dans chaque Hiérarchie, il y a plusieurs Systèmes.

Les races appartiennent à différentes Hiérarchies de Systèmes, qui se distinguent par leur spécialisation individuelle dans le développement des âmes. Lorsque l'âme passe d'une race à une autre, il y a un changement de Systèmes, c'est-à-dire de spécialisation dans le développement des âmes. Cependant, de telles transitions se produisent généralement uniquement lorsque la composition quantitative des âmes dans chaque race doit être régulée, ou parfois lorsqu'il est nécessaire de mélanger certains types d'énergies dans un nombre défini d'âmes. Ces âmes serviront à unir une race à une autre, à coordonner une activité fonctionnelle commune.

La division de l'humanité selon son affiliation ethnique n'a eu lieu que dans notre cinquième civilisation dans le but de permettre aux âmes de développer des types spécifiques d'énergies. Cette division est temporaire dans l'histoire globale de l'humanité. Dans la sixième civilisation, il n'y aura à nouveau qu'une seule race (selon l'identification ethnique).

La proportion d'âmes positives et négatives en l'an 2001

La population de la Terre change constamment, car toutes les âmes sont en rotation à travers le cycle des réincarnations : certaines achèvent leurs programmes de vie et retournent aux Réservoirs d'âmes correspondant à leurs Niveaux de développement, tandis que d'autres, au contraire, naissent dans le monde terrestre pour acquérir les qualités nécessaires.

Dans ce contexte, les âmes se qualifient qualitativement en tant que positives, appartenant à notre Dieu et exprimant une orientation positive dans l'évolution de notre Création (Univers Entier). D'autres âmes en développement sur notre Terre représentent la branche négative du perfectionnement humain, portent des qualités différentes, un style de comportement distinct, et bien d'autres choses, divergeant de la direction divine. C'est pourquoi la population de la Terre est constamment divisée en oppositions et nécessite un contrôle constant de l'équilibre des forces entre elles. C'est ainsi que le monde terrestre lui-même est qualifié de mixte, car il abrite simultanément des âmes positives et négatives, ainsi que des âmes neutres appartenant à la Hiérarchie Médicale (qui, en plus des professionnels de la santé, comprend également les âmes des sauveteurs).

La plupart des âmes se trouvent dans un état de choix quant à leur chemin de développement, ce qui signifie que dans une vie, l'âme peut être positive, tandis que dans une autre incarnation, des qualités négatives peuvent prédominer. Cependant, ces âmes ont une période définie pour faire leurs choix, et elles ne sont pas immédiatement attachées de manière permanente à un Système spécifique.

Par exemple, les jeunes âmes doivent vivre dix incarnations, à la fin desquelles certaines peuvent être remises à Dieu-Créateur, tandis que d'autres peuvent être remises au Diable pour un service permanent. En revanche, les âmes positives, en accumulant une grande quantité d'énergies négatives dans leurs structures subtiles, peuvent avoir la possibilité d'être confiées au Diable jusqu'à leur dernière incarnation sur Terre. Cela signifie qu'on peut accéder à la Hiérarchie négative à n'importe quelle incarnation, car Dieu exige de ses âmes une conduite de haute qualité, des connaissances élevées, et tout le reste, dans leur meilleur état.

Cependant, en choisissant une année spécifique, en l'occurrence 2001, nous avons ainsi déterminé la proportion des forces positives et négatives qui s'étaient développées sur Terre jusqu'à ce moment-là.

En l'an 2001, la répartition sur Terre était de 60 % d'individus négatifs et seulement 40 % d'individus positifs, c'est-à-dire que ceux qui se soumettaient à la Hiérarchie négative étaient plus nombreux. De là résultent l'instabilité, les soulèvements fréquents dans divers pays d'Europe, les guerres locales, les migrations massives de populations, les surpeuplements significatifs, et le mélange de différentes communautés.

Les gens ont cessé de respecter les frontières historiquement établies pour leur vie, agissant de manière arbitraire, et nombreux étaient ceux qui cherchaient à s'installer dans des pays civilisés pour profiter des avantages accumulés là-bas, plutôt que de vivre dans la misère sur leurs terres d'origine.

Des violations massives des lois ont eu lieu, les gens exigeaient des bienfaits des gouvernements étrangers sans contribuer de manière significative aux pays qui avaient ouvert leurs frontières aux réfugiés. En retour, certains pays traitaient également les réfugiés de manière indigne, créant des conditions de vie insupportables dans l'espoir de les expulser de leurs territoires.

De tels désordres, qui étaient présents sur Terre à ce moment-là, ne pouvaient exister qu'avec une répartition de forces positives et négatives de l'ordre de 60 % négatives et 40 % positives.

Les 60 % d'âmes négatives comprenaient celles qui étaient déjà attachées au système négatif en raison de leurs comportements antérieurs, ainsi que celles qui avaient accumulé tant de qualités négatives que cela prédominait considérablement sur la base positive de leur matrice.

Les 40 % d'âmes positives comprenaient celles en progression et partiellement dégénérées (dégradées), qui n'avaient pas encore achevé leur développement à ce moment-là, et dont le choix entre le bien et le mal n'était pas encore complètement défini sur Terre.

Cependant, nous rappelons que nous parlons du nombre d'âmes liées à l'année 2001. La répartition finale et la fixation de ces âmes dans le système positif ou négatif ne se fera qu'après le Jugement Dernier. Pour l'instant, elles ont encore la possibilité d'accumuler des points positifs pour elles-mêmes afin de faciliter leur transition vers la sixième race à venir et de rester sous la guidance de notre Dieu-Créateur.

C'est précisément cela qui demeure essentiel pour de nombreuses âmes, et c'est pour cela que certaines d'entre elles continueront à lutter activement. Il est toutefois important de se rappeler que la répartition entre les âmes positives et négatives sur Terre change constamment, même sur de courtes périodes.

Les négatifs dans la sixième race

Lecteur : De vos livres, j'ai appris que les âmes négatives appartenant au Diable ne feront pas partie de la nouvelle race. Cependant, dans ce cas, si la sixième race ne compte aucun individu négatif, selon la logique, est-ce que seules les âmes positives pourront atteindre le sommet de l'humanité au 100e Niveau tout en restant et poursuivant leur développement sur Terre ?

Réponse : Le sujet que vous abordez est très intéressant et nouveau, car nous n'en avons pas parlé auparavant.

C'est tout à fait exact : seuls dix pour cent des âmes positives auront le droit, après le Jugement Dernier, d'utiliser le monde terrestre pour des réincarnations ultérieures, continuant ainsi leur propre développement dans la race d'Or.

Les autres âmes positives poursuivront leur perfectionnement dans des mondes inférieurs en fonction de leur Niveau respectif. Par conséquent, les conditions de leur existence seront celles qu'elles auront méritées (c'est-à-dire que leur situation de vie se détériorera considérablement et deviendra plus difficile). Cependant, ces âmes ne reviendront jamais sur Terre, même si elles atteignent le Niveau 70.

Leur perfectionnement se déroulera dans d'autres mondes, y compris des mondes parallèles, où beaucoup de choses seront totalement différentes de celles de notre cinquième race, par exemple : il y aura des Distributeurs structuralement différents des nôtres, de nouvelles Hiérarchies (qui ne seront plus humaines), et même les entités négatives y prendront une forme complètement différente de celle qui leur est présentée pour le développement terrestre. Ainsi, le Diable lui-même sera quelque peu modifié là-bas, et Ses serviteurs aussi auront une nature différente. Jusqu'au Niveau 50-60, les êtres positifs et négatifs continueront à évoluer conjointement, jusqu'à ce qu'ils soient séparés dans leurs mondes respectifs en fonction de leur charge pour une progression ultérieure.

Cependant, les individus négatifs qui se sont développés sur Terre, après le Jugement Dernier, seront transférés dans les mondes du Diable, où ils poursuivront leur évolution. Si l'on compare le développement des âmes dans la Hiérarchie de l'Humanité et dans la "Hiérarchie négative d'êtres similaires à l'homme", alors dans cette dernière, les âmes atteindront également son sommet avec succès selon des programmes rigides, mais avec une prédominance de qualités négatives.

Le Diable est intéressé par le développement ultérieur de ces individus négatifs qui lui sont remis pour un service permanent avant le début de la sixième race. Par conséquent, Il s'efforcera de les développer jusqu'au centième Niveau dans les délais les plus courts, correspondant à la Hiérarchie humaine terrestre. Cela signifie que ces âmes devront atteindre le Niveau le plus élevé dans des conditions particulièrement difficiles, car tous les mondes du Diable sont caractérisés par des situations complexes.

Cependant, tous les individus négatifs achèveront inévitablement leur perfectionnement complet, entamé sur Terre. Par conséquent, il serait incorrect de prétendre que les individus négatifs, si le Diable les prend avec Lui, resteront «sans éducation supérieure terrestre», comme on dit. Chaque individu négatif achèvera certainement son éducation dans d'autres mondes et progressera ensuite dans la Hiérarchie du Diable. Chacun poursuivra son développement à la fois dans les plans Supérieurs, et bien sûr, là-bas (chez les négatifs), ce n'est pas moins intéressant que dans les mondes de Dieu dans sa Hiérarchie positive.

La sixième race visitera-t-elle la planète Orekta

Lecteur : Les êtres humains de la sixième race pourront-ils rendre visite aux habitants de la planète Orékta ?

Réponse : Non, il est très probable que personne de la sixième race ne pourra visiter cette planète. De plus, toutes les visites non autorisées peuvent être très dangereuses. Seuls des spécialistes individuels sont autorisés à y aller, et il est fort probable que des représentants de la Hiérarchie négative du Diable puissent s'y trouver.

La planète Orekta est interdite à la visite libre, car seuls des spécialistes qualifiés de certains niveaux de développement (élevés) s'y rendent. De la même manière qu'un laboratoire n'admet pas de personnes non autorisées, cette planète n'accueille pas d'étrangers, car elle possède une spécificité particulière dans la culture de différentes formes de vie. Pendant un certain temps, ces formes peuvent être sauvages et indomptées ; on les garde le plus souvent en isolement ou dans des installations fermées spécifiques, mais parfois elles s'échappent, et ces spécimens deviennent très dangereux. En général, ils sont capturés ou simplement éliminés comme des formes qui n'ont pas réussi.

Ce que découvrira la sixième race

Lecteur : La sixième race découvrira-t-elle tous les secrets de l'Univers ?

Réponse : La cinquième race n'a pas réussi à comprendre non seulement tous les secrets de l'Univers, mais même à connaître un dixième partie des grandes énigmes de l'Univers. La connaissance s'ouvre progressivement à l'esprit humain au fur et à mesure de sa compréhension des autres bases de développement. Cependant, l'homme de la sixième race n'aura pas encore eu le temps d'atteindre ces bases de compréhension de la structure du monde environnant qui existent réellement. Par conséquent, même dans la sixième race, il ne sera pas encore prêt à découvrir tous les secrets de notre Univers.

Si l'on parle spécifiquement de l'Univers dans lequel se trouve la Terre, à son Niveau actuel de développement, l'homme n'est pas capable de comprendre tous ses secrets pour de nombreuses raisons. Pour ce faire, il est nécessaire de posséder au moins des connaissances élémentaires à son sujet, afin de progresser en s'appuyant sur elles. Mais, l'homme rejette les connaissances supérieures qui lui sont données d'En Haut et qui sont capables d'accélérer le processus de compréhension de ce qui est actuellement hors de sa portée pour une étude pratique. Ainsi, il ralentit son propre perfectionnement.

C'est pourquoi il doit d'abord étudier ce que les Supérieurs offrent afin de former des notions sur le monde subtil, de comprendre la multidimensionnalité de l'Univers. Alors, la conscience commencera à développer une conception correcte de l'ordre du monde et spécifiquement de l'Univers lui-même. Cela se produira car la conscience commencera à décrypter de manière infaillible les idées qui lui sont envoyées d'En Haut pour résoudre les énigmes de l'Univers physique et de nombreux autres phénomènes se produisant dans le monde et n'ayant pas encore d'explications correctes.

Mais, si l'homme ne sait toujours pas et n'accepte pas le fait qu'il possède une âme, une structure subtile, alors il ne pourra pas non plus accepter les connaissances qui affirmeront que l'Univers est multidimensionnel et possède une structure subtile.

Les mystères ont toujours existé et existeront toujours. Ils sont infinis et aident l'esprit à progresser dans la compréhension du monde. Cependant, pour comprendre la majeure partie de ce qui est caché à l'esprit humain, il est nécessaire de se perfectionner constamment, plutôt que de se limiter à absorber uniquement le matériel déjà prêt, que les Maîtres Supérieurs révèlent aux gens par étapes.

Certes, les Créateurs eux-mêmes, qui ont créé cet Univers et le perfectionnent depuis des millions d'années, peuvent librement dévoiler les secrets les plus intimes. Et Ils les ont déjà révélés à plusieurs reprises aux êtres humains, mais ces derniers continuaient de ne pas les comprendre, et donc de ne pas les assimiler.

De plus, il est impossible de connaître et de comprendre immédiatement tous ses secrets, car la connaissance nécessite une progression graduelle. Ainsi, lorsque l'homme déchiffrera certains mystères, d'autres mystères les remplaceront. C'est simplement une manière de pousser la conscience vers la compréhension de la réalité environnante. En outre, l'Univers n'est pas constant : avec le temps, certaines choses anciennes se décomposent et disparaissent dans le passé, tandis que de nouvelles choses se construisent. Et c'est précisément ce «nouveau» qui peut devenir le prochain mystère, restant inconnu pour l'homme.

Chaque Niveau de développement correspond à ses propres mystères, et ce même Niveau détermine combien d'entre eux seront révélés à ce stade, et combien passeront à l'étape suivante du développement.

Ce n'est que lorsque l'âme de l'homme prendra elle-même l'initiative de créer son propre Univers que beaucoup de choses lui seront révélées, tant dans ses fonctions secrètes que dans la structure subtile qui se dévoilera à elle dans la perspective.

De nombreuses fonctions de notre Univers restent encore cachées à la vue et à la compréhension de ses fonctions complètes. Le temps viendra - et elles seront révélées, mais jusqu'à ce moment, il faudra encore attendre. Ainsi, ni la sixième, ni la septième race ne connaîtront encore tous les mystères de l'Univers. Sa pleine connaissance et compréhension ne se produira que lorsque l'homme commencera lui-même à créer des structures matérielles et subtiles de l'Univers.

La cérémonie des funérailles dans la Race d'Or

Lecteur : Chaque race de l'humanité crée ses propres rituels et coutumes, annulant tout ce qui est ancien. Comment évoluera le rituel funéraire dans la sixième race ? De nos jours, la mort est associée par le commun des mortels à la non-existence et constitue une douleur irréparable pour les proches du défunt. Ils pleurent désespérément devant les tombes creusées avant l'enterrement du cercueil.

Ne pourrait-il pas émerger une capacité extraordinaire chez les individus de la sixième race, telle que la visualisation de l'âme ayant quitté le corps et la communication avec elle, afin que finalement cesse l'identification erronée du corps éphémère et sans vie avec l'individu lui-même, qui a simplement quitté invisiblement son enveloppe pour rejoindre le monde subtil ?

Réponse : Dans la sixième race, de nombreuses personnes auront des capacités extraordinaires, ouvriront notamment la clairvoyance. Elles pourront percevoir le monde subtil et seront capables de communiquer avec les âmes ayant quitté leur enveloppe matérielle. Une telle communication aidera à atténuer la douleur de la séparation avec des proches et des êtres chers. De plus, nos Nouvelles Connaissances sur les processus accompagnant le largage de l'âme de son enveloppe physique sera connu de tous. Ainsi, les adieux aux êtres chers ne seront pas aussi difficiles. Bien entendu, tous les anciens rituels cesseront d'exister. La sixième race créera ses propres nouvelles règles pour dire au revoir aux âmes.

Chapitre 3
LE DÉVELOPPEMENT

Que signifie "Venir avec une âme pure"

Lecteur : Si l'âme remplit ses matrices d'énergies, et que les âmes de la sixième race viennent pures, que deviennent les énergies accumulées **dans les matrices des âmes de la cinquième race ?**

Réponse : Le concept de "Venir avec des âmes pures" concerne la sixième race. Les individus doivent arriver avec des "âmes pures", ce qui signifie venir sans avoir dans leurs enveloppes subtiles des énergies "sales" (pécheresses ou acquises par erreur ou dans la recherche du plaisir), de types qui ne sont pas nécessaires à accumuler selon le programme personnel de l'individu. Toutes les autres qualités accumulées dans les matrices et les enveloppes au cours du développement restent inévitablement. Le progrès de l'âme réside dans le fait que de nouvelles qualités seront toujours ajoutées aux qualités correctement construites. Autrement dit, dans la prochaine race, les âmes viendront avec des qualités pures et continueront à se perfectionner à un Niveau supérieur en les enrichissant de nouvelles qualités.

Et si les cellules contenaient des énergies "sales" ou des énergies de types qui ne sont pas nécessaires selon la loi de la hiérarchie, alors il serait impossible de continuer la construction des qualités. En effet, un individu pourrait avoir dans ses matrices des qualités incomplètement développées en raison du fait qu'il aurait accumulé dans son âme des énergies de Niveaux inappropriés, qui étaient censées être acquises à la nouvelle étape de développement. Dans ce cas, cet individu aurait dû d'abord expier ses dettes karmiques, et seulement après cela, il lui sera permis de commencer la construction des qualités du prochain Niveau de développement. Mais même les dettes karmiques doivent être expiées par une purification préalable de l'âme des énergies qui ne correspondent pas à son Niveau.

En d'autres termes, l'âme à qui il est permis de poursuivre sa progression dans la prochaine sixième race est tenue de se purifier de tout ce qui est superflu et ancien. Seulement après cela, elle a le droit de commencer à maîtriser les énergies du prochain Niveau de développement.

De nouveaux sujets à étudier dans l'avenir

Lecteur : Les enfants de la sixième race étudieront-ils des disciplines inhabituelles, par exemple, un certain code de conduite dans les relations avec les extraterrestres ?

Réponse : Les enfants de la sixième race auront certainement de nombreux nouveaux sujets intéressants à étudier, y compris la discipline du comportement lors des interactions avec des extraterrestres et des êtres étranges. De nombreuses pratiques intéressantes seront introduites pour développer des capacités paranormales.

L'acquisition de connaissances inclura nécessairement de nouveaux sujets sur la structure de notre Univers, de la Nature et de la Création (Univers entier). Les étoiles et les planètes seront examinées d'un nouvel angle de vue. Des sujets sur la construction d'hologrammes sur le plan subtil seront introduits, et leurs calculs commenceront à être maîtrisés. L'homme ne sait presque rien de sa structure subtile, et de nouvelles connaissances spécifiques lui seront maintenant fournies sur la structure de chaque énergo-enveloppe, ainsi que sur les constructions additionnelles du corps physique et sur toutes les interactions des constructions subtiles avec celles physiques. Pour cela, plusieurs nouveaux sujets seront également mis en place.

Il y aura particulièrement beaucoup de pratiques :

1. Sur la pénétration du corps physique à travers la matière ;

2. Sur la maîtrise de la pensée et son influence sur les objets matériels ;

3. Sur la transmission de la pensée à distance, c'est-à-dire une tentative de maîtriser massivement la télépathie ;

4. Sur la surmontée de la force d'attraction de la planète dans le corps physique, certaines âmes commenceront à maîtriser la lévitation,

etc.

Ainsi, tout ce qui existe actuellement à un stade embryonnaire (rudimentaire) deviendra à l'avenir un fait tout à fait ordinaire.

L'étude de l'aura

Lecteur : Que peut-on voir dans l'aura ? Est-il possible de déterminer l'humeur d'une personne, son degré d'agressivité et son Niveau de développement à partir de son aura ? Ou ai-je choisi des points de repère incorrects et devrais-je en chercher d'autres ?

Actuellement, de nombreux médiums font de la publicité en prétendant pouvoir déterminer l'état du centre cérébral du sexe, ainsi que les matrices de l'âme. Est-ce vrai ?

Réponse : Vous avez choisi la bonne méthode d'étude des personnes pour examiner les questions qui vous intéressent. Cependant, cela nécessite de développer une vision astrale. Pour poser des "diagnostics" précis, une formation approfondie est nécessaire pour éviter des erreurs. Cela relève déjà de la maîtrise, qui s'acquiert avec une grande pratique.

L'aura* d'une personne, composée de plusieurs enveloppes subtiles, reflète parfaitement tous ses sentiments, qui peuvent être déterminés par sa couleur.

Une aura **rouge ou orange** indique que la personne peut être irritée, agressive. Elle peut facilement commencer à argumenter avec vous sur n'importe quel sujet et est également capable de se battre facilement.

Une aura **jaune** signifie que la personne est dans un état calme ou peut lire des prières pour elle-même (les nouvelles prières donnent une couleur bleue, voire violette).

La couleur **verte** de l'aura caractérise également une personne dans un état de tranquillité intérieure, emplie d'amour envers tout ce qui l'entoure. Elle indique également que la personne a une orientation humanitaire, écrivant des traités philosophiques sérieux par amour pour toute l'humanité ; aux inventeurs, aux experts en technologies de l'information, aux artistes, dont le cœur est rempli d'amour pour les gens et la nature, ainsi qu'aux acteurs artistiques et aux réalisateurs.

Une aura **bleue claire** caractérise une personne spirituellement élevée, lisant de nombreux textes religieux et ayant choisi la voie du développement spirituel. Une telle aura peut être présente chez les chercheurs scientifiques étudiant la physique, la chimie et d'autres sciences, avides de constamment découvrir quelque chose de nouveau, sans aucune empreinte d'agressivité dans leur caractère. Souvent, les personnes imaginatives possèdent une aura similaire. Cependant, il est important de se rappeler que les couleurs de l'aura peuvent prendre une teinte différente en fonction de l'humeur de la personne. Ainsi, les teintes légères et claires ne sont pas permanentes et fondamentales, et peuvent changer au cours de la vie d'une personne. Par exemple, à un âge avancé, cette couleur bleue peut souvent se transformer en gris (la couleur du mécontentement constant), mais cela reste également temporaire.

Une aura **bleue foncée** caractérise également les inventeurs, les personnes passionnées de mathématiques ou enseignant des matières mathématiques dans des établissements d'enseignement supérieur. Ceux qui ont une aura bleue sont des constructeurs avec une moralité stable, peu enclins à des tentations, engagés dans la conception d'objets techniques dans la vie quotidienne, accomplissant de bonnes actions, fournissant de l'aide à ceux qui en ont besoin. De plus, cette aura peut également être présente chez des hommes politiques sérieux qui abordent de manière responsable la résolution des problèmes liés aux intérêts et aux besoins du peuple. Les dirigeants de certaines nations, cherchant à hisser leur peuple au rang des nations leaders de la planète et déployant de grands efforts à cette fin, peuvent également avoir une aura bleue.

Les personnes ayant une aura **violette** sont religieuses et saintes, lisant constamment des prières et rédigeant de la littérature religieuse sur des sujets spécifiques, cherchant à maintenir les jeunes âmes sur le chemin juste du développement. De plus, une étude attentive de nos Nouvelles Connaissances peut également teinter l'aura des personnes en violet (comme l'ont montré des expériences). Cependant, cette couleur indique souvent un travail spirituel avec la population. Ces personnes peuvent enseigner quelque chose à leurs élèves et s'engager dans des œuvres de bienfaisance. La compassion et la noblesse de comportement leur sont inhérentes.

À travers l'aura d'une personne, on peut voir ses chakras et son anneau d'impulsion. Mais, il est impossible de déterminer par aucun moyen l'état du centre-cerveau de sexe et encore moins la matrice de l'âme. Pour comprendre à travers l'aura de la personne qui est devant vous, il n'est pas nécessaire de prendre des mesures spécifiques. Il suffit de révéler le Supérieur que nous avons indiqué.

Il faut dire que toutes les mesures prises par l'homme sont actuellement fictives et ne reflètent pas la réalité des choses. Seuls les Supérieurs connaissent les Niveaux de développement exacts de l'âme d'une personne. Ils ne diffusent pas ces connaissances, car les gens les utilisent pour humilier les autres et s'auto-glorifier.

À travers l'aura, on peut identifier les maladies et l'état émotionnel d'une autre personne (agressivité, haine, amour, etc.). Cependant, en se basant sur des Niveaux approximatifs, on peut conventionnellement établir que les couleurs rouge, orange et jaune indiquent que la personne n'a pas encore atteint le Niveau moyen de développement, et qu'elle devra travailler longtemps sur elle-même pour y parvenir. En revanche, les couleurs jaune et verte caractérisent une personne qui a atteint le Niveau moyen, et ainsi de suite. Cependant, encore une fois, toutes ces caractéristiques seront obtenues de manière générale.

Le treizième chakra

Lecteur : Que pouvez-vous dire sur le treizième chakra et son système ?

Réponse : Pour les individus de la cinquième race, il y a 7 énergocorps, y compris le corps physique (sept enveloppes) et 7 chakras principaux. Les représentants de la sixième race ajoutent 2 nouvelles enveloppes, ce qui signifie que **2 chakras principaux supplémentaires sont ajoutés au corps. Ainsi, le nombre total de chakras principaux passe à 9**. Pour les individus de la septième race, il y aura 12 enveloppes et également 12 chakras principaux.

Si les Supérieurs décident que l'individu aura besoin d'un développement supplémentaire dans la huitième race, le nombre d'enveloppes restera le même, car la huitième race apportera des ajustements aux énergies manquantes que l'individu n'aura pas pu acquérir dans la septième race. Le nombre de chakras principaux restera à 12. (On pourrait dire que le 13e chakra est une sorte de réserve, au cas où l'individu ne parviendrait pas à accomplir ses tâches dans la septième race.)

En général, cependant, pour l'individu de la cinquième race, il existe beaucoup plus de chakras, avec 49 considérés comme principaux. Chacun des sept énergocorps a ainsi sept chakras, ce qui signifie que 49 chakras fonctionnent activement dans des conditions de développement normal :

7×7=49.

Si l'on considère maintenant combien de chakras fonctionneront activement pour l'individu dans la sixième race, cela donnera :

9×9 = 81 chakras.

Chaque enveloppe commencera à fonctionner avec les deux nouveaux énergocorps de l'individu, ajoutant ainsi deux nouveaux chakras à chacune d'elles. L'énergoéchange à l'intérieur de la forme augmentera. Tout cela indique que les processus énergétiques dans le corps de l'homme seront plus intenses.

Mais, cela est également lié au fait que chaque enveloppe de l'homme est à son tour connectée par des fonctions spécifiques à une enveloppe subtile correspondante de notre planète. Par conséquent, l'énergoéchange de l'homme modifiera ses liens non seulement internes, se produisant dans ses corps, mais aussi externes, avec la Terre elle-même, qui s'élargiront considérablement. Cela est nécessaire pour la transition de la planète vers la sixième orbitale, en tant que Niveau énergétique plus élevé de développement tant pour la planète que pour l'humanité elle-même.

En même temps, il est important de noter comment le changement d'un élément (c'est-à-dire l'augmentation du nombre d'énergocorps de l'homme) provoque toute une série de transformations consécutives dans le monde environnant. Ainsi, l'individu ne peut pas se considérer comme quelque chose d'indépendant, isolé de tout ce qui l'entoure, ce qui devrait imprégner son existence d'un sentiment de responsabilité envers son environnement.

Les changements dans les matrices

Lecteur : Je m'interroge sur l'emplacement de la matrice des Mots dans quel corps subtil ? Lors du "rappel" d'une langue étrangère, d'où provient l'information : de la matrice des Mots ou de la matrice du Subconscient ?

Réponse : Les matrices des Mots et des Chiffres se trouvent dans le **corps causal**. Le rappel d'une langue étrangère provient de la matrice des Mots, tandis que dans le subconscient demeurent des concepts généraux exprimés par les mots de cette langue.

La matrice des Mots dans la sixième race continuera à résider dans des constructions subtiles, mais dans la sixième race, l'humain commencera déjà à maîtriser la télépathie, ce qui permettra l'activation de la matrice des Concepts pour la communication. **L'individu commencera à percevoir l'information non seulement de manière verbale ou sous forme de chiffres, mais sera capable de la recevoir de manière complexe, sous la forme de fragments volumineux. Cela permet généralement à l'individu de percevoir davantage d'informations en une unité de temps**. Cependant, cela nécessite une formation approfondie.

Les gens continueront à maîtriser la télépathie même dans la septième race. Cependant, lors de la transition vers la Hiérarchie de Dieu, ses matrices des Mots et des chiffres seront déconnectées, car là, dans la Hiérarchie de Dieu, les âmes se tournent entièrement vers la communication télépathique avec d'autres Substances. Au fur et à mesure de la progression à travers les Niveaux de la Hiérarchie de Dieu, les méthodes de communication entre les Substances seront perfectionnées.

La matrice des Concepts de l'âme humaine commencera à se développer activement, en l'appliquant à de nouvelles fonctions - la communication non seulement avec des semblables, mais aussi avec d'autres formes de vie. Cela constituera une expérience intéressante et utile, permettant à l'homme de ressentir comment des concepts similaires à ceux de la Terre ont émergé, mais dans d'autres mondes.

Chapitre 4
UN NOUVEAU CHEMIN DE DÉVELOPPEMENT

La réanimation d'événements anciens

Lecteur : Dans vos livres, il est mentionné que les programmes personnels des individus sont étroitement entrelacés avec les programmes sociaux et de toute l'humanité dans son ensemble. Vous écrivez également que l'humanité a été transférée vers une option de sous-programme de secours pour son développement ultérieur, prévenant ainsi des catastrophes fatales.

J'ai remarqué que dans ma vie, d'anciennes situations spécifiques d'interaction avec certaines personnes ont été réanimées, qui, selon la logique des événements, auraient dû être complètement épuisées, devenant des hologrammes manifestes du passé. Tout semblait être résolu, une conclusion nette avait été établie.

Cependant, les temps passés semblaient avoir ressuscité. Cela pourrait être lié à votre activation de cette voie salvatrice pour le développement futur de l'humanité, où un nouveau tournant vers des valeurs spirituelles et une acceptation de Dieu pourraient être possibles ?

Réponse : *La variante de secours comprend des situations similaires à celles déjà vécues*, mais seulement chez certaines personnes, leur offrant ainsi la possibilité de les comprendre correctement et d'y apporter des corrections. Il est essentiel de traiter avec sérieux les situations récurrentes (répétées) et d'analyser chaque étape de notre parcours.

Mais, si l'on parle globalement de l'humanité, et plus précisément des situations de son développement actuel, de nombreuses personnes commencent également à remarquer que la situation actuelle dans le monde rappelle celle de 1941, lorsque le fascisme a été réanimé, forçant à nouveau les gens à plonger dans le passé et à revivre les horreurs de la guerre... Par exemple, tout ce qui se passe actuellement en Ukraine (2022-2023)* fait que de nombreuses personnes, qui n'ont pas encore oublié le passé, se souviennent de ce qui s'est déjà passé en Europe et, en particulier, avec elles. De nombreuses personnes âgées disent voir des situations contemporaines de la même manière que cela se passait auparavant pour elles. D'un point de vue ésotérique, cela signifie que l'humanité manque actuellement de certaines énergies spécifiques pour sortir de ces situations et suivre une nouvelle voie, où se réalisent des énergies plus puissantes du prochain stade de développement.

Et si l'on parle de manière générale, notre pays, sur lequel le monde entier s'est mobilisé, celui que l'on tente d'écraser avec diverses sanctions, opprime et considère comme un paria, alors encore une fois, du point de vue de son Niveau spirituel au-dessus des autres nations, notre pays s'est élevé trop haut; cela est ressenti par les pays moins avancés sur le plan spirituel, qui continuent à vivre à l'ancienne, et ils cherchent à le rabaisser de toutes les manières possibles, lui attribuant leurs propres défauts (lacunes). Mais, l'introduction de sanctions, auxquelles la Russie ne prête pas attention, en sortant habilement de toutes les difficultés, démontre une fois de plus que la Russie continue habilement de diriger en ces temps difficiles et persiste à guider son peuple vers les sommets du perfectionnement spirituel.

Quant aux ennemis de la Russie, parfois même eux-mêmes ne comprennent pas pourquoi une telle haine dévorante envers notre pays surgit soudainement en eux. Il s'avère que tout cela est lié à une position hiérarchique différente : c'est ainsi que l'esprit humain est organisé, se trouvant encore à un stade bas de développement et agissant de manière égoïste. Ainsi, tout ce qui dépasse de telles personnalités, elles essaient de le détruire, de le soumettre à leur volonté et de s'élever par la force physique, en l'absence de spiritualité. Cela est bien visible par exemple à l'école, lorsque soudain toute la classe se retourne contre un seul élève, le boycottant de toutes les manières, le persécutant et le rabaissant.

Cependant, il arrive souvent par la suite que cet élève renferme en lui un potentiel spirituel puissant, qui le propulse vers l'avant dans la vie, plaçant cet individu, persécuté dans son enfance, sur un piédestal dans la société. En effet, il se révèle qu'il guide par la suite les âmes les plus nobles de l'humanité. Ou bien, cette personne cache en elle un talent exceptionnel, c'est pourquoi toutes les véritables médiocrités se liguent contre elle, cherchant à lui causer des ennuis à l'avance, à la rabaisser et à briser sa volonté, intuitivement conscientes qu'il leur sera impossible de l'atteindre plus tard. Ainsi, intuitivement conscientes du futur ascendant de la personne méprisée par elles, elles tentent prématurément de lui nuire et de contaminer sa vie entière avec leur haine.

Mais, même cela ne leur réussit pas, car soudainement des ailes invisibles poussent dans le dos de cette personne, et elle s'élève à des hauteurs de perfection spirituelle telles qu'il devient impossible de l'atteindre par la médiocrité. Même après des siècles, la victoire reste avec elle, tandis que tous ceux qui s'étaient coalisés et bouillonnent de haine chutent rapidement dans les profondeurs de l'Enfer, où le Hiérarque négatif commence déjà à les éduquer avec ses méthodes sévères. Et tout se paiera un jour pour l'opprimé et l'innocent qui a souffert : il créera et inventera le nouveau et le magnifique dans le royaume de Dieu, tandis que ceux qui l'ont opprimé continueront eux-mêmes à être opprimés pendant des millénaires, jusqu'à ce qu'ils aient expié leur faute.

Les changements dans la structure du corps

Lecteur : Dans les corps physiques des représentants de la sixième race, apparaîtront-ils de nouveaux organes inhabituels ?

Réponse : Les corps physiques de la sixième race conserveront leur apparence humaine d'origine, ainsi que leur structure interne actuelle du corps matériel : organes principaux et systèmes. Cependant, tout cela sera construit à partir de cellules biologiques de meilleure qualité, conçues pour des énergopotentiels plus élevés et la puissance de divers processus qui s'y dérouleront. Seule la structure subtile changera de manière significative. Elle sera complétée par de nombreux éléments constructifs sur le plan subtil, et ces constructions ainsi que leurs liens avec les anciennes formes apporteront des changements importants dans le fonctionnement des corps humains existants.

Lecteur : Combien de fois le corps de l'homme changera-t-il dans sa structure en passant par la Hiérarchie Humaine sur Terre ? Ou bien passera-t-il par toute la Hiérarchie avec une seule construction du corps

?

Réponse : La forme humaine, telle que nous la percevons actuellement, peut être considérée comme la principale en apparence extérieure. Elle restera ainsi jusqu'à la fin de son séjour sur notre planète. Il est vrai que, de temps en temps, le corps physique présente des détails supplémentaires dans les constructions subtiles, tels que l'anneau d'impulsion et les matrices des Mots et des Chiffres, bien que tout cela reste invisible pour l'œil humain, car l'organe de la vision n'est pas initialement conçu pour percevoir des constructions situées dans une autre gamme de fréquences, c'est-à-dire dans une autre dimension.

Les Maîtres Supérieurs ont assigné de nouvelles fonctions à chaque race, car les âmes des êtres humains devaient travailler sur une nouvelle gamme d'énergies puissantes correspondant à un nouveau spectre. Il est important de se rappeler que le passage du corps matériel humain d'un ancien spectre énergétique à un spectre suivant, plus élevé, exige de sa physiologie de nouveaux mécanismes de traitement des énergies du Niveau supérieur. Chaque Niveau de développement requiert des mécanismes et des processus spécifiques de traitement (production) de ses énergies, car toutes ces énergies possèdent des caractéristiques énergétiques strictes et d'autres caractéristiques spécifiques. Ainsi, si un mécanisme conçu pour des potentiels et des puissances énergétiques plus faibles est transféré à un Niveau d'énergies caractérisé par des indicateurs énergétiques plus élevés, ce mécanisme brûlera simplement et ne pourra pas fonctionner correctement.

Ainsi, le corps humain du passé, conçu et construit pour traiter (produire) les énergies d'une gamme inférieure et avec des caractéristiques énergétiques moindres, n'est pas capable de traiter (produire) les énergies d'un ordre supérieur. Par conséquent, pour que l'âme continue à progresser et à s'incarner dans le corps matériel, des mécanismes de traitement plus avancés, adaptés aux caractéristiques d'une gamme énergétique plus élevée, sont nécessaires.

Ainsi, bien que l'enveloppe extérieure de l'homme puisse sembler identique à celle de la race précédente, elle est fonctionnellement ajustée, reconstruite pour traiter un spectre d'énergies différent, d'un ordre plus élevé. Cela signifie qu'elle est désormais capable de transformer des énergies d'un énergopotentiel plus élevé et de plus grande puissance. Ainsi, bien que le corps matériel de l'homme puisse sembler inchangé d'une race à l'autre, il est constamment modifié sur le plan fonctionnel et structurel. Cependant, en raison de son Niveau de développement relativement bas, l'homme ne pouvait rien voir ni comprendre correctement de ces modifications.

De nombreux représentants de la cinquième race aspirent à passer à la sixième race et à poursuivre leur évolution dans le corps qu'ils ont actuellement. Dans cette aspiration, ils se fondent sur des données affirmant que le corps humain est capable de se transformer. Par conséquent, ils pensent qu'il suffit de s'engager dans certaines pratiques anciennes pour transformer leur substance biologique actuelle en une nouvelle, adaptée à l'existence dans la future sixième race.

Mais, une telle transformation n'est possible qu'au tout début de la période de la sixième race, lorsque le climat et les paramètres énergétiques de la planète n'ont pas encore subi de changements complets.

Comme nous l'ont expliqué les Supérieurs, l'ancienne modification de l'homme possède une réserve de cellules prédisposées à la transmutation, c'est-à-dire capables de se reconfigurer d'un ancien mode de fonctionnement à un nouveau. Cependant, les Supérieurs supervisent toute mutation afin qu'elle ne submerge pas soudainement toute la Terre avec une forme parasitaire quelconque.

Par exemple, au cours des cinq dernières années, une plante nuisible appelée la bardane a émergé. Initialement, on voulait l'utiliser comme complément alimentaire pour le bétail, plus précisément pour le bétail bovin, mais cette plante a soudainement commencé à envahir rapidement les champs et à causer des dommages à l'homme lui-même, provoquant de graves brûlures sur sa peau. Maintenant, les agronomes cherchent des solutions pour l'éliminer. La transmutation de cette plante a pris une direction négative. C'est pourquoi les Supérieurs s'efforcent de maintenir sous contrôle toutes les mutations.

En ce qui concerne la transmutation du corps humain, en moyenne, pour une personne ordinaire, les Supérieurs permettent qu'elle ne dépasse pas vingt pour cent (20 %), tandis que pour les individus les plus avancés sur le plan spirituel, elle peut atteindre jusqu'à cinquante pour cent (50 %). Cependant, seuls quelques-uns sont capables d'atteindre ce Niveau. La plupart des individus avec des indicateurs bas ne seront pas en mesure de passer à l'avenir, car l'environnement changera et toutes ses caractéristiques énergétiques augmenteront, ce qui provoquera des chocs énergétiques sur les cellules de la matière appartenant à la race précédente.

Les représentants de la cinquième race, ayant passé vers une nouvelle orbitale avec leur ancien corps en compagnie de la Terre, s'éteindront progressivement car ils ne pourront pas supporter les nouvelles fréquences de l'énergie qui correspondront au nouvel état de la planète. Leur structure subtile n'est pas conçue pour travailler avec des énergies d'un potentiel plus élevé. Autrement dit, il ne suffit pas que le corps de n'importe quel individu, même spirituel, transmute même jusqu'à 50 %. En effet, l'homme de la cinquième race possède également une structure subtile qui ne correspondra pas aux énergies plus puissantes de la sixième race.

Ainsi, les processus énergétiques plus puissants dans le corps d'un représentant de l'ancienne cinquième race, en gagnant en force, agiront progressivement de manière destructrice sur l'individu dépourvu de spiritualité (c'est-à-dire de bas niveau), ce qui le conduira inévitablement à la mort. En d'autres termes, même en présence d'une mutation cellulaire de cinquante pour cent, un représentant de la cinquième race est condamné à s'éteindre au nouveau stade de développement de notre planète.

La seule possibilité d'intégrer la sixième race est d'être digne d'elle sur le plan spirituel. En d'autres termes, le développement *spirituel*, incluant la réalisation de hauts standards moraux et d'autres indicateurs, aidera une âme de la cinquième race à passer à la race d'Or, après avoir réussi la sélection appropriée. Cependant, cela nécessitera quand même un changement de forme corporelle de l'ancienne modification vers une nouvelle, spécialement conçue pour la sixième race.

En ce qui concerne la transformation complète du corps humain, elle n'aura lieu que dans deux cent cinquante à cinq cents ans après l'an 2000, à travers de nombreuses générations.

La période de transition s'étend de l'année 1900 jusqu'à quelques siècles après l'an 2000. Au début de cette nouvelle ère, il y aura une prédominance d'individus à différents Niveaux de développement, et cette diversité perdurera jusqu'à la fin du deuxième millénaire.

Passer de l'ancienne construction humaine à la nouvelle ne sera pas aussi simple ; cela se déroulera principalement sur le plan subtil et restera extérieurement imperceptible. Ensuite, il y aura un alignement progressif du développement humain, et vers la fin de la nouvelle ère, l'humanité deviendra unidimensionnelle, avec un seul niveau de développement.

La peau des êtres humains de la sixième race

Lectrice : J'ai regardé un programme où il était dit que les gens de la nouvelle race auront une peau bleue. Vous m'avez écrit précédemment que les gens de la sixième race auront une peau plutôt sombre, cela signifie-t-il qu'ils auront une peau bleue ?

Réponse : Les gens de la sixième race auront une peau bronzée (ce n'est pas du tout bleu). Il est important de savoir que la couleur de la peau changera, mais les nuances de couleur seront propres à chaque individu. Par exemple, prenons une nation caucasienne. Leur peau est bronzée, ils semblent tous avoir beaucoup bronzé. Cependant, les tons de peau seront différents pour chaque individu.

Les yeux et les cheveux de l'être humain du futur

Lecteur : De quelle couleur seront les yeux et les cheveux des gens de la sixième race ?

Réponse : La couleur de cheveux prédominante sera brun foncé avec différentes nuances. Les couleurs claires des yeux et des cheveux disparaîtront complètement. Les yeux seront principalement sombres, car le développement évolutif a montré que des yeux de cette couleur sont mieux adaptés aux radiations solaires maximales.

Liens des enveloppes subtiles

Lecteur : En quoi consistent les changements de la structure subtile de l'homme lors du passage d'une race à une autre ?

Réponse : Comme nous le savons, l'âme se développe à travers des enveloppes, c'est pourquoi, lorsqu'elle évolue de la première à la cinquième race, le nombre d'enveloppes de l'âme passe d'une protectrice à sept. En d'autres termes, les principaux changements dans la structure de l'homme se produisent au niveau subtil. Tout en restant extérieurement inchangé, il change constamment de manière constructive d'une race à l'autre. Lors du passage à la race suivante, l'homme reste extérieurement le même, comme nous l'avons déjà écrit, mais le nombre de ses corps subtils augmente à nouveau de deux.

Les enveloppes subtiles se construisent à partir d'énergies, chacune d'elles étant issue de son propre spectre, d'où leur nouveau nom - les énergocorps.

Lors du passage d'une civilisation à une autre, les premiers changements se produisent principalement dans la structure subtile de l'homme.

Mais, il est évident que la collaboration des anciens énergocorps avec les deux nouveaux nécessitera inévitablement des ajustements dans les autres énergocorps. Ainsi, la correction de toutes les enveloppes subtiles de l'homme se produira dans le but d'assurer le fonctionnement harmonieux et unifié de tout l'organisme.

Mais, il est important de se rappeler que l'homme est lié à la planète Terre par l'intermédiaire de tous ses énergocorps, ainsi qu'à certaines planètes du système solaire. Lorsque la planète elle-même passera à la sixième orbitale, trois enveloppes supplémentaires seront ajoutées à son âme plus vaste, portant leur nombre total à dix. Sans aucun doute, cela influencera d'une certaine manière la vie de l'homme et sa structure, car des changements interviendront dans les fonctions d'interaction de chaque individu avec la planète et le monde environnant.

La raison de l'interconnexion des enveloppes énergétiques de chaque individu avec la planète Terre réside dans le fait qu'il contribue à la remplir avec les spectres d'énergies du Niveau de développement que notre planète traverse à cette étape de son évolution.

Chaque race sur Terre a toujours travaillé sur une enveloppe subtile spécifique de la planète. Par exemple, la troisième civilisation imprégnait l'une des enveloppes énergétiques de la Terre de fréquences d'énergies qu'elle travaillait à l'époque pendant la période de la troisième orbitale. La quatrième race remplissait un énergocorps spécifique d'énergies correspondant à la quatrième orbitale de notre Terre, et ainsi de suite.

À l'heure actuelle, au stade de développement de l'humanité, la planète passe à la sixième orbitale*. En conséquence, la nouvelle sixième race devra remplir les enveloppes énergétiques de la planète avec les énergies du spectre suivant, que la Terre commence à traverser depuis son passage à la sixième orbitale. Dans d'autres civilisations, tout se déroulait de manière correspondante.

Pendant ce temps, les enveloppes énergétiques de la Terre et de l'homme sont connectées par des Niveaux correspondants de la Terre, des fonctions spécifiques, et par conséquent, des canaux de transmission d'énergies. Le corps physique de l'homme est lié à l'enveloppe matérielle de la planète, c'est-à-dire à notre monde physique ; l'enveloppe éthérique de l'homme enrichit l'enveloppe éthérique de la Terre, l'enveloppe astrale est fonctionnellement liée à l'enveloppe astrale de la planète, la mentale à la mentale, et ainsi de suite.

Cependant, bien que de telles connexions fonctionnent, il est nécessaire de proportionner les dimensions, et par conséquent, les capacités de l'homme à produire de l'énergie pour la planète. Certes, cela représentera une quantité dérisoire par rapport aux volumes nécessaires à la planète dans leur totalité. Malgré le fait que quantitativement l'homme ne puisse pas répondre aux besoins complets de la planète, un tel échange est bénéfique pour les deux âmes en développement.

Lorsque la nouvelle sixième race arrivera sur la planète, elle commencera également à remplir les trois nouvelles enveloppes de la Terre, ainsi que deux de ses propres nouvelles enveloppes. Cependant, comme ces nouvelles enveloppes sont encore vides, l'homme devra travailler intensément avec deux nouveaux spectres d'énergies simultanément, remplissant ses deux nouvelles enveloppes respectives avec les énergies appropriées. Cela signifie que sa vie sera plus riche en événements et en activités, accélérant ainsi son perfectionnement.

Le progrès de chaque être vivant implique également que toute forme d'existence ne reste pas inchangée tout au long de sa vie, mais évolue constamment. Ainsi, à l'homme de la cinquième race, après sa transition vers la sixième race, il lui sera nécessaire de poursuivre sa transformation.

Les Créateurs Supérieurs travaillent constamment à améliorer le fonctionnement de la construction de sa forme, de sorte qu'avec le temps, les structures énergétiques de son organisme se transforment progressivement, évoluant dans la direction souhaitée par les Supérieurs. Cependant, il faudra plusieurs siècles avant que sa structure interne soit entièrement reconstruite, et que les Supérieurs obtiennent ce qu'ils recherchent. La physiologie de l'homme changera, ainsi que son mode de vie en conséquence.

Toutes ces transformations s'inscriront dans une période de transition, qui correspond au temps entre la fin de la cinquième race et le début de la sixième. Pour cela, les Supérieurs ajouteront une période spéciale de vide, pendant laquelle les anciens exemplaires cesseront complètement de s'incarner. La Terre, en quelque sorte, se reposera des êtres humains, avec leur présence minimale pendant cette période, puis une nouvelle race commencera à émerger, s'intégrant activement à l'environnement qui lui a été créé. Pendant la transition entre les races, les humains ne seront pas complètement éliminés de la Terre, car la sixième race nécessitera une forme matérielle qui sera modifiée, comme nous l'avons déjà expliqué, à partir de l'ancienne enveloppe physique des humains de la cinquième race. Ainsi, la planète ne sera pas dépourvue d'êtres humains au cours des 3800 prochaines années.

Les gens essaient de comparer l'homme du passé à l'homme du futur, ne percevant pas de différences particulières entre eux. Par conséquent, les Supérieurs parlent du moment de la comparaison de la manière suivante :

« Il n'est pas possible de comparer directement les races, car elles diffèrent dans leurs constructions, bien que cela reste imperceptible pour vous extérieurement. Tout est différent chez elles : la qualité de l'énergie, les programmes, le mode de vie. La raison en est que lorsque nous avons besoin d'obtenir des âmes d'une certaine qualité, nous construisons de manière spécifique la structure de leurs corps et créons une civilisation ou une race avec un mode de vie correspondant. **Chaque civilisation nous a fourni un certain type d'âmes**. Ensuite, elle devenait inutile et était détruite physiquement. Mais les âmes avec la configuration d'énergies requise dans la matrice continuaient leur développement. Le type d'énergie accumulé continuait à évoluer en elles, mais à un niveau supérieur. De même, lorsque nous avons eu besoin de votre énergie, nous avons créé l'homme de la cinquième race. Maintenant, une nouvelle est nécessaire, et nous avons modifié la construction de l'homme pour qu'elle corresponde aux fonctions qui sont attribuées au représentant de la sixième race. Ainsi, les changements sont constants, et les comparaisons interraciales ne sont pas appropriées ici, car elles sont individuelles et spécifiquement différentes. »

La caractéristique principale de la sixième race est qu'elle sera homogène dans sa composition, car elle ne comportera pas de nations, de groupes ethniques, de peuples, ce qui élimine également les différences énergétiques liées à la construction du corps, puisque chaque nation travaillait avec son propre type d'énergie.

Dans la nouvelle race, les individus deviendront unis, formant une seule grande nation, un seul peuple.

La découverte de huit (8) enveloppes énergétiques

Lecteur : Récemment, lors du diagnostic d'un nourrisson, il a été découvert qu'il avait 8 corps subtils. Cela signifie-t-il qu'il développera des capacités différentes de celles des personnes ordinaires ?

Réponse : Actuellement, il n'est pas fiable de faire confiance aux méthodes de détection des enveloppes énergétiques, car elles demeurent imparfaites. De même, il n'est pas non plus fiable de faire confiance aux médiums, car ils n'ont pas encore perfectionné correctement leur nouvelle faculté. Ainsi, le nombre 8 reste incertain. Pour certaines personnes, le nombre de couches (enveloppes) énergétiques peut sembler être 8, car à l'heure actuelle, un individu peut avoir soit 7 couches, soit 9, et d'autres nombres demeurent incorrects.

C'est pourquoi le fait que quelqu'un ait découvert 8 corps subtils chez une personne ne signifie pas que ses capacités extraordinaires se manifesteront immédiatement dans cette vie. Les nouvelles enveloppes énergétiques sont actuellement données uniquement dans le but de commencer à accumuler les énergies du prochain Niveau supérieur en vue du développement ultérieur de l'humanité.

La Terre passe à la 6e orbitale* dans un nouveau spectre énergétique, ce qui signifie que l'humanité travaillera avec de nouvelles énergies des prochains Niveaux à travers des mécanismes incorporés dans ces nouvelles enveloppes subtiles.

Cependant, un véritable représentant de la sixième race doit avoir 9 enveloppes subtiles, et non 8. Les deux nouvelles enveloppes subtiles sont données simultanément au représentant de la sixième race, et elles sont immédiatement intégrées dans son futur corps à la naissance. Ces enveloppes sont fournies pour le développement de l'individu dans les dernières races à venir, et aucune autre ne lui sera ajoutée.

Autrement dit, de nombreuses personnes ne feront que commencer à accumuler leurs premières énergies élevées afin d'explorer ultérieurement certaines qualités, ce qui pourrait ensuite ouvrir de nouvelles capacités extraordinaires.

Cependant, pour qu'une capacité particulière se manifeste, plusieurs vies seront nécessaires. Néanmoins, dans notre cinquième race, de nombreuses personnes ont commencé à accumuler des énergies spirituelles élevées, leur permettant déjà, vers la fin de la cinquième race, de poser des bases solides pour des capacités extraordinaires. Ainsi, ces caractéristiques peuvent déjà se manifester au cours de la vie actuelle.

Parfois, des capacités sont accordées à certains individus à l'avance, afin que d'autres puissent voir ce que cette capacité représente, comment elle se manifeste et quelles possibilités elle offre à la personne elle-même. Les individus doivent comprendre ce qu'ils peuvent accomplir en investissant du temps au cours d'incarnations successives pour maîtriser une certaine qualité, afin de ne pas être déçus par cette capacité et cesser de la développer ultérieurement.

Chaque personne est unique, et bien que le nombre de corps subtils, ou couches (enveloppes), puisse augmenter, l'acquisition de capacités extraordinaires se produira de manière différente et à travers un nombre variable d'incarnations.

Chapitre 5
LES CAPACITÉS SURNATURELLES

Développer en soi des capacités surnaturelles

Beaucoup d'âmes modernes et jeunes rêvent d'apprendre quelque chose d'inhabituel, souhaitent posséder des capacités paranormales, mais n'ont aucune idée de la manière de commencer à les développer en elles-mêmes.

Cependant, vers la fin de la cinquième race, des enseignants terrestres sont apparus, affirmant qu'ils pouvaient aider l'homme à découvrir en lui une capacité extraordinaire. Ils recrutent des élèves, et chez certains, quelque chose commence à fonctionner, tandis que chez d'autres, rien ne se produit, et ils ne peuvent pas comprendre ce qui se passe ici. Tout cela parce que chez les individus incapables de révéler des dons miraculeux, qui ne ressentent absolument aucune lueur de capacités particulières en eux, on peut détecter une absence totale d'énergies supplémentaires dans leurs corps subtils. On pourrait dire qu'ils sont vides, et donc ils n'ont rien à partir de quoi construire leurs nouvelles capacités.

L'acquisition de capacités paranormales :

La première étape de développement des capacités paranormales est la phase de préparation, où il est nécessaire d'accumuler des énergies de types élevés dans ses enveloppes subtiles.

L'âme devient énergétiquement très puissante, et cette puissance de l'âme confère à l'individu des capacités extraordinaires : accomplir des miracles, découvrir et perfectionner des facultés paranormales en lui-même.

Atteindre un certain niveau d'énergie contribue automatiquement au passage de l'âme à un Niveau supérieur.

Accroître la puissance de l'âme, augmenter son potentiel énergétique, peut être réalisé en étudiant des textes énergétiquement chargés de nos livres. De même, dans le christianisme, en lisant la Bible et certains livres des saints, les gens peuvent également se charger d'énergies, bien que de type ancien. Mais, ils contribuent également à la croissance d'énergopotentiel global de l'âme.

Cependant, les prières les plus énergétiques à l'heure actuelle sont nos trois Nouvelles Prières et les textes du livre 'Les Lois de l'Univers ou les Fondements de l'Existence de la Hiérarchie Divine'.

Et toutes nos autres œuvres contiennent des charges de certaines puissances, donc en assimilant progressivement leurs informations, l'individu contribue à accroître la puissance de son âme et à augmenter l'énergopotentiel global.

Ainsi, en étudiant les Nouvelles Connaissances, même sans en être conscient, l'homme fait grandir en lui le surhomme, et un jour, une force extraordinaire se manifestera en lui comme un don miraculeux avec une qualité étonnante particulière, surprenant à la fois lui-même et son entourage. Ainsi, la compréhension des Nouvelles Connaissances, l'assiduité dans la compréhension de nouveaux termes et concepts ne sont jamais en vain pour le lecteur. Tout cela s'accumule petit à petit d'un livre à l'autre et se réveille un jour dans la personnalité sous la forme d'une qualité extraordinaire, d'une force magique, impressionnant tout le monde. De plus, il faut noter que c'est la seule chose qui reste impérissable pour l'homme.

Toutes les richesses, y compris les demeures somptueuses et le contenu intérieur de leurs palais, se transformeront en poussière et se mêleront un jour à la terre, tandis que les connaissances correctement comprises s'accumuleront éternellement et se multiplieront dans l'âme de l'homme, ne se détériorant pas, ne se couvrant ni de poussière ni de moisissure, mais acquérant année après année une puissance de plus en plus grande. C'est aussi une caractéristique particulière et cachée des connaissances : ne pas s'affaiblir, ne pas pourrir, mais, dans leur ensemble au sein des structures subtiles de l'homme, accroître leur puissance globale, se transformant un jour en une force extraordinaire et féerique qui étonnera ceux qui l'entourent par ses possibilités exceptionnelles.

La construction d'une personnalité exceptionnelle (superpersonnalité)

L'accumulation d'énergie spirituelle.

Lecteur : Est-il possible pour une personne d'accumuler de l'énergie spirituelle ?

Dieu répond :

« Un pour cent de cette énergie d'un autre monde, Je l'insuffle dans les âmes naissantes. Ce type d'énergie, Je l'ai acquis dans un autre monde. Cela signifie que je me suis élevé plus haut, au sommet de la Hiérarchie, déjà doté d'une énergie vivifiante, mais je l'ai accumulée en bas. (Il s'agit du Niveau de développement, plus bas.)*

Ayant apporté cela avec Moi," a continué à raconter Dieu, *"J'ai créé des âmes. L'homme, quant à lui, peut acquérir seulement une infime partie de cette énergie en passant par toute Ma Hiérarchie. Je ne parle pas de la Hiérarchie terrestre de l'homme, mais de Ma Hiérarchie Spirituelle.*

C'est un processus très laborieux. L'individu est capable d'acquérir seulement un pour cent de cette énergie, c'est à quel point tout est complexe. Ici, joue également un rôle l'ensemble des qualités à acquérir à la fin de la Hiérarchie. Elles déterminent le type d'énergie vivifiante. Tout se combine ensemble.

Mais vous pourriez immédiatement vous poser la question - pourquoi Moi (Dieu)* ai acquis cette énergie dans la quantité nécessaire en atteignant le sommet de Ma Hiérarchie, tandis que l'homme ne l'acquerra pas ? La raison en est que J'ai parcouru un chemin de développement très long bien avant d'atteindre cette Hiérarchie, alors que l'homme vient de commencer son évolution ici sur Terre. Il a encore parcouru un chemin de développement très court jusqu'à présent».

Étant donné que ce sujet est très important pour l'avenir de l'humanité, arrêtons-nous sur ses points principaux.

Les humains ont appris à créer de la matière artificielle, mais elle est éphémère et se détruit. La raison en est que, entre les particules qui la composent, non seulement il n'y a pas de liaisons permanentes, mais aussi aucune interaction.

Dans la matière artificielle, il n'y a qu'une liaison mécanique. Tandis que dans la matière vivante, qui devient animée, une liaison opère grâce à une énergie spirituelle avec son puissant énergopotentiel.

Ce potentiel énorme empêche les particules qui la composent de rompre leurs liens, au contraire, il (l'énergopotentiel élevé)* aide la matière à maintenir toutes ses connexions internes indéfiniment, ce qui finalement la rend éternelle.

* * *

Une perspective merveilleuse.

C'est pourquoi il est si important pour l'homme de cultiver (développer) son énergie spirituelle personnelle. De là découle la compréhension et l'aspiration de notre Dieu à transformer l'homme en une personne spirituelle. Quelle perspective merveilleuse - apprendre non seulement à créer de nouvelles formes, mais aussi à les animer !

Indubitablement, viendra le temps, dans un futur proche, où des individus émergeront au sein de la société et apprendront à accumuler en eux une énergie vivifiante. Ils seront capables d'accomplir des miracles. Par exemple, en cas d'accident où une personne blessée gît immobile, incapable de se lever, et qu'il y a une menace pour sa vie, un autre individu spirituel pourra arrêter l'hémorragie. Et si la personne blessée vient à mourir, alors par la force de son Esprit, l'individu spirituel (doté d'un grand énergopotentiel) pourra insuffler en elle son énergie vivifiante et ainsi la ramener à la vie.

Aujourd'hui, c'est encore de la science-fiction, mais bientôt cela prendra vie. L'essentiel est de comprendre - il est nécessaire de savoir quel chemin suivre, pour d'abord devenir une personne spirituelle, puis accumuler un puissant énergopotentiel de l'énergie spirituelle. Et le potentiel de l'énergie spirituelle pourra assurer des liaisons solides entre les éléments constitutifs de la matière (par exemple, d'un blessé). On pourra ainsi soigner les blessés et les personnes après des opérations et après divers dommages soudains.

L'énergie vivifiante :

L'énergie vivifiante est très puissante. Parmi tous les types d'énergies dans les mondes de Dieu, c'est la plus forte.

Rappelons que dans la cinquième race, quelque chose de similaire à une énergie "spirituelle" était accumulé par l'homme à travers des visites aux églises et aux temples pendant les services, la lecture de prières et d'écrits saints. Leurs textes étaient imprégnés de types d'énergies avec lesquelles la cinquième race devait travailler, commençant à accumuler des types primaires d'énergies spirituelles.

Cependant, la sixième race doit être énergétiquement plus forte et est tenue d'augmenter son énergopotentiel pour éliminer son retard acquis au cours du développement de la cinquième race, en commençant vigoureusement à améliorer ses caractéristiques énergétiques grâce aux méthodes qui seront introduites spécifiquement pour cette sixième race.

Notre Nouvel Enseignement est construit de manière spécifique, de telle sorte que les textes sont chargés d'énergopotentiels de nouveaux types d'énergies. Ainsi, en les étudiant, l'individu accumule ces énergies dans ses matrices, augmentant ainsi son énergopotentiel spirituel global.

Dans nos livres, nous avons présenté des photos avec les auras de personnes qui lisaient nos livres, et leurs auras changeaient de couleur vers des fréquences élevées, devenant bleues, bleu foncé et même violettes. Ainsi, dès maintenant, il est possible de commencer à s'enrichir activement avec les énergies du prochain spectre et ainsi élever sa spiritualité.

Les Capacités paranormales

Le perfectionnement du corps

Pour la sixième race, les Créateurs Supérieurs ont fait l'effort de créer un corps plus perfectionné que celui dont disposait le représentant de notre cinquième race.

C'est pourquoi, dans la sixième race, les individus commenceront à naître avec un corps modifié, préalablement nourri et chargé d'énergie provenant de la Terre. Cela signifie que l'énergie accrue de la planète, que les Supérieurs lui transmettent actuellement, sera transmise aux corps matériels des individus dès la naissance, ce qui constitue une nouveauté et est très important pour l'humanité elle-même. Dans la cinquième race, cela n'était pas possible car il n'y avait nulle part où puiser de l'énergie, mais à partir de l'an deux mille, une telle réaction a pris son essor. C'est pourquoi il est devenu nécessaire pour l'homme d'accumuler une énergie supplémentaire.

Les Supérieurs ont rapporté de nombreuses informations intéressantes sur les changements humains en cours :

«Le représentant de la prochaine race, — ont-Ils informé, — augmentera considérablement son énergie totale. Sans cela, dans les nouvelles conditions, avec une énergie accrue dans le monde qui l'entoure, il ne pourra pas survivre. Par exemple, si une personnalité dotée d'un énergopotentiel élevé est incarnée dans un corps matériel non préparé, celui-ci commencera à "brûler et à s'épuiser", entraînant des déviations physiques et divers troubles de la santé chez l'individu. La grande énergie du monde extérieur, avec son potentiel puissant, commencera à percer l'enveloppe matérielle, créant des percées dans les corps subtils qui contribueront à la fuite de l'énergie de l'individu.

Ce que les êtres supérieurs ont mis dans la forme humaine.

Dans la prochaine sixième race avec un corps perfectionné, cela ne se produira plus, car les Créateurs Supérieurs ont inscrit dans sa forme un **nouveau patrimoine énergétique (réserves de traits héréditaires)*** qui soutiendra le corps physique dans un état de très haute énergie.

L'âme qui viendra dans un corps matériel préparé aura également un immense énergopotentiel, et ils seront en harmonie - la matière correspondra à l'Esprit de l'individu. Cela permettra à l'âme d'exister dans le corps physique de manière facile et sans douleur, car de nombreuses maladies de l'enveloppe externe disparaîtront d'elles-mêmes grâce à l'énergie élevée.

Cependant, chaque individu ne pourra pas intégrer la nouvelle race pour la simple raison qu'elle doit être plus spirituelle. Autrement dit, seules les âmes ayant atteint des normes spécifiques en matière de développement spirituel et intellectuel feront partie de la sixième race. L'individu doit être pleinement développé dans tous les aspects. Les âmes qui n'atteignent pas les critères requis seront dirigées vers des mondes plus bas, car elles ne pourront pas faire face à la charge qui sera imposée à chaque individu dans le futur».

Nouvelles propriétés (facultés / capacités).

Concernant la structure de l'individu de la sixième race, nous avons posé au Supérieur la question suivante :

— En quoi l'individu de la sixième race différera-t-il de celui de la cinquième race ?

— Chez les humains, il y aura une connexion plus étroite entre le corps matériel et les enveloppes subtiles, qui sera réalisée par l'introduction d'éléments supplémentaires dans la structure. À son tour, **la croissance numérique des enveloppes entraînera l'acquisition par les individus de propriétés (facultés / capacités) telles que la lévitation, la télépathie, la clairvoyance et l'ouïe clairvoyante (clairaudience) ; ils auront la capacité de sortir de leur corps physique, et bien d'autres encore.** Actuellement, tout cela est à un stade embryonnaire. Mais, bien sûr, ces propriétés ne seront pas découvertes de manière arbitraire ou selon le désir personnel, mais selon un programme établi par les Supérieurs pour chaque individu séparément (de manière individuelle).

Le champ de vision humain s'élargira, et l'individu dans le Cosmos pourra voir des objets qui sont inaccessibles à la perception de votre contemporain. De plus, ils pourront percevoir les mondes parallèles de la Terre, parallèles par rapport à l'existence cosmique, et par conséquent, ils pourront observer d'autres formes de vie. Tout cela sera rendu possible grâce à la capacité de quitter le corps physique. Les individus pourront voler dans des états subtils, se dématérialiser dans le Cosmos, et ils acquerront également de nombreuses autres capacités qui échappent à la compréhension actuelle. La sixième race est conçue pour une existence complexe mais intéressante.

— Est-ce qu'ils pourront voir dans le spectre infrarouge et ultraviolet ?

— Oui, bien sûr, car toutes leurs propriétés seront perfectionnées. Bien que cela soit déjà accessible à certains représentants de la cinquième race.

Cependant, pour la sixième race, la gamme de perception sera beaucoup plus large. De plus, certains d'entre eux pourront voir à travers des objets matériels, comme à travers un verre transparent. Par exemple, lors d'une rencontre avec des extraterrestres Los et Edar, apparemment sous l'influence de leurs énergies particulières, l'un des membres de notre groupe présents à cette rencontre a développé une vision transperçante. En d'autres termes, alors que nous discutions avec l'un des extraterrestres, l'autre est allé inspecter une autre pièce de notre espace, et ce membre du groupe nous a soudainement informés avec joie :

— Je vois quelque chose à travers le mur, ce qu'il fait. Il s'est arrêté près de votre armoire, l'a ouverte et en a sorti votre météorite. Maintenant, il essaie d'en détacher un morceau, mais il n'y parvient pas, il la remet à sa place. Maintenant, il a sorti une petite pierre de couleur jaune, il l'examine. (Il est important de noter qu'une de nos connaissances travaillait dans une usine produisant des pierres artificielles. Cette pierre s'est avérée défectueuse, et il nous l'a offerte en espérant que nous en ferions quelque chose. Mais, nous n'avions pas le temps de nous en occuper, et la pierre est restée simplement sur l'étagère en attendant son destin. Alors, nous avons demandé à Alexandre Ivanovitch de l'apporter dans la pièce et de la donner à l'extraterrestre. Mais celui-ci a refusé de l'accepter, comprenant que c'était créé par des humains.) Ensuite, ils sont tous les deux revenus dans le groupe, et nous avons repris notre conversation. Cependant, il faut noter que cette capacité s'est manifestée chez un membre de notre groupe uniquement à ce moment-là. Lorsque le groupe s'est réuni la fois suivante et que nous avons demandé à cet individu de réessayer avec nous et d'activer à nouveau sa vision transperçante, il a avoué qu'il ne pouvait pas l'activer lui-même. Tout s'est produit accidentellement et seulement en présence des extraterrestres.

Mais quand il est rentré chez lui et a essayé lui-même de voir ce que sa femme faisait dans une autre pièce, il n'a rien réussi. D'après son récit, nous avons compris que le Maître Céleste avait activé cette capacité chez lui pendant la durée de sa visite chez nous, et ne l'avait plus activée par la suite, ne voulant pas gaspiller inutilement son énergie, car pour que la capacité fonctionne, une certaine forme d'énergie était nécessaire pendant son activation. Il a peut-être puisé cette énergie des extraterrestres pour montrer à tout le groupe comment un individu peut librement voir à travers les murs en béton et en briques.

Grâce à quoi l'apparition de propriétés inhabituelles (capacités extraordinaires) chez l'homme sera possible.

Et toutes ces nouvelles propriétés nouvelles et inhabituelles ne seront possibles que grâce à la modification des structures subtiles de l'homme et à l'accumulation de réserves énergétiques spécifiques par lui. Comme l'homme de la sixième race est construit différemment du représentant de la cinquième race, son régime alimentaire changera partiellement également. Principalement, il sera constitué de nourriture végétale, de poisson (au stade initial, puis le poisson disparaîtra également de son alimentation), et de grandes quantités de plantes marines et océaniques seront introduites dans son régime.

Mais le plus important est que l'homme commencera à recevoir, en complément de sa nourriture matérielle habituelle, un apport énergétique de son Déterminant, c'est-à-dire que pendant un certain temps, les Déterminants lui enverront du Cosmos une énergie du type nécessaire à l'élève. Cependant, seuls les individus de la septième et huitième race (si cette dernière survient) passeront complètement à ce nouveau type d'énergie.

Et pour ceux qui feront partie des 10 % qui iront au-delà du Jugement Dernier et formeront la sixième race, d'immenses opportunités de développement intellectuel seront ouvertes, non pas pour la simple création de miracles. Dans la sixième race, les gens pourront voir sur de grandes distances (la capacité de la clairvoyance sera révélée)*, car des individus dotés de la vision télescopique émergeront, ils pourront également contempler la microstructure de n'importe quel corps et objet, jusqu'aux atomes et aux molécules.

Des expérimentations préliminaires sont actuellement menées sur certains guérisseurs. Ils possèdent une **vision aux rayons X**, mais il s'agit encore d'expériences isolées et aux capacités limitées, car de nombreuses contraintes dans la construction humaine ont été découvertes, entravant la capacité de pénétrer plus profondément dans la structure de la matière. De plus, les distances qu'ils seront capables de voir resteront modestes, de l'ordre de quelques mètres.

De la vision aux rayons X, l'humanité évoluera vers la capacité de voir les auras, ce qui apportera également beaucoup à l'individu. Par exemple, si les extraterrestres voient les auras des humains, ils ne souhaitent pas entrer en contact avec de nombreuses personnes, car ils perçoivent dans la couleur de ces auras de l'agressivité et de nombreuses autres facettes de la nature humaine qui rendent ces individus peu intéressants pour eux.

Certains représentants de la sixième race développeront la qualité de la clairvoyance, ce qui dispensera ces individus de l'utilisation de jumelles, car ils pourront observer ce qui se passe à plusieurs kilomètres de distance. Pour d'autres individus, la capacité de voir à travers les murs matériels sera révélée. Dans la septième race, les gens maîtriseront une vision tridimensionnelle, qui leur permettra de percevoir simultanément avec une vision subtile tous les aspects autour d'eux : devant, derrière et sur les côtés. Certains continueront à observer le monde parallèle le plus proche, les âmes des personnes décédées et les Substances des plans éthérique et astral.

Ensuite, nous avons posé la question suivante :

Est-ce que la compréhension par l'homme de la nouvelle information que vous transmettez s'améliorera ? Actuellement, ils ont du mal à comprendre ce que nous écrivons.

Toute Notre information représente un cryptage, une concentration puissante d'énergies pour les générations futures d'intellectuels. En temps voulu, ces informations seront déployées en couches et en Niveaux, et chaque mathématicien, physicien, etc., y découvrira continuellement de nouvelles connaissances sur l'Univers et la Création pour le développement de son domaine scientifique. Mais, le décryptage sera entrepris par des personnes dotées de capacités extraordinaires (superpouvoirs), possédant une structure subtilomatérielle spéciale. Elles seront capables de déployer la spirale de ces énergies en volumes scientifiques complets. Il leur suffira de jeter un coup d'œil à l'énergie d'une seule phrase, et devant leur vision mentale se dévoilera toute une image des processus profonds dans la Création (Univers Entier).

Cela signifie que les phrases révéleront les véritables processus se déroulant dans l'Univers. La lecture se fera par des blocs volumineux avec un contenu complet de tous les processus liés à un fragment spécifique d'information. À mesure que le développement de la pensée humaine s'accélère, un accent particulier sera mis sur les textes codés, capables d'élargir les frontières de l'information fournie. Ce mode d'acquisition de connaissances sera lié à la nouvelle structure de l'homme de la sixième race. Autrement dit, de tels décryptages ne pourront être effectués que par un représentant de la sixième race, spécialement construit à cet effet. Pour clarifier, on peut donner un exemple. Lorsqu'un homme regarde le ciel de ses propres yeux, il voit une chose, mais lorsqu'il observe la même portion de ciel à travers un télescope, il voit beaucoup plus, découvrant de plus en plus de détails différents.

Les propriétés de la télépathie

(Facultés / Capacités de la télépathie)

À première vue, il semble que les Supérieurs nous racontent des contes de fées et que de telles choses ne peuvent pas du tout exister ou apparaîtront dans un avenir si lointain qu'il n'est pas intéressant d'attendre. Cependant, la vie elle-même nous prouve que toutes ces propriétés merveilleuses ne sont pas loin. Et si l'on regarde attentivement, on découvre que tout ce dont parlent les Supérieurs est déjà confirmé par de nombreux faits concernant l'existence de personnes extraordinaires parmi la population générale d'aujourd'hui.

Par exemple, à Moscou seulement, au cours de la période actuelle (fin du XXe - début du XXIe siècle), environ soixante mille enfants ont manifesté **la capacité de capter télépathiquement les pensées d'autrui**. Mais, cette faculté peut s'ouvrir à un moment précis et se refermer si les Supérieurs estiment qu'elle est superflue pour le développement ultérieur de l'individu. Autrement dit, si une caractéristique est présente chez une personne, cela ne signifie pas qu'elle le sera toujours.

Certaines personnes possèdent des capacités surhumaines en mathématiques ; d'autres peuvent s'orienter dans l'espace les yeux bandés ; certaines sont capables, depuis une autre pièce, en observant les lèvres de quelqu'un qui chante, de deviner la mélodie qu'il interprète ; d'autres, dès leur plus jeune âge, précisément à partir de quatre ans, peuvent déjà parler six langues en même temps avec plusieurs interlocuteurs, et ainsi de suite. Ces capacités exceptionnelles, qui développent la mémoire et l'intelligence, deviennent de plus en plus nombreuses.
La nouvelle sixième race offre à l'humanité une multitude de capacités extraordinaires. C'est pourquoi, maintenant et à l'avenir, des personnes dotées de capacités et de talents étonnants continueront d'émerger, et il est nécessaire de les accepter comme tels. Ce sont les représentants de la nouvelle "race d'Or", mais il faut noter qu'il s'agit actuellement des spécimens expérimentaux. Leurs fonctions corporelles fondamentales et les enveloppes subtiles sont mises à l'épreuve, servant à maîtriser de nouveaux types d'énergie

Chapitre 6
LES EXPÉRIENCES CONTEMPORAINES DES SUPÉRIEURS

Des enfants prodiges

Les Supérieurs du XXe siècle ont commencé à mener des expériences liées à la formation de la sixième race, mais cela était fait avec une telle habileté que personne ne pouvait les soupçonner. Les expériences restaient imperceptibles pour l'humanité. Mais en quoi consistaient-elles ?

À un moment donné de l'achèvement du développement de la cinquième race, par exemple, au sein de la société humaine, parmi les enfants ordinaires, des enfants très talentueux ont soudainement commencé à apparaître. À l'âge de trois ou quatre ans, un enfant a commencé à composer des poèmes aussi bien que A. S. Pouchkine, de nombreux virtuoses de la musique ont émergé, donnant des concerts dans les villes à l'âge de six ou sept ans. De tels talents apparaissent dès la naissance, même aujourd'hui ; par exemple, il s'agit d'enfants capables de calculer mentalement des nombres de cinq ou six chiffres presque instantanément à l'âge de neuf ans. Certains, lorsqu'ils travaillent avec des chiffres, peuvent simultanément réciter des poèmes, c'est-à-dire qu'ils effectuent immédiatement deux opérations mentales complètement différentes, ce qui témoigne déjà du développement d'une pensée parallèle en eux. Les Supérieurs, quant à eux, rêvent d'enseigner à l'humanité, dans la prochaine race, à effectuer simultanément mentalement 5 à 7 opérations.

De tels enfants talentueux étaient déjà appelés des prodiges au siècle dernier. La société les traitait avec précaution, comme des poupées de porcelaine. On leur prédisait un avenir immense, ils étaient sélectionnés pour des écoles destinées aux enfants particulièrement doués, où ils suivaient des programmes spéciaux. On attendait beaucoup d'eux, la société espérait des découvertes scientifiques majeures dans divers domaines, elle attendait d'eux de nouveaux dirigeants capables de conduire l'humanité vers une vie heureuse et sans nuages, avec l'élimination totale de la pauvreté. Par conséquent, la société elle-même ne se préparait à rien. Ainsi, lorsque les prodiges ont grandi, cette société n'a pas su utiliser leurs compétences de manière bénéfique pour elle-même.

En d'autres termes, les années ont passé, les prodiges ont grandi et ont peu à peu disparu dans la société, devenant les ingénieurs et scientifiques les plus ordinaires, tandis que d'autres, considérés auparavant comme des enfants ordinaires et médiocres, faisaient des découvertes à leur place. Les prodiges n'ont pas réussi à se trouver dans la société existante et sont devenus des gens tout à fait ordinaires.

Qu'est-il arrivé à ces enfants talentueux ?

La situation réside dans le fait qu'**un programme était élaboré pour les prodiges, les enfants de la future race d'Or, qui devaient être impliqués dans le développement dès l'âge de trois ans. Ce programme visait à organiser correctement l'enfance**, éliminant ainsi toute perte de temps vide, et permettant à l'enfant d'utiliser ses années d'enfance de manière maximale pour le développement de son âme. Les Supérieurs ont décidé que les enfants ne devraient pas perdre dix ans inutilement, c'est pourquoi ils ont intégré dans leur programme des situations où ils commencent à participer activement aux affaires de la société dès l'âge de trois ou quatre ans.

C'est pourquoi le programme pour les enfants participants à l'expérience visait à développer de manière ciblée et polyvalente les capacités de l'enfant, à partir de l'âge de trois ans, c'est-à-dire à un stade où l'enfant maîtrise déjà bien son corps matériel.

Ces enfants sont observés d'En Haut, prenant en compte tous les aspects négatifs (inconvénients) et positifs (avantages) de leur éducation, de leur emploi du temps, de l'alternance entre les charges intellectuelles et physiques, et ainsi de suite.

Cependant, lorsque ces enfants grandissaient et entraient dans la vie adulte, l'expérience prenait fin, et l'ancien prodige était transféré à une existence normale en tant que représentant de la cinquième race, car cette race n'était pas destinée à permettre la réalisation de leurs capacités.

L'ancien "enfant doué" ne pouvait pas se manifester de manière exceptionnelle, car son programme à cet égard se fermait, et il lui était seulement accordé le droit de vivre normalement jusqu'à sa dernière étape dans le programme. On peut dire que sa mission était accomplie après la fin des étapes de l'enfance et de la jeunesse. Ainsi, les prodiges travaillaient sur le programme de l'enfance et de la jeunesse de l'homme de la sixième race, et la réalisation de découvertes ne faisait pas partie de leurs tâches ni des plans des Maîtres Célestes, car ils voyaient que ces prodiges restaient étrangers à la société. De nombreux envieux apparaissaient, incapables eux-mêmes d'accomplir quoi que ce soit, commençaient inévitablement à entraver l'enfant doué et lui tendaient des embûches. Ainsi, dans une société aussi basse, les prodiges avaient surtout à se défendre, plutôt que de penser à faire des découvertes.

Les enfants Indigo

Au début du XXIe siècle, sont apparus des enfants avec une aura bleue, qui ont été appelés "enfants indigo". Mais que représentent-ils, à leur tour, pour les Supérieurs ?

Les enfants indigo ont reçu leur nom en raison de la couleur de leur aura, car le mot "indigo" a été emprunté aux artistes qui appellent ainsi la couleur "bleu foncé" de leur peinture. Mais pour les énergies, il s'agit de hautes fréquences dans notre arc-en-ciel de sept couleurs. Rappelons-nous à nouveau la comptine inventée pour mémoriser la séquence des couleurs de l'arc-en-ciel : "Chaque oiseleur veut savoir où se cache le faisan". La couleur bleue est située ici en sixième position, et donc les représentants de la sixième race doivent aussi posséder une aura bleue foncé. Cependant, pour l'instant, cette aura est artificiellement donnée aux enfants, bien que certains enfants ambitieux puissent bien avoir développé de telles énergies par eux-mêmes. Mais, les Supérieurs ont organisé une descente démonstrative de ces âmes avec une aura bleu foncé, afin que les gens voient vers quoi chacun d'entre eux devrait aspirer.

Ainsi, les enfants indigo font également partie des spécimens expérimentaux des représentants de la future race. Des programmes de développement sont élaborés pour eux, des moments spécifiques de perfectionnement sont travaillés, une nouvelle idéologie liée à l'énergie accrue qu'ils reçoivent est mise en œuvre. **On analysera inévitablement comment ils transforment cette énergie accrue et quels écarts se manifestent dans leur enveloppe même et dans le développement du nouvel être humain.** Nous sommes déjà témoins de tout cela.

L'individu moderne de la cinquième race peut observer à la fois les catastrophes et ce qui se passe avec l'ancienne race, comment certains individus s'y dégradent et comment d'autres tentent de sauver leur âme, souvent en choisissant des directions de développement incorrectes. De plus, l'individu moderne a la possibilité de voir ce qui se passera avec la nouvelle race, comment elle tente de s'adapter actuellement aux anciennes conditions d'existence. Grâce à de telles observations et à l'analyse de ce qui se passe, il peut acquérir une expérience significative du développement des individus pendant les périodes de transition entre les races.

Les enfants indigo sont les premiers échantillons expérimentaux de l'homme du futur, car la sixième race doit avoir une aura bleu foncé à la fin de son existence. Le fait qu'elle soit bleu foncé chez ses premiers représentants est déjà artificiellement réalisé par les Créateurs Supérieurs.

Les enfants indigo font également partie des spécimens expérimentaux de la future race de l'humanité. De nombreux indicateurs énergétiques et autres de l'existence des futurs représentants de la sixième race sont également testés sur eux. Parmi ces indicateurs importants figurent les caractéristiques de l'enveloppe matérielle. Elle est principalement testée pour sa solidité, et il est également crucial de déterminer dans quelle mesure la matière biologique, à laquelle il a été récemment permis de muter librement, est capable de fonctionner normalement, abritant une âme puissante en elle-même.

En effet, les potentiels énergétiques de l'homme augmenteront au fur et à mesure de son perfectionnement et de sa transition vers la prochaine sixième race, atteignant finalement une certaine valeur maximale. Il est donc crucial de savoir comment, à ce stade maximum, tous les organes du corps humain fonctionneront, s'ils ne connaîtront pas de dysfonctionnements entravant le développement ultime de leurs caractéristiques personnelles. De plus, la fonctionnalité de la matière biologique dans un environnement énergétique accru est également étudiée. Ce sont des charges supplémentaires qui exigent de la matière d'attirer une quantité supplémentaire d'énergies puissantes.

Ici, une question surgit involontairement : 'Pourquoi de telles vérifications sont-elles nécessaires ?'

La raison en est que, conjointement avec le retard de l'homme de la cinquième race dans son développement spirituel, il y a également eu un retard dans le perfectionnement de la matière physique, et ce retard s'est avéré significatif.

Ainsi, la vie elle-même a prouvé que le retard spirituel de l'humanité ralentit le progrès et le perfectionnement de la matière biologique de son corps. Par conséquent, lors de l'étude de la matière biologique chez les enfants indigo, il sera évalué dans quelle mesure cette matière a pris du retard dans la capacité à soutenir pleinement les âmes à haut potentiel de la sixième race, incarnées dans des corps matériels en retard sur le plan du développement. Ainsi, la question de la possibilité d'utiliser la matière biologique obtenue pour la future race d'Or sera résolue de cette manière.

Si la cinquième race maintenait principalement son énergie à l'intérieur du corps matériel, la sixième race utilisera pleinement tous les processus d'inter-échange possibles pour l'Être humain à ce Niveau, en activant tous ses neuf énergocorps. En d'autres termes, ils mettront en jeu leurs capacités. Plus le temps s'écoulera depuis le moment actuel (depuis l'an 2000), plus les individus développeront des capacités extraordinaires. En effet, leur mise en pratique dépend largement de l'état de la matière physique et de sa capacité à fonctionner selon les exigences nécessaires.

Si la matière cesse de résister à l'énergopotentiel élevé des âmes et à leur travail intensif avec les énergies en raison d'un énorme retard dans son développement, cet avancement sera considéré comme non viable. Alors que par le passé, tout était lié au retard de la croissance spirituelle, à présent, la réaction de dégradation a évolué davantage, passant de la sphère spirituelle à la matière : **le retard spirituel est devenu un retard dans la matière physique**. Cela menace l'âme de l'incapacité à manifester pleinement ses capacités extrasensorielles et paranormales. Mais, la décision finale des Supérieurs sera prise après l'analyse des fonctions de la matière physique au cours des 50 prochaines années (de 2000 à 2050).

Les talents habituels

Actuellement, dans la race actuelle en déclin, se trouvent de nombreux représentants talentueux. Et cela n'est pas le fruit du hasard.

Au début du XXIe siècle, de nombreux enfants talentueux ordinaires sont apparus, dont les compétences sont depuis longtemps connues de nous : certains, à l'âge de 5 ans, jouent avec virtuosité du violon , du piano, chantent avec des voix exceptionnellement belles et étonnamment justes, avec une intonation parfaite que peu d'adultes parviennent à maîtriser. D'autres font preuve d'une plasticité et d'une grâce extraordinaires dans leurs mouvements : ils dansent, font de la gymnastique, inventent de nouvelles formes d'arts du cirque et de la scène.

Mais contrairement aux enfants indigo, ils ont des auras ordinaires et multicolores. Ils ont seulement six couches subtiles, la septième étant le corps matériel. Cela indique qu'à la fin de la cinquième race, des âmes talentueuses ont été déployées pour améliorer leurs qualités, c'est-à-dire qu'elles doivent développer leurs compétences jusqu'à un état absolu dans les cellules de la matrice des Qualités. Dans ce cas, dans la cellule selon les Niveaux, l'énergie requise de cette qualité est construite jusqu'au sommet de la Hiérarchie, correspondant à l'atteinte de l'Absolu de ce talent, et ensuite la qualité commence à agir automatiquement.

La finalité des enfants talentueux à la fin du développement de la cinquième race est d'acquérir diverses qualités par l'âme et de les perfectionner jusqu'à un état d'automatisme. Chaque qualité aide également la personnalité à augmenter l'énergopotentiel de l'âme humaine.

L'état absolu implique l'automatisme* du fonctionnement de nombreuses qualités, où il commence ensuite à fonctionner de manière autonome sans effort de la part de l'individu. Une personne ayant une telle personnalité n'a besoin d'écouter qu'une fois, par exemple, une aria, pour mémoriser chaque note sans erreur et ensuite la reproduire avec précision. Cette qualité se construit dans l'âme sur plusieurs incarnations à travers des efforts considérables de l'individu lui-même. Ainsi, bien que nous admirions l'émergence de la virtuosité chez un enfant et soyons enchantés par son talent exceptionnel, en réalité, c'est le résultat d'incarnations antérieures et non un don divin dans la vie actuelle.

Il est important de comprendre qu'un enfant talentueux est une âme ayant parcouru un long chemin de développement et ayant réussi à perfectionner un ou plusieurs talents. Contrairement à un tel enfant, les individus avec des âmes plus jeunes auront du mal à reproduire la mélodie d'une chanson simple, car derrière eux, il y a un nombre limité d'incarnations et ils n'ont pas eu le temps d'accumuler de telles qualités dans leurs âmes.

Cependant, on ne peut pas qualifier un enfant avec une jeune âme, ayant traversé peu de réincarnations, de dépourvu de talent. Comme on dit, 'Si le désir est là, on pourra toujours acquérir un talent ou une compétence': on lui donnera toujours l'opportunité de perfectionner l'une de ses compétences, son talent naissant, jusqu'à atteindre la même perfection que les autres virtuoses qui suscitent l'admiration. C'est juste une question de temps - et un jour, on pourra également les admirer.

Ainsi, de tels talents nous permettent de voir comment les réincarnations aident l'homme à devenir un être accompli. Il est impossible de devenir un virtuose en une seule vie, car chaque qualité dans la cellule de la matrice se construit progressivement en petites doses.

Tout ce qui a été mal construit est nettoyé de la cellule après la mort de la personne, et dans la nouvelle vie, on lui donne l'opportunité de corriger ce qui a été mal construit et imprécis. Par exemple, de l'énergie provenant d'une fausse note a été accumulée, et tout ce qui est faux génère des énergies défectueuses. C'est pourquoi, après la mort de la personne, elles seront éliminées, et dans la nouvelle vie, on lui donnera l'opportunité de remplir la cellule purifiée d'énergies du Niveau nécessaire pour la qualité en développement, afin de construire une Hiérarchie complète de la qualité appréciée par la personne.

Ainsi, comme nous le voyons, à la fin de la cinquième race, les prodiges, les enfants indigo et les enfants simplement talentueux ont des objectifs différents et, par conséquent, des programmes différents. Il ne faut donc pas s'émerveiller devant le talent d'une personne, qu'elle a peut-être développé sur 20 incarnations, mais plutôt créer les conditions nécessaires pour la finalisation du perfectionnement de cette qualité.

Les enfants de la sixième race

Lecteur : Comme vous l'avez écrit, dans la sixième race, il y aura beaucoup d'enfants élevés artificiellement. À cet égard, j'ai une question : « Les gens considéreront-ils les nouveau-nés comme leurs propres enfants de sang ou les traiteront-ils comme des âmes auxquelles ils seront tenus d'aider à accomplir leurs programmes sur Terre ? »

Réponse : Les sentiments des gens et leurs relations les uns envers les autres sont toujours individuels. Mais Dieu enseigne ainsi : "S'il y a des enfants, il doit y avoir de l'amour. L'homme, même dans la nouvelle race, est tenu de continuer à perfectionner cette qualité et ses sentiments. Le chemin de l'évolution des âmes terrestres passe avant tout par l'accumulation de cette qualité importante pour elles, qu'est l'amour. C'est pourquoi les couples familiaux doivent aimer à la fois l'un l'autre et leurs enfants, ils sont tenus de continuer à perfectionner cette qualité et au-delà, car maintenant l'individu apprendra à aimer ce qu'il a, même à distance, ce qui l'engage également à beaucoup de choses et lui apprend de nouvelles relations..."

Bien entendu, de nombreux couples souhaiteront élever leurs enfants artificiellement, afin de suivre leur développement dès les premiers stades, "à partir de l'éprouvette". De cela, l'amour envers eux ne peut que s'intensifier et se renforcer. Les personnes qui ont déjà appris à aimer leurs enfants dans la cinquième race continueront à développer cette qualité, même avec des enfants créés artificiellement. Mais même jusqu'à l'âge de trois ans, ces petits resteront encore dépendants et nécessiteront beaucoup d'attention et d'amour de la part de leurs parents. De plus, ces petits bouts seront tellement fascinants et intéressants dans leur jeune âge qu'il sera impossible de ne pas les aimer. Lorsque les parents verront à quel point leur enfant est talentueux et original dans son comportement, ils l'aimeront de plus en plus. En fin de compte, cela conduira les gens à développer en eux une qualité telle que l'amour universel, la soif d'unité générale.

L'automatisme des qualités

En parlant du développement des qualités chez l'homme, nous mentionnons souvent le concept d'« automatisation »* des qualités. Tout attribut souhaité par l'homme doit être porté à l'automatisation au cours de son développement.

Dans la vie, nous avons la possibilité d'observer un tel travail des qualités chez certaines personnes.

Par exemple, une personne peut développer des talents tels que la capacité de dessiner, de composer des poèmes, de créer de la musique, d'effectuer des opérations mathématiques instantanées, la qualité de l'automatisation du sauvetage d'autrui (lorsqu'une personne, sans penser au danger, se jette dans l'eau pour sauver quelqu'un qui se noie, ou entre dans une maison enflammée pour en sortir des personnes) et autres. Mais, la plupart des personnes talentueuses impressionnent les autres par leur virtuosité dans un domaine artistique particulier. La finesse de cette qualité, sa haute technique d'exécution, lui permettent de reproduire la beauté du monde à travers différents genres artistiques et, ainsi, de créer eux-mêmes quelque chose de magnifique.

Toutes ces qualités sont liées au développement d'un spectre d'énergies de la cinquième race, c'est-à-dire à l'utilisation du spectre physique correspondant au passage de la planète par sa cinquième orbitale.

Les talents de l'homme sont développés à travers la construction dans les cellules de sa propre matrice de Qualités de la Hiérarchie de Qualités. La Hiérarchie implique leur construction à travers l'élaboration séquentielle du type correspondant d'énergies spectrales, à ce stade - les énergies de la cinquième race. L'automatisme de la qualité signifie que la qualité a atteint la perfection. L'automatisme signifie la capacité de l'homme à faire quelque chose de manière professionnelle, sans se demander ce qu'il fait. Les mains, les pieds, agissent comme s'ils exécutaient tout avec virtuosité d'eux-mêmes, et l'homme n'a même pas besoin de se rappeler la séquence nécessaire de ses actions.

Par exemple, de nos jours, il y a beaucoup de personnes jouant de manière virtuose des instruments de musique, beaucoup d'enfants qui maîtrisent parfaitement la technique musicale dès l'âge de trois ans, même sans connaître les notes. Certains enfants de 5 à 6 ans sont capables de reproduire correctement les airs les plus complexes, que l'on devrait apprendre longtemps et assidûment : avant l'école avec des professeurs privés, puis à l'école de musique, puis dans les conservatoires, certains font même des stages dans les opéras. Et là - un enfant naît et à six ans, sans aucune éducation conservatoire, reproduit avec une précision étonnante un air, une mélodie, voire une symphonie.

Pour ceux qui ne connaissent rien à la structure des énergoqualités et même à l'âme elle-même, cela est étonnant, mais ceux qui comprennent, réalisent que cet enfant a déjà perfectionné sa qualité vocale dans sa vie antérieure et qu'elle fonctionne automatiquement. Un tel enfant a une oreille absolue. Alors qu'un chanteur contemporain doit encore travailler sur sa voix tout au long de sa vie.

Cependant, pour développer certaines qualités, il ne suffit parfois pas simplement de remplir une cellule de la matrice ; parfois, il est également nécessaire d'avoir une construction particulière d'une partie de son corps physique. Par exemple, pour un chant harmonieux, le Déterminant doit commencer dès les premières années de la vie de l'enfant à construire de manière spéciale ses cordes vocales, les orientant vers une tonalité élevée, moyenne ou basse. L'oreille absolue seule ne suffit pas pour un chant virtuose ; la beauté du son des cordes vocales est également nécessaire.

Un compositeur n'a pas besoin d'une voix. Il doit avoir une oreille absolue et maîtriser un instrument de musique. C'est pourquoi, pour apprendre le métier de compositeur, on choisit une âme qui a acquis une oreille absolue dans ses vies antérieures, et on ne travaille pas spécifiquement sur les cordes vocales afin que la personne se concentre sur la création musicale plutôt que sur son chant. Bien sûr, il existe des variantes de développement dans tout.

Les individus créatifs ont également des constructions spécifiques dans leur enveloppe astrale correspondant à la qualité qu'ils développent. Cependant, avec le passage de l'homme à la sixième race, la structure subtile changera car son âme devra travailler avec un spectre d'énergies plus élevé.

Ainsi, pour travailler avec les nouveaux types d'énergies, deux nouvelles enveloppes sont ajoutées aux humains de la sixième race. Chacun devra accumuler des énergies dans ces enveloppes en travaillant ardemment sur la construction de nouvelles qualités d'un ordre supérieur dans son âme, appelées capacités paranormales. En outre, d'autres constructions subtiles seront ajoutées individuellement à chacun selon son programme de développement.

La sixième et la septième race

Lecteur : À quel stade du développement de l'âme humaine le Créateur lui présentera-t-il des questions concernant le point de départ de tout (fournira-t-il des réponses aux gens de la sixième, septième race, ou les introduira-t-il à cela à différents Niveaux de sa Hiérarchie)?

Réponse : Ces connaissances ne seront révélées qu'après que l'homme aura complètement traversé la sixième et la septième race sur Terre, toute la Hiérarchie de Dieu, et entrera dans Sa Plénitude Absolue, passant ainsi au Niveau suivant de l'évolution. Ce sont des connaissances si vastes et grandioses qu'elles exigent l'accumulation de concepts correspondants à l'intérieur de l'âme humaine pour être pleinement comprises.

Le développement dans la sixième et la septième races

Lecteur : Les âmes élevées, devançant l'humanité, ont-elles attendu leur heure dans la Hiérarchie des spécialistes ?! Ont-elles tellement progressé dans leur développement qu'il ne leur serait pas possible de s'élever davantage dans la cinquième race, et c'est pourquoi elles accèdent immédiatement à la sixième civilisation ?!

Je considérais que des personnalités telles que Platon, Léonard de Vinci, Tesla, et d'autres, étaient des enseignants de l'humanité et avaient déjà parcouru 100 Niveaux de développement dans une autre mini-hiérarchie. On ne peut alors qu'imaginer le Niveau des représentants de la sixième race, et en réalité, pour nous, en retard, il faudra encore trois incarnations pour être dignes d'y accéder... Il est réconfortant de savoir qu'avec Votre aide, nous avons la possibilité de nous développer davantage ! J'ai posé cette question parce que j'ai un peu mal interprété Votre réponse concernant la sixième race, mais après Votre réponse, j'ai compris que Vous ne ferez pas seulement passer les âmes par des tests pour déterminer leur maturité à rejoindre la nouvelle race, mais que Vous les superviserez également ! C'est une information très réconfortante, car en son temps, Jésus-Christ parlait du Royaume de Dieu en disant qu'on ne pouvait y accéder que par lui !

Question : Les informations récentes selon lesquelles moins de 1000 personnes ont acquis les plus hautes connaissances de votre part sont décourageantes... J'ai une question concernant les 144 000 personnes qui ont été élevées (selon la Bible) dans la Hiérarchie Divine, peut-on dire, encore avant notre ère ! Elles étaient certainement des représentantes de notre cinquième race (c'est-à-dire que les matrices de leurs âmes étaient lancées dans une forme humaine ou provenaient des Hiérarchies inférieures), n'est-ce pas ?

Comment ont-elles pu remplir toutes les cellules de la matrice de leurs âmes avec des énergies qualitatives diverses, alors qu'il n'y avait pas de conditions pour cela à l'époque, à part les valeurs spirituelles et le travail physique ? Je pense au développement de la pensée, de l'intellect, à l'expérience évolutive de l'âme correspondant au centième Niveau de la Hiérarchie humaine, en tenant compte du fait que au premier siècle, le Niveau moyen de l'humanité était de 10 !? Actuellement, le Niveau moyen est d'environ 40, et il est peu probable que quiconque parmi l'humanité moderne atteigne le centième Niveau dans les prochains siècles, restant dans la forme de la cinquième race !?

En étudiant vos livres, l'âme peut s'incarner dans la sixième race (complétant ainsi les cellules de la matrice de l'âme), car la nouvelle information est énergiquement beaucoup plus puissante et spirituelle !

Réponse : Plus une âme s'élève, plus elle atteint une vitesse de développement accrue en elle-même. Ainsi, pour ceux qui atteignent le 40e Niveau, un développement accéléré les attend dans la sixième et septième race.

Concrètement, une âme doit traverser 40 Niveaux dans la sixième race et 20 dans la septième.

Pour les personnes qui ne parviennent pas à se développer suffisamment, une huitième race leur sera proposée, avec une période de développement étalée sur 800 ans.

Puisque sur Terre, il n'y avait auparavant pas les conditions nécessaires pour atteindre le centième Niveau de la Hiérarchie Humaine, la personnalité de l'âme était généralement dirigée vers d'autres planètes et d'autres mondes pour acquérir les qualités manquantes et l'énergopotentiel requis de l'âme.

Il faut se rappeler que les Supérieurs perfectionnent constamment les méthodes de développement pour l'humanité. Ainsi, ils ont promis, dès la sixième race, de fournir aux humains de nouvelles méthodes de développement accéléré, qui seront encore plus perfectionnées dans la septième race.

De la même manière qu'à une époque, des âmes cosmiques ont été dirigées vers notre planète Terre pour perfectionner certaines qualités dans leur matrice, de façon similaire, nos Guides Célestes dirigent des âmes préparées vers d'autres civilisations matérielles extraterrestres pour accélérer leur développement, où elles perfectionnent les qualités nécessaires. Cependant, après de telles missions, elles ne sont plus incarnées dans la cinquième race, la plupart d'entre elles étant immédiatement élevées au premier niveau de la Hiérarchie Divine et y poursuivent leur perfectionnement.

De plus, il est important de souligner qu'à ce premier Niveau de la Hiérarchie de Dieu, il existe plusieurs autres mini-hiérarchies similaires à celle de notre Terre, avec leur propre nombre de Niveaux respectifs.

Dans ces mini-hiérarchies, d'autres âmes qui progressaient avec succès et qui avaient commencé leur perfectionnement sur d'autres planètes étaient également transférées en temps voulu. Ainsi, de telles âmes peuvent échanger leur expérience individuelle entre elles, et certaines, avec l'aide de mini-hiérarchies extraterrestres, peuvent même achever leur développement au premier Niveau de la Hiérarchie Divine. Par conséquent, les hautes âmes ne perdent jamais de temps à attendre les âmes en retard de la part des Distributeurs, et leurs Guides Célestes s'efforcent constamment, comme on le dit pour les athlètes, de 'se maintenir en forme' et de ne jamais se relâcher.

Donc, par exemple, lorsque nous étudiions à l'Institut d'ingénierie et de construction avec Alexandre Ivanovitch, nous avions un corps professoral remarquable, parmi lequel se distinguaient particulièrement par leur Niveau de connaissance élevé le professeur Gofman (enseignant la matière "résistance des matériaux") et le professeur Aksintyan (qui nous enseignait le cours "Théorie de l'élasticité"). Ce sont les matières les plus complexes pour nous, mais les enseignants, en présentant le matériel nécessaire, énonçaient les sujets comme tirés d'une mitrailleuse. Et eux-mêmes, avec un immense plaisir, "naviguaient" dans l'immensité de la mer des formules mathématiques et des graphiques, sans jamais consulter leurs notes. Ils parlaient et écrivaient tout de mémoire, et quand, par exemple, Aksintyan donnait une conférence, on aurait dit : il se "baignait" simplement dans ses formules et ressentait une grande joie à écrire chaque chiffre de mémoire. On ressentait cette légèreté inhabituelle de la connaissance de son sujet, à tel point qu'il "voltigeait de joie" devant le tableau. Et les nombres et les formules s'écoulaient simplement comme un flux inépuisable sous sa plume.

Et où ces deux enseignants ont-ils pu accumuler une connaissance de leur sujet à un tel Niveau qu'ils s'en souvenaient mieux que n'importe quelle comptine. Il ne fait aucun doute que leurs âmes ont été envoyées pour améliorer leurs qualités sur une autre planète semblable à la nôtre, mais avec un Niveau de développement de la civilisation plus élevé, et c'est pourquoi la Hiérarchie de la Terre a reçu des spécialistes aussi hautement qualifiés. Et nous ne les avons jamais vus consulter des notes. C'était justement un exemple de l'achèvement de telles qualités jusqu'à l'automatisme. Comme on dit, réveillez-les la nuit et demandez-leur quelque chose sur leur sujet, et ils vous donneront une conférence sans hésitation jusqu'au matin.

La logique ou l'intuition

Lecteur : J'ai une question. Pour une personne de l'époque actuelle (cinquième race) ou pour la future sixième race, quelle est l'importance respective de la logique et de l'intuition ? Je me considère par exemple davantage comme un type émotionnel. Pour la logique, il est clair comment la développer, mais que faire avec l'intuition ? Est-ce une compétence acquise ou une caractéristique de la perception de la personnalité, construite d'une manière spécifique dès la naissance ?

Réponse : Pour une personne de la sixième race, l'intuition est plus importante. On peut la développer. La logique est une qualité courante que chaque personne peut développer en elle-même avec le désir, en utilisant des exercices spécifiques. Pour une personne éduquée, cette qualité (la logique) est tout à fait compréhensible.

Et l'intuition est liée aux capacités extraordinaires, c'est-à-dire aux qualités des représentants de la sixième race. Elle n'a pas encore été étudiée par les humains. Les gens ont fait une erreur en pensant que l'intuition est principalement présente chez les animaux, ce qui les a amenés à classer cette qualité parmi les instincts animaux. Par conséquent, lorsque cette qualité est apparue chez l'homme, ils ont commencé à penser que l'intuition était quelque chose de rudimentaire, hérité par notre contemporain des hommes sauvages.

En réalité, on ne peut pas comparer l'intuition des animaux et celle des humains. Chez les humains, c'est une qualité future qui se développera en utilisant les expériences accumulées par leur âme dans le passé, en intégrant de nouveaux mécanismes dans la construction des enveloppes subtiles. L'homme continuera le développement de toutes ses qualités passées qui se trouvent encore à un stade rudimentaire.

L'intuition est une sensation spéciale de l'âme capable de détecter un danger imminent ou des événements désagréables. Cette sensation se forme grâce à l'expérience de vie passée. Bien sûr, l'intuition peut aussi percevoir quelque chose de positif, mais cela arrive rarement, car la vie elle-même est souvent parsemée de multiples problèmes.

L'intuition est plus importante pour l'homme que, par exemple, la qualité de la logique. La perfection personnelle conduit finalement à l'émergence d'une certaine logique chez les individus grâce à des actions et des événements spécifiques fréquemment répétés. La logique généralise quelque chose, agit comme une rétrospective et génère des conclusions basées sur les actions passées de l'homme. Mais, pour développer la qualité de l'intuition, il est important d'anticiper les événements futurs.

L'objectif de l'intuition est d'anticiper le danger afin de le prévenir ou d'être prêt pour un événement désagréable. Par conséquent, acquérir une telle qualité est toujours important pour tout habitant de la Terre, et développer cette qualité devient une entreprise cruciale tout au long de la vie d'une personne, surtout sur Terre, où le danger le guette partout.

Nous n'avons actuellement pas de pratiques spécifiques pour développer l'intuition, car notre objectif principal est de fournir des connaissances théoriques. Les pratiques viendront après nous, avec l'avènement de la sixième race, et il y en aura beaucoup, de toutes sortes, afin que chacun puisse choisir celle qui lui convient le mieux. Mais, pour ceux qui souhaitent commencer à développer certaines propriétés qui les intéressent, nous pouvons recommander ce qui suit.

Avant de faire quoi que ce soit, il est nécessaire de se poser la question : « Le résultat souhaité sera-t-il atteint ? » Et agir ainsi partout et en tout. Avant de se rendre quelque part, poser également une question similaire : « La destination souhaitée sera-t-elle atteinte ? » et ainsi de suite. La réponse doit être instantanée, afin que votre esprit n'intervienne pas dans le processus de travail de l'intuition et ne dérange pas avec ses raisonnements mentaux. Enregistrez toutes les questions et réponses dans un cahier pour pouvoir vous évaluer plus tard, en analysant le pourcentage de bonnes réponses et en déterminant dans quelle mesure vous avez progressé dans votre clairvoyance cette année par rapport à l'année précédente. Il est important de voir vos résultats pour être capable d'ajuster quelque chose dans le développement de cette nouvelle qualité, d'enrichir votre pratique avec quelque chose, afin de rendre vos réponses plus réussies. Si les coïncidences sont supérieures à 50 %, cela signifie que l'intuition se développe avec succès et vous pouvez continuer à agir de la même manière. Vous pouvez deviner des images retournées, des dessins renversés, des cartes à jouer, etc.

Commencez par écouter votre propre intuition, puis répondez et vérifiez immédiatement si vous avez répondu correctement. S'entraîner avec des images, des cartes est plus facile. Mais, si quelqu'un souhaite trouver des méthodes professionnelles, il est préférable de chercher un enseignant professionnel dès le départ.

De tels enseignants sont déjà apparus dans notre cinquième race, et ils enseignent à ceux qui le désirent. Il n'est pas possible de développer l'intuition à cent pour cent immédiatement. Mais il est important de faire de bons débuts, et alors les choses iront mieux par la suite. En parallèle avec les enseignants, vous pourrez également acquérir de nombreuses autres compétences intéressantes.

Chapitre 7
LES DOUBLES DE LA TERRE

La sixième race. L'avenir.
Les doubles de la Terre

Lecteur : C'est à travers vos livres que nous avons découvert pour la première fois que notre Terre actuelle a encore deux doubles. Mais, selon vos informations, en raison des actions incorrectes de l'humanité, après la disparition de la Terre du Futur, il reste un autre double - la Terre du Passé, où les Nouvelles Connaissances ont été préservées.

Les personnes vivant sur ce double de la Terre ont la liberté de choix. Mais, existe-t-il un pourcentage spécifique de liberté sur les planètes-doubles ? Ou bien, comme elles répètent dans leur développement le programme de notre Terre actuelle, ne leur accorde-t-on aucune liberté ?

Réponse : "Un pourcentage défini de choix a été accordé à chaque planète-double. Mais, la Terre du Futur a utilisé ce pourcentage de manière préjudiciable en faisant un choix qui a complètement détruit la planète elle-même ainsi que toute sa population. Elle a fait un choix incorrect, ce qui lui a causé des dommages. La sagesse n'a pas prévalu parmi les humains. Cela démontre une fois de plus que l'homme n'est pas capable de planifier son propre avenir, ne voit pas ses perspectives de développement, et cela confirme qu'il continue à rester à un Niveau de développement bas.

Faire un choix en faveur du Futur, c'est comme le planifier. Mais, sur la planète Terre du Futur, les gens ont fait un choix en faveur de la mort. Il ne reste qu'à hausser les épaules dans l'incompréhension et à penser : « Est-ce que l'esprit humain reste encore à un stade rudimentaire et n'est-il pas capable de faire ne serait-ce que deux pas corrects vers un avenir radieux ?"

Ce qui est arrivé à la planète Terre du Futur doit faire l'objet d'un examen minutieux et d'une analyse, non seulement sur la Terre du Présent, à laquelle nous avons révélé ces connaissances, mais aussi pour comprendre ce qui s'est finalement passé avec la Terre du Futur si elle s'est simplement anéantie en un instant. Bien que cette situation ait été publiée dans nos livres il y a longtemps, elle n'a toujours fait l'objet d'aucune analyse ni discussion. Tout a été jeté dans les déchets de l'histoire, personne ne cherche à comprendre ou à tirer des conclusions utiles pour eux-mêmes et pour l'humanité.

Il semble donc que les gens se moquent complètement de ce qui leur arrive et de la direction que prend le berger du troupeau humain, c'est-à-dire le principal Dirigeant de la planète Terre. Cette indifférence envers leur propre destin effraie les Maîtres Supérieurs et rend toute la vie future de l'humanité dangereuse et peu prometteuse. Mais espérons que la discussion de cette tragédie sur la Terre du Futur aura finalement lieu un jour, et qu'il y aura des esprits éclairés qui comprendront non seulement toute la tragédie de ce qui s'est passé, mais proposeront également des solutions pour sortir de l'impasse actuelle. Pour l'instant, nous n'allons pas imposer nos propres arguments à ce sujet.

La Terre du Futur a-t-elle fait un bond en avant dans le développement

Lecteur : Nous savons qu'il existe un décalage temporel de développement entre notre Terre actuelle et la planète Future, en avance de 200 ans sur notre Terre. Pour cette raison, j'ai eu l'idée que la Terre du Futur a fait un bond dans son développement en raison de cette grande différence temporelle sur deux siècles.

Mais, j'aimerais clarifier : comment s'est produit ce saut accéléré dans le développement sur la planète du Futur, et grâce à quoi ce saut s'est-il produit ? Mes raisonnements sont-ils corrects ?

Il semble que les planètes-doubles aient des variantes de développement pour l'humanité, qui peuvent être librement contournées. On pourrait considérer que ces variantes de développement (et certaines situations sociales) étaient superflues et freinaient seulement le progrès de la société. Mais comment ces périodes disparates se sont-elles connectées ? Par exemple, il y avait l'année 500, puis tout de suite après, l'année 700 ? Est-ce ainsi que s'est produit le saut accéléré dans le développement de l'humanité sur la planète disparue ? Il est difficile d'imaginer tous les détails de cette situation.

Réponse. : Vous avez compris le déroulement des événements dans le temps et la relation entre les époques par rapport à la Terre Actuelle et au Passé de manière légèrement incorrecte.

Mais puisque vous avez immédiatement abordé la question de l'existence des doubles de notre Terre, nous estimons utile de le rappeler également à nos autres lecteurs. Pour cette raison, notre planète Terre Actuelle, après la septième race, doit fournir un nombre strictement défini d'âmes de haute qualité pour le premier Niveau de la Hiérarchie de Dieu, et la dernière (la qualité des âmes) ne se révèle pas être exceptionnelle. Les Supérieurs sont donc constamment obligés de corriger leurs actions.

Cependant, en essayant tout de même d'obtenir une bonne qualité d'âmes, les Supérieurs ont même accepté des coûts supplémentaires pour que la qualité des âmes obtenues soit digne, c'est pourquoi ils ont créé des doubles.

Ainsi, ils ont imaginé de développer des âmes non seulement sur notre Terre actuelle, mais aussi de créer deux planètes jumelles qui se consacreraient également à la croissance d'âmes de qualité.

Ces planètes sont devenues : la Terre du Passé et la planète du Futur, qui suivait son propre programme, devançant le développement de notre planète Terre actuelle de 200 ans. En d'autres termes, son programme suivait les événements de la sixième race qui devaient se produire chez nous 200 ans plus tard. On peut se demander : 'Qu'est-ce que cela apporte à la planète ?'

On pourrait dire que cela a déjà donné de bons résultats : grâce à une telle manœuvre, on a réussi à éviter une explosion sur notre Terre, et jusqu'à présent, l'humanité parvient à se maintenir. En revanche, sur la planète du Futur, toute l'humanité a péri, et la planète elle-même s'est disloquée en de nombreux petits éclats, c'est-à-dire qu'elle aussi a péri.

Et notre Terre a obtenu un autre double - la planète du Passé, dont le programme est décalé dans le temps par rapport aux événements se déroulant sur la Terre actuelle de 18 ans. Autrement dit, si jamais notre race venait à détruire la Terre actuelle, la planète du Passé aurait encore

18 ans de réserve pour ajuster ses actions et se sauver avec toute l'humanité et la planète elle-même, car elle aussi est une forme de vie spirituelle.

Le déplacement dans le temps permet de corriger des situations de vie, d'autant plus que les décisions prises par les habitants de la planète actuelle seront immédiatement visibles dans la situation où le choix a été fait incorrectement. Et c'est précisément cette situation qui sera immédiatement ajustée sur la planète du Passé. En d'autres termes, les gens auront la possibilité de tenter d'éviter certaines catastrophes et de sauver autant d'habitants de la Terre que possible, ainsi que leur propre planète, en corrigeant ces événements.

Sur la Terre du Futur, les situations ont été activées 200 ans plus tôt (et non plus tard) que sur notre Terre, et elle a traversé ces situations avant nous. En d'autres termes, alors que nous approchions de la situation d'activation de l'intervalle de 200 ans, sur la Terre du Futur, cet intervalle s'était déjà conclu par une explosion. Pendant ce temps, sur la Terre actuelle, nous commençons tout juste à traverser cette même période de temps et nous nous efforçons de toutes nos forces d'éviter toute catastrophe ou guerre.

La chaîne d'événements n'était pas absente à ce moment-là, elle avait déjà été entièrement parcourue. Les trois Terres progressaient dans le temps en parallèle depuis le stade initial de la création des planètes jumelles. En d'autres termes, les trois planètes ont commencé leur trajet simultanément et ont continué à se développer en parallèle, sans sauter aucun événement.

Quand notre Terre actuelle se rapprochera dans le temps du moment de l'explosion de la Terre du Futur (de son éventuel moment d'explosion)*, alors la Terre du Passé restera toujours en arrière de nous dans le temps de 18 ans. Mais il n'y aura pas d'explosion en raison de l'ajustement rigide des programmes des habitants de la planète Passé, qui passera déjà 218 ans dans l'intervalle de temps de la planète Futur, en avance de 200 ans sur notre Terre.

Et comme la planète du Passé est en retard par rapport à nous de 18 ans dans le temps, les Supérieurs auront le temps de la sauver. Cela restera leur dernier espoir d'obtenir le nombre requis d'âmes de qualité, c'est pourquoi ils déploieront tous les efforts possibles pour sauver la planète du Passé et toute l'humanité qui s'y trouve.

Bien sûr, cela sera un travail très difficile, tant pour les Supérieurs que pour les êtres humains eux-mêmes, en particulier pour les principaux acteurs de cette opération de sauvetage. Mais cette fois-ci, chacun accomplira sa tâche avec des efforts incroyables, mais accomplira tout de même sa mission, ce qui, dans l'ensemble, constituera le moyen de sauver toute l'humanité et la planète du Passé.

Il est à noter que c'est un calcul hypothétique montrant la direction des événements dans le temps, car il existe encore des méthodes possibles pour ajuster les événements au temps requis, où le processus d'accélération du temps est activé à des périodes spécifiques, ou il est ralenti selon la volonté des Supérieurs.

Si la Terre du Futur n'avait pas explosé, aurait eu lieu la Seconde Venue ?

Lecteur : Je n'arrive pas à concilier deux versions. La première : tous les deux mille ans, Dieu envoie de nouvelles connaissances à travers des Messagers. Cela est mentionné dans la Bible, où il est dit qu'un Consolateur viendra, et dans le Coran, il est écrit qu'avant le jour du Jugement viendra Isa (Jésus-Christ) - et la Seconde Venue aura lieu.

Et ensuite, la deuxième version rapporte l'apparition de deux doubles pour notre planète Terre. Un double est la Terre du Futur, qui a déjà explosé il y a deux cents ans, et les Supérieurs, en créant deux planètes-doubles pour notre Terre actuelle, ont décidé d'envoyer des Messagers sur ces planètes-doubles pour corriger le comportement des Terriens avec de Nouvelles Connaissances et amener ces planètes-doubles vers une version qui permettrait à l'humanité de progresser plus rapidement sur la voie de la spiritualité et de raccourcir le chemin de la cinquième race vers la Hiérarchie de Dieu.

Mais ma question est la suivante : Si le premier double - la Terre du Futur - n'avait pas explosé, enverraient-ils des Messagers à l'humanité ou non ? Ou ai-je mal compris quelque chose ? Je vous serais très reconnaissant si vous pouviez clarifier cela pour moi.

Réponse : Nous allons un peu nous répéter, car nous avons déjà exposé cette information dans nos livres précédents, mais sans elle, il est impossible de répondre à la question actuelle. Les thèmes récurrents sont toujours mieux assimilés, donc si ces connaissances ne sont pas encore ancrées, essayez de comprendre chaque phrase, chaque mot, alors toutes les informations s'aligneront correctement dans votre matrice.

La Terre du Futur n'affecte pas la décision d'envoyer ou non des Messagers sur la Terre actuelle. Cette question de la nécessité de transmettre de Nouvelles Connaissances par le biais des Messagers a été résolue il y a plus de 2000 ans, lors du premier Christ. Bien avant l'envoi du Deuxième Messager sur Terre.

Il y a deux mille ans, le Premier Messager - Jésus - a été envoyé pour annoncer que l'humanité entrait dans une nouvelle voie de développement spirituel et, par conséquent, pour poursuivre cette initiative 2000 ans plus tard, le Deuxième Messager devait nécessairement venir.

La raison en était la nécessité de faire évoluer les âmes des êtres humains vers un Niveau supérieur de développement, afin qu'à la fin de la cinquième race, le Deuxième Messager puisse constituer, pour la sixième race, une partie (constituant seulement 10 %) d'un tiers des âmes humaines qui accepteront le Nouvel Enseignement et qui aideront ensuite à l'introduire (ce Nouvel Enseignement) dans l'idéologie des générations futures. Et ce sont elles qui seront les premières à être intégrées dans la Hiérarchie de notre Dieu dans le futur.

Les deux doublures de la Terre (la planète du Futur et la planète du Passé)* ont été créées en raison de la dégradation constante de l'humanité, rendant impossible d'atteindre le nombre indiqué dans la Bible pour les âmes, soit un tiers du nombre prévu. Seulement 10 % des âmes de la qualité requise seront recueillies de la Terre actuelle. C'est pourquoi deux doublures supplémentaires ont été créées, chacune devant fournir encore 10 % d'âmes aux Supérieurs. Dans l'ensemble, ces trois Terres fourniront un tiers des âmes pour la sixième race.

Le Jour du Jugement réside dans le fait que le Deuxième Messager - Jésus-Christ du Deuxième Avènement - devra choisir les âmes avec lesquelles il travaillera dans la sixième race, développant ainsi des talents spirituels pour lui-même.

Les âmes qu'il choisira devront constituer un tiers (1/3) des âmes de qualité, tandis que les 2/3 restants des âmes non choisies par le Deuxième Messager disparaîtront définitivement du monde terrestre.

Cependant, dans une tentative de sauver une partie d'entre elles, les Supérieurs procéderont à une sélection supplémentaire parmi celles qui sont relativement réussies, destinées au développement dans des mondes inférieurs, afin de les introduire ultérieurement dans l'évolution. Ils souhaitent ainsi les aider à poursuivre leur développement. En revanche, la partie restante sera décodée comme incapable de participer au mouvement évolutif dans notre Univers.

Cela peut sembler sévère, mais les Supérieurs seront obligés de prendre cette mesure extrême en raison du refus des êtres humains d'utiliser les opportunités continuellement offertes par les Enseignants Supérieurs pour permettre l'évolution du nombre d'âmes requis.

Y aura-t-il une race d'Or sur la Terre du Passé ?

Lecteur : À l'heure actuelle, parmi les trois Terres, seule la Terre actuelle et la Terre du Passé subsistent. Nous commençons à construire la race d'Or. Mais existera-t-elle (la race d'Or) également sur la Terre du Passé ?

Réponse : Sur la Terre du Passé, une sixième race existera certainement, car la Terre du Passé a suivi une correction des programmes et l'introduction d'une variante de type exécutif rigide, dans laquelle le moment du choix chez l'homme a été annulé à certains points de contrôle. Cela a été fait dans le but de réduire le nombre d'erreurs commises par l'homme lui-même et d'atteindre le résultat positif requis par tous. Ainsi, sur la Terre du Passé, les habitants ont commencé à construire la race d'Or bien avant que cela ne se produise sur les autres planètes doublures. Cependant, cette construction se déroulait avec prudence, on pourrait dire, par petites portions, elle n'était donc pas exprimée de manière trop abrupte et éclatante.

Ainsi, la Terre du Passé sera l'une des premières à construire la race d'Or, et cela se produira uniquement parce qu'il a été accordé aux gens un pourcentage minimal de liberté de choix et qu'ils ont tout accompli selon des programmes stricts. Cela est également confirmé par le fait que les gens modernes ne comprennent pas encore beaucoup de choses ni dans leur propre développement, ni dans l'Univers, ni dans les affaires de Dieu. C'est pourquoi il est nécessaire pour eux d'étudier attentivement les Nouvelles Connaissances afin d'apprendre à comprendre les processus de développement et l'orientation du mouvement des âmes sur le chemin positif de l'évolution.

Chapitre 8
LES PRÉDICTIONS, LE JUGEMENT DERNIER

La source externe des nouvelles énergies dans la future race

Lecteur : Dans la sixième race, si j'ai bien compris, l'âme avec ses capacités paranormales sera le moyen de production le plus précieux de diverses énergies. Y aura-t-il cependant une découverte d'une source externe de nouvelles énergies ? Dans la cinquième race, c'était l'atome, l'énergie atomique. Quel pourrait être un équivalent source d'énergie pour la sixième race ?

Réponse : L'âme a toujours été une source précieuse de nouvelles énergies, car elle a été initialement construite pour convertir certains types d'énergies de basse fréquence en d'autres types de plus haut Niveau et de meilleure qualité.

De plus, lorsque l'âme exécute correctement son programme, elle est toujours capable de produire des types spécifiques d'énergies nécessaires au monde Supérieur. Par conséquent, la valeur des énergies que l'âme produit pour le monde Supérieur dépend toujours de la précision et de la justesse de l'exécution de ses programmes au cours de la réincarnation.

Les particules élémentaires.

En ce qui concerne la question des particules élémentaires, elles ont leurs propres tâches. Mais, avec le perfectionnement de notre planète et des changements qui s'y produisent, les tâches des particules élémentaires augmentent également avec le temps, et leurs fonctions (fonctions des particules élémentaires)* peuvent également changer.

L'atome est un élément physique, une composante du monde matériel temporaire, tandis que l'âme avec ses capacités paranormales est la composante principale du monde spirituel éternel.

Tout ce qui existe dans la Création (Méga-Univers) est éternel et continue de progresser avec une efficacité croissante, augmentant constamment la vitesse de développement.

Dans la sixième ère, l'eau des océans et des mers deviendra une source puissante d'énergie pour l'humanité, et dans une moindre mesure, les profondeurs de la Terre, car la Terre reste encore largement inexplorée par la science et renferme de nombreuses sources d'énergie (pensons au charbon, au pétrole, au gaz, etc.).

Certains chercheurs ont déjà reçu des informations sur ces sources à la fin du XXe siècle. Mais, les idées n'ont pas été largement diffusées à cause du système bureaucratique contemporain qui n'a pas permis à ces idées d'entrer dans la "lumière". À l'avenir, elles pourraient être pleinement appréciées et activement mises en œuvre dans la vie quotidienne.

L'eau est une substance très énergivore (riche en énergie), ce qui lui permet de stocker d'importantes réserves d'énergie, que l'on peut ensuite puiser et utiliser pour la société ainsi que pour des besoins privés.

Un Appareil ou une Machine à voyager dans le temps

Lecteur : Est-il possible d'inventer un appareil grâce auquel on pourrait regarder dans le passé ou le futur sur une période déterminée, sans pour autant se déplacer dans le temps ? Si cela est possible, comment s'appellerait-il et pourrait-il être inventé dans la sixième ère ?

Réponse : La Machine à voyager dans le temps avec le déplacement physique de l'individu est une chose, tandis que les dispositifs permettant de regarder dans le futur (ou le passé) sont tout à fait différents.

De tels dispositifs ne seront pas nécessaires pour les gens, car de nombreuses personnes développeront des capacités paranormales, y compris la clairvoyance. Les individus pourront regarder dans le passé et le futur de leur propre volonté (à volonté), sans aucun appareil. Cependant, chaque capacité aura une orientation de développement, de sorte que par simple curiosité, les Supérieurs ne permettront pas de regarder quelque part. Un clairvoyant se verra confier un ensemble de tâches spécifiques qu'il résoudra au bénéfice de la société. Tout le monde ne pourra pas accéder au passé, car tout le monde n'est pas capable d'interpréter correctement les événements observés.

La Machine à voyager dans le temps dans les plans de la sixième race

Lecteur : Est-ce que le programme de développement de la sixième race prévoit l'invention d'une Machine à voyager dans le temps ? Ou si son chemin est celui de l'évolution spirituelle, un tel dispositif ne sera jamais créé sur Terre ? Est-il possible que les délais de sa création soient reportés à une période ultérieure du développement de l'humanité ?

Réponse : L'invention de la Machine à voyager dans le temps fait partie des plans de développement de la sixième race. Elle sera nécessaire pour rétablir la vérité des événements passés, c'est-à-dire pour écrire avec précision l'histoire passée de l'humanité. Certains historiens contemporains, ainsi que ceux du passé, ont intentionnellement embrouillé ou caché de nombreux aspects de la réalité sous la pression des structures qu'ils dirigent. Par conséquent, il sera nécessaire de restaurer non seulement l'exactitude des événements et des participants, mais aussi de nombreux portraits d'acteurs historiques et autres contributeurs importants au développement de l'humanité.

De nombreuses personnes ont été diffamées et les victoires de certaines ont été attribuées à d'autres. Ainsi, une fois que la justice historique, sociale et spirituelle sera rétablie, tous les portails vers le passé seront fermés. La mémoire des véritables héros et créateurs perdurera à travers les siècles. À la place des anciens hologrammes, de nouveaux seront construits.

Les loisirs des personnes de l'Ère d'Or

Lecteur : Comment les personnes de la sixième race passeront-elles leurs soirées de loisirs ? Par exemple, de nos jours, certains regardent la série "Molodyozhka" ou "Santa Barbara" à la télévision, d'autres passent du temps sur "VKontakte" s'ils décident de rester chez eux au lieu d'aller, par exemple, à la rivière. Comment cela se déroulera-t-il pour eux ? Les Supérieurs peuvent-ils décrire des exemples spécifiques de loisirs à domicile pour les gens de la future race ?

Réponse : Tout loisir sera orienté vers le développement personnel. Même dans la cinquième race, il y a déjà de nombreuses personnes qui utilisent leur temps libre pour développer des qualités supplémentaires en elles-mêmes. Ainsi, elles aiment consacrer leurs soirées et leurs week-ends à des activités créatives ou sportives. Par exemple, un physicien utilise son temps libre pour écrire des poèmes, un constructeur ne va pas dans la nature pour pêcher ou cueillir des champignons, mais pour peindre des paysages car il souhaite apprendre à dessiner. Certains, après leur profession principale, se consacrent au chant ou apprennent à jouer d'un instrument de musique. De nos jours, il n'est plus suffisant pour une personne de maîtriser une profession et de s'y consacrer toute sa vie. Elle souhaite également développer en elle-même des qualités pour répondre aux aspirations spirituelles de son âme. Ainsi, elle apprend également à composer des poèmes, à écrire des livres, et tente même de se produire en tant qu'artiste.

Ce processus de développement de qualités supplémentaires se poursuivra de manière similaire dans la sixième race. Il n'y aura pas de personnes qui gaspillent leur temps libre. Les loisirs prendront la forme de la spécialisation dans un large éventail de possibilités dans divers domaines d'orientation professionnelle, tout en préservant le profil de recherche individuel de chacun qui y apporte sa contribution. Par conséquent, les spécialistes étroits seront remplacés par des experts polyvalents possédant une connaissance étendue dans divers domaines.

Le choix du leader dans la future race

Lecteur : Dans la sixième race, un individu avec un énergopotentiel de l'âme moindre devra accepter l'individu ayant un énergopotentiel plus élevé, considérant ses connaissances comme plus véridiques.

Question : Comment les individus de la sixième race détermineront-ils la personnalité dirigeante, plus spirituelle ? Cela sera-t-il lié à l'ajout de nouvelles enveloppes et à des pratiques spécifiques ?

Réponse : Tout d'abord, les individus de la sixième race développeront la clairvoyance, grâce à laquelle ils commenceront à voir les couleurs des auras. C'est à travers ces auras que la nature du futur leader et toutes ses inclinaisons seront déterminées. Deuxièmement, au début de la sixième race, dans le but d'accélérer le développement, les Supérieurs intégreront strictement dans les programmes des postes de direction uniquement des personnalités correspondant à des Niveaux élevés et capables de stimuler l'augmentation de la vitesse de développement de l'humanité, plutôt que de la freiner. Ainsi, il n'y aura aucune place pour les "opportunistes" ("escrocs") à aucun poste.

Comment fonctionne le Distributeur

Lecteur : En temps de paix ou pendant les périodes de guerre, les âmes sont retirées du plan terrestre selon un système déterminé. Cette récupération est planifiée à l'avance, et un nombre approprié de Substances du plan subtil y est impliqué.

Le rythme global de ce processus est perturbé lors du changement des ères et des civilisations. Des cataclysmes mondiaux se produisent, au cours desquels des centaines de milliers, voire parfois des millions de personnes, perdent la vie.

Question : Comment se déroule alors la collecte des âmes et est-ce que beaucoup d'entre elles ne se perdent pas ? Après tout, il pourrait arriver que certaines âmes souhaitent rester libres et exister comme elles le souhaitent.

Réponse : La collecte des âmes se fait toujours par lots. Et si cela se produit au moment du passage entre les races, ces lots sont plus nombreux que d'habitude, mais ils restent quantitativement limités. Cela est précisément lié au travail du Distributeur, qui ne peut pas traiter immédiatement un grand nombre d'âmes. Pendant cette période de transition, nous avons justement la possibilité de voir comment les gens sont collectés par des lots répétés.

Par exemple, il y a eu une période où des avions se sont souvent écrasés, faisant en général entre 112 et 118 victimes. Ou bien des bus se sont écrasés, faisant également varier le nombre de victimes entre 60 et 90 personnes, et ainsi de suite.

Chaque Distributeur est conçu pour accueillir temporairement un certain nombre d'âmes. Mais, si le nombre d'arrivées dépasse le nombre de places disponibles, les Supérieurs accélèrent les processus du Jugement et des déplacements ultérieurs vers le Stockage des âmes.

Par exemple, même lors des tremblements de terre, le nombre

d'âmes est généralement presque le même, bien que ces tremblements de terre se produisent à des moments différents et en des lieux différents.

Pendant les périodes de reconstruction, de nombreuses personnes de basse moralité avec un grand nombre de péchés perdent la vie, et leurs âmes demeurent dans les couches inférieures de la Terre, incapables de monter vers le canal du Distributeur. Tous ceux qui ne peuvent pas monter dans les canaux du Distributeur sont considérés comme défectueux.

Il a été accordé à ces âmes à plusieurs reprises des opportunités de développement tout au long de l'existence de la civilisation, mais elles ont continué à régresser. Le fait qu'elles ne cumulent pas, mais perdent leurs propres énergies issues de leurs structures subtiles exprime leur dégradation. C'est précisément en raison de cette dégradation que leurs âmes ont un énergopotentiel très faible, les empêchant ainsi de s'élever jusqu'aux canaux menant au Distributeur.

(De nombreuses personnes ayant survécu à une mort clinique ont vu ces canaux, ont voyagé à travers eux et les ont décrits comme des "couloirs ou des tunnels". Beaucoup se souviennent avoir dit : "J'ai volé à travers le couloir..." Leurs récits confirment l'existence du Distributeur et de ses canaux.)*

Tous ceux qui ne peuvent pas s'élever par eux-mêmes sont rassemblés par les Anges de la Mort et dirigés vers un endroit spécial où ils subiront un traitement spécifique.

C'est pourquoi dans la Bible, Dieu dit qu'au jour du Jugement, Il "les introduira dans le feu et les fondra, comme on fond l'argent...". Le Seigneur parle également de ces âmes en disant : "Je ferai venir sur eux des malheurs dont ils ne pourront se délivrer, et quand ils crieront vers Moi, Je ne les écouterai pas".

En d'autres termes, seuls les péchés que l'âme peut expier dans la vie suivante sont pardonnés, mais seulement jusqu'à un certain point. Ensuite, Dieu cesse d'écouter les pécheurs et les détruit. Cela se fait à la fin de chaque ère. C'est pourquoi seuls ceux qui se développent avec succès poursuivront leur perfectionnement dans la sixième race.

Les changements dans le travail des Distributeurs

Sur Terre, dans la cinquième civilisation, vivent trois races ethniques : blanche, noire et jaune. Chacune d'elles a été définie par les Supérieurs en tant que race ethnique distincte et individuelle. Toutes sont énergétiquement construites sur des gammes d'énergie différentes. Chaque race ethnique est dirigée par son propre Système Hiérarchique issu de la Hiérarchie de notre Dieu.

Nous les avons appelées "distinctes", c'est-à-dire avec des qualités individuelles, donc le lecteur est certainement intéressé : "En quoi consistent leurs différences ?"

Les personnes de différentes races produisent des types d'énergie distincts, elles sont énergétiquement construites de manière différente. Ainsi, après la mort, elles aboutissent dans des Distributeurs différents, chacun travaillant avec son propre type d'énergie. En d'autres termes, chaque race ethnique dispose de son propre dispositif technique pour recueillir les âmes en un endroit spécifique. Les Supérieurs ont décidé que, étant donné que ces races ethniques donnent des âmes de qualité différente, il serait plus pratique de les collecter séparément des autres, afin de faciliter le perfectionnement des énergies nécessaires pour les Supérieurs.

En conséquence, chaque Distributeur destiné à une race particulière est spécifiquement construit pour son propre spectre d'énergie.

Ainsi, au-dessus de la Terre, dans son plan subtil, trois Distributeurs ont été construits pour l'humanité de la cinquième race, qui fonctionnent pour les trois races ethniques : noire, jaune et blanche. Cela signifie que chacun d'entre eux (des Distributeurs) fonctionne strictement dans un spectre d'énergie spécifique.

Les énergies d'un spectre ne se mélangent jamais avec les énergies d'un autre spectre, tout comme les énergies d'un Niveau ne se mélangent pas avec celles d'un autre. Telles sont leurs propriétés.

Le Distributeur pour la race noire comprend également une section dédiée à la race rouge. Étant donné que le nombre de représentants de cette race sur Terre est actuellement minimal, les Supérieurs ont décidé de les fusionner, sans les mélanger, avec les représentants de la race noire dans un même Distributeur. Cependant, cette construction pour la collecte des âmes possède deux tunnels distincts qui aident les âmes à s'élever vers leurs emplacements strictement définis.

Les tunnels de tous les Distributeurs sont également conçus pour un certain éventail d'énergies, ce qui permet de diriger les âmes vers leurs destinations respectives.

Toute la technologie subtile autour de la Terre fonctionne avec les types d'énergies terrestres et est conçue pour leurs fréquences et types spécifiques. Par conséquent, par exemple, l'âme d'un représentant de la race jaune ne peut pas accéder à un Distributeur configuré pour travailler avec les énergies des représentants de la race blanche. C'est une incompatibilité technique et physique normale.

Chaque race de couleur fonctionne et est construite dans sa propre gamme d'énergies. Ainsi, seules les âmes construites sur la gamme d'énergies appropriée sont infailliblement attirées dans les tunnels des Distributeurs. En d'autres termes, une âme de la race blanche ne pourra en aucun cas entrer dans le corridor-ascenseur des âmes, configuré pour sa propre gamme d'énergies, s'il est constitué d'énergies d'une autre gamme. Les installations "magnétiques" ne les attireront pas, car elles sont configurées pour fonctionner avec des spectres et des Niveaux d'énergie strictement spécifiques.

Chaque âme, en tant que représentant d'une race spécifique, ne pourra accéder qu'au Distributeur dont les tunnels sont conçus pour attirer les âmes de sa gamme d'énergies. Autrement dit, les tunnels réagissent à la qualité de l'énergie, sa fréquence (Niveau ou gamme), ainsi qu'à l'"énergopotentiel de l'âme : certaines âmes de la race de couleur s'élèveront plus haut, d'autres plus bas, tandis que d'autres occuperont une position intermédiaire.

Les constructeurs divins ont érigé chaque Distributeur en tenant compte d'un potentiel maximal spécifique des âmes, car les Dirigeants Suprêmes leur ont indiqué la mesure à laquelle l'énergie potentielle de l'âme d'un individu d'une race donnée devait être augmentée pour atteindre une valeur requise à une étape particulière de son développement.

L'orientation vers la magnitude (valeur) du potentiel (à son maximum) des couloirs-ascenseurs et du Distributeur lui-même indique que les âmes avec un potentiel calculé plus faible ou, inversement, plus élevé, ne pourront pas y accéder. Pour cette raison, les âmes défectueuses restent en bas des tunnels de leur Distributeur. Mais, tout cela appartient désormais au passé.

Cependant, à l'avenir, tout changera à nouveau, car pour la sixième race, il n'existera qu'un seul Distributeur. Les Supérieurs ne laisseront sur Terre qu'une seule race, appelée la race d'Or. Il n'y aura plus d'autres races ni de nations sur Terre, que ce soit dans la sixième ou la septième civilisation.

Par conséquent, tous les Distributeurs inutilisés et les structures auxiliaires qui leur sont associées seront démantelés. Cela contribuera partiellement à la purification de l'espace terrestre.

Dans le tout nouveau Distributeur de la sixième race, de nombreuses structures subiront des modifications. Par exemple, les Salles d'Attente seront modernisées et rendues plus confortables, car il est pesant pour les âmes des défunts d'attendre leur Jugement pendant 40 jours ou plus (selon le temps terrestre). Le Purgatoire subira également des changements, car il n'assurera qu'une purification partielle des âmes. Il est important de souligner que la fonction de décodage disparaîtra dans la sixième race, et la durée du séjour des âmes tant dans le Distributeur que dans le Dépôt des âmes sera réduite, car les réincarnations se produiront de manière plus intensive.

Les âmes seront littéralement réincarnées environ 3 à 5 ans après leur décès sur Terre. Cela leur permettra de se souvenir clairement de leurs qualités passées, ce qui les aidera à s'intégrer facilement dans leur environnement actuel. Par conséquent, elles seront mieux en mesure de remplir leur programme de vie, car elles se souviendront de l'expérience de leur vie précédente et pourront l'utiliser dans leur incarnation présente.

La prise des âmes dépend-elle de la nation

Lecteur : Dans Votre information, il est indiqué que dans la sixième (Or)* race, la population sera réduite de deux tiers. À cet égard, je voudrais poser une question.

À quel moment et de quelle manière cet événement se produira-t-il dans son achèvement final ? En effet, en examinant la période actuelle (03.05.2016), on ne constate pas encore de diminution significative de la population. Les âmes sont prises en petites quantités lors de diverses catastrophes et cataclysmes (accidents d'avion, accidents de voiture, inondations ou séismes). Cependant, si l'on fait un calcul mathématique de cette réduction, de la diminution du nombre de personnes à un tiers de la population, il semble que la plus grande réduction devrait avoir lieu en Chine et en Inde. Est-ce correct ? Merci d'avance pour votre réponse.

Réponse : Indubitablement, les nations et les peuples ayant une population plus importante perdront, à la fin de la cinquième race, un nombre plus élevé de leurs représentants.

La connaissance de notre information permet déjà aux lecteurs de comprendre correctement les événements en cours, par exemple, que les accidents et catastrophes de plus en plus fréquents sur Terre, avec des victimes, ne sont rien d'autre que la collecte des âmes par les Supérieurs.

Actuellement, la collecte des âmes en petites quantités se poursuivra pendant encore 300 à 400 ans, indépendamment de la nation. Cela est dû au fait que les Substances (personnalités conscientes du plan subtil travaillant avec l'humanité)* qui travaillent dans les Distributeurs avec les âmes des défunts, ainsi que les Distributeurs eux-mêmes, ont toujours été conçus pour traiter un nombre spécifique d'âmes. Les catastrophes et les accidents fréquents augmentent brusquement le nombre d'âmes arrivant pour traitement, et les Distributeurs ne peuvent pas faire face à l'afflux massif de victimes dans leurs structures. C'est pourquoi il a été décidé de les collecter en petites parties, ce qui permet aux travailleurs du plan subtil de les traiter de manière calme. Cela permet également aux âmes de passer moins de temps dans les Salles d'Attente.

Rappelons que les âmes des individus devront passer par un Jugement, avec une analyse de leurs situations de vie, la détermination des qualités accumulées, et l'évaluation des qualités qui ont déjà atteint leur apogée, ainsi que celles qui doivent être développées davantage. Il y aura également une purification des matrices des énergies défectueuses accumulées, etc. Il y a beaucoup de travail pour les Substances du plan subtil, c'est pourquoi, il est plus favorable pour les Substances que la collecte des âmes du monde terrestre se fasse en petites parties, que les Substances peuvent traiter facilement et qualitativement.

Et vous avez raison de supposer que les pays ayant une population très importante subiront les pertes les plus importantes. Mais, dans ce cas, face aux cataclysmes mondiaux, toutes les nations sont égales, et personne ne pourra éviter les pertes.

Par exemple, si un pays a une faible population en soi, mais qu'il perd la moitié ou plus de ses habitants en raison d'un cataclysme, cela sera une perte irréparable pour lui. Ainsi, toutes les pertes humaines sont toujours douloureusement ressenties par les membres restants de la société, et il est impossible de consoler ceux qui aiment leurs proches et leurs familles disparus. Les périodes de pertes laissent toujours une douleur profonde dans le cœur des personnes vivantes, quelle que soit leur nation.

Chapitre 9
PLUSIEURS QUESTIONS SUR L'ÂME

Ce qui est considéré comme Supérieur et ce qui est considéré comme inférieur

Lecteur : Dans le livre "Les Perles des Vérités Supérieures", dans l'article "Le rôle de l'information dans le développement des enveloppes", j'ai lu le paragraphe suivant :

"Pour Nos objectifs, une telle structure est pratique. Grâce à une configuration spécifique, tous les corps peuvent être connectés ensemble tout en préservant simultanément leur individualité. Cette propriété nous donne la possibilité de recevoir de l'homme, de chacun de ses énergocorps, notre propre forme d'énergie, transformée en une forme plus grossière que celle qui a été déposée par Nous (les Supérieurs)*. Ainsi, avant d'atteindre l'énergoréserve, ces énergies subissent une purification. De là, nous les utilisons pour construire de nouvelles formes."

Que signifie "recevoir de l'homme, de chacun de ses énergocorps, notre propre forme d'énergie, transformée en une forme plus grossière que celle qui a été déposée par Nous" ?

N'y a-t-il pas de faute de frappe ou de confusion ici ? Vous parlez partout de l'élévation de la fréquence de l'énergie transformée... Ou ai-je mal compris quelque chose ?

Réponse : Il n'y a aucune faute de frappe ici. L'enveloppe physique même de l'homme est le mécanisme le plus grossier, et par conséquent, le plus bas, pour la transformation de divers types d'énergies, comparée à la transformation qui a lieu, par exemple, au premier Niveau de la Hiérarchie Divine. C'est pourquoi les Substances du premier Niveau de la Hiérarchie de Dieu produiront toujours même l'énergie la plus basse pour Eux d'un ordre de grandeur supérieur à celle générée (produite) par l'homme. Cette énergie grossière nouvellement produite par l'homme est ensuite utilisée pour le développement de nouvelles formes de vie dans d'autres mondes physiques, car toutes les formes de vie dans ces mondes sont constamment renouvelées de manière évolutive avec le temps, nécessitant ainsi beaucoup d'énergie.

Les Niveaux Supérieurs de la Hiérarchie de Dieu transmettent aux Niveaux inférieurs, c'est-à-dire aux êtres humains du plan terrestre, leur énergie la plus basse pour une transformation ultérieure. Mais pour les humains, cette énergie descendante est la plus élevée par rapport à l'énergie du monde terrestre elle-même, car toute énergie provenant d'un plan Supérieur aura une fréquence plus élevée que la plus haute énergie venant d'un plan inférieur.

Ce qui est le plus bas pour les Supérieurs dans leur monde reste le plus élevé en termes de fréquence énergétique pour les humains. Dans ce cas, on parle uniquement des types et des fréquences d'énergies.

Cependant, il faut noter que la définition de la relativité du Plus Élevé (Supérieur) et du plus bas (inférieur) dépend toujours de la perception individuelle de chaque personne de ces positions et dépend du Niveau de développement et de l'éducation de l'individu.

Existe-t-il une substitution (remplacement) d'âmes

Lecteur : Comme j'ai appris, les âmes changent constamment de corps matériel au cours de leur développement. Mais de ce que j'ai compris, cela se produit après la mort. Ne serait-il pas possible de remplacer les corps pendant la vie d'une personne ? En d'autres termes, supposons qu'une personne reçoive un corps défectueux (handicapé, note de traduction) après la naissance, ne serait-il pas souhaitable de transférer cette âme dans un corps sain et en bonne santé ? Ce serait bien s'il existait une pratique de transfert d'âmes sans la nécessité de passer par la mort.

Quel serait le processus à suivre dans ce cas de remplacement d'âme et de modification du plan de vie dans l'incarnation d'une personne spécifique ?

Réponse : La pratique de substitution d'âmes n'existe pas.

Si l'homme apprenait à transférer des âmes d'un corps défectueux à un corps sain, cela entraînerait une multitude d'abus dans le monde. Les gens commenceraient à chasser les individus beaux et en bonne santé, les tueraient et transféreraient leurs âmes dans ces corps. Naturellement, les anciens corps pourraient également être remplacés de manière similaire. Bien sûr, ce processus serait industrialisé et reposerait sur une base monétaire fantastique, avec des sommes colossales en jeu.

Cependant, ceux qui sont dotés de corps beaux et en bonne santé veulent aussi vivre et être heureux. Chacun d'eux a son propre programme à accomplir.

Les Supérieurs ont depuis longtemps anticipé une telle éventualité, c'est pourquoi il existe déjà des règles spécifiques pour de tels cas. Premièrement, la pratique de substitution d'âmes est interdite par l'ECS (Équipe de la Coalition de Surveillance), et les Supérieurs infligent des sanctions sévères pour cela.

Deuxièmement, l'incarnation d'une âme dans un corps – cela se réalise facilement uniquement dans les films fantastiques, et dans la vraie vie, le processus de remplacement d'une âme par une autre est impossible pour de nombreuses raisons diverses, dont il y en a beaucoup. Cela irait à l'encontre du perfectionnement correct de l'individu. En donnant à quelqu'un un corps défectueux, les Enseignants Supérieurs insèrent des objectifs spécifiques stricts dans son développement. En d'autres termes, à travers un corps défectueux, une influence est exercée sur l'âme de l'individu, et l'âme rectifie en elle-même de nombreux vices, lutte contre ses propres tentations. Le corps matériel contribue inévitablement à l'éducation de l'âme et est étroitement lié à son développement et à la résolution karmique.

Ainsi, un corps défectueux est attribué aux âmes karmiques, et tant qu'elles n'ont pas encore payé leur karma, personne ne leur programmera des situations de vie favorables. Même en ayant un corps normal et en bonne santé, une personne peut rester profondément malheureuse, et personne ne fera attention à elle.

Nous partageons également l'opinion selon laquelle, à ce stade du développement de l'humanité, le libre choix du corps par l'âme ne devrait pas être autorisé, sinon des crimes émergeraient et les gens commenceraient à se battre pour s'approprier des corps beaux et en bonne santé.

Selon les Lois du développement globalocosmique (cosmique universel), le remplacement d'une âme dans un corps par une autre est assimilé à un meurtre, et celui qui tente de le faire subit une sanction karmique appropriée. Des détails supplémentaires sur cette question sont abordés dans le livre "Naissance. Mort. Karma" de la série "Encyclopédie de la Nouvelle Ère".

La déception de sa future forme

Lecteur : Est-il possible que lors d'une étude intensive des Lois et de la lecture de prières, une personne ressente d'abord une béatitude et une élévation des vibrations de tout le corps, mais étant donné que nous vivons dans un environnement déterminé par notre programme, notre état ne résonne plus avec la réalité environnante ? Ensuite, une dépression peut survenir, transformant tout en quelque chose de peu plaisant, et la société, soudainement, ne correspond plus à vos idées ? Même le corps humain commence soudainement à paraître totalement primitif !

Comprendre tout cela peut conduire à une déception, car dans le futur, la forme la plus idéale que vous pouvez atteindre est celle d'une sphère lumineuse. Une telle forme me déçoit profondément.

Peut-être que je me trompe, mais je suis constamment tourmenté par de tels doutes sur de nombreux aspects ! On aimerait atteindre quelque chose de plus parfait, ne serait-ce qu'en tant qu'être humain, mais parfois cela semble inatteignable.

Réponse : Les fluctuations de votre humeur indiquent que vous avez une âme très jeune et une psyché encore instable. Il est nécessaire que vous travailliez sur vous-même. Pour les âmes jeunes, la danse et certaines activités sportives simples sont bénéfiques, tout devrait être accessible sans surcharge. Votre âme a besoin de développer diverses qualités, elles renforceront votre énergopotentiel et, avec le temps, rendront votre psyché plus stable et résiliente face à la perception de ce qui se passe dans la vie.

En d'autres termes, il est d'abord nécessaire pour vous d'apprendre à remporter des victoires dans des choses modestes et simples, puis vous pourrez progresser vers l'acquisition de qualités liées aux Niveaux supérieurs de développement. Apprenez à vous satisfaire de petites choses, alors l'absence de victoires majeures dans votre vie cessera de provoquer la dépression.

Dans votre imagination, il y a des exagérations du côté négatif. Que vous lisiez notre information ou toute autre, un tel état, que les gens appellent "alternance de périodes positives et négatives", se produira constamment jusqu'à ce que vous développiez pleinement l'énergopotentiel de votre âme. C'est le chemin du développement pour tout être humain, le chemin de surmonter des situations qui apportent à l'âme du positif ou du négatif. Apprendre à aborder avec équilibre les deux est nécessaire. Cela simplifiera votre vie.

Cependant, pourquoi faut-il également aborder de manière équilibrée les événements positifs de la vie ? Pendant des situations qui apportent beaucoup de joie et d'émotions positives à une personne, elle peut ressentir des sentiments si intenses que d'énormes quantités d'énergie sont libérées de son organisme vers l'extérieur. Toutes les pertes d'énergie pour une personne représentent une forme de dégradation. Il se peut que certaines énergies aient été accumulées pendant six mois, et au cours d'une seule situation positive, au moment de l'expression d'émotions intenses, cette même personne les a libérées en 2 à 3 minutes, parfois même en un instant. Voici le rapport : l'âme a travaillé pendant six mois pour accumuler cette énergie, puis, en un moment de joie, elle a tout perdu. C'est pourquoi l'être humain a encore besoin d'apprendre à se réjouir de manière mesurée, sans de telles pertes d'énergie.

Nous pouvons dire que notre information n'a rien à voir ici. Simplement, vous êtes en train de développer certaines qualités de l'âme indépendamment de ce que vous lisez. Vos sensations émanent de votre propre base spirituelle, tout est à l'intérieur de vous. Les personnes simples, qui ne sont pas familières avec notre information, vivent la même chose, et cela se manifeste à travers d'autres situations.

Actuellement, une grande partie de l'humanité souffre de dépression car leurs âmes ressentent des changements mondiaux irréversibles qui se produisent sur la planète, et qu'il n'y aura pas de retour à l'ancien. C'est ce qui guide actuellement de nombreuses âmes jeunes, les plongeant dans la dépression, voire leur faisant perdre la raison.

La cinquième civilisation, qui a atteint une certaine puissance au XXe siècle, s'effondre ; la planète entière subit des changements globaux, des réformes ; ses radiations changent, et la zone de confort pour les humains change également, prenant une teinte dangereuse d'incertitude sur l'avenir. Mais les conditions d'existence changent considérablement non seulement en raison de la reconstruction de toute l'existence sur la planète, mais aussi parce que toutes sortes de radiations descendent sur la Terre depuis le Cosmos. En plus du fait que les Supérieurs, sur l'ordre de Dieu, ont augmenté l'apport d'énergies élevées sur notre planète, nos scientifiques ont également remarqué que le système Solaire traverse actuellement les bras de la galaxie.

Cela modifie considérablement la composition des enveloppes subtiles de la planète. Beaucoup de gens sur Terre ressentent également cette nouvelle énergie, mais ils réagissent différemment. Certains peuvent en perdre la raison, incapables de s'adapter à de tels changements, tandis que d'autres tombent en dépression, etc., allant même jusqu'à adopter un comportement inadéquat.

Ce qui tourmente actuellement non seulement les jeunes âmes, mais aussi les âmes d'âge moyen, c'est la civilisation en ruines qui ne peut offrir aux gens l'espoir d'un avenir meilleur à court terme... Tout le monde affirme : 'Ce sera bien, mais dans 400-500 ans.' Les gens en ont assez des échecs et des privations dans la vie actuelle, c'est pourquoi ils veulent obtenir quelque chose de bon dès maintenant, plutôt que d'attendre ce bien-être pendant des siècles. Et ceux qui sont encore capables de penser de manière réaliste comprennent qu'il n'y a pas de grandes joies à attendre dans un avenir proche. Ainsi, ils ne peuvent se consoler qu'avec quelque chose de très petit et insignifiant. De cela, bien sûr, une dépression et un désenchantement total de la vie s'installent progressivement chez eux.

Cependant, ne comprenant pas l'influence des causes mondiales sur eux-mêmes, les gens associent les sensations qui résultent de ces changements à grande échelle avec leur propre existence et tentent de tirer des conclusions, même si la véritable cause réside ailleurs. Par exemple, ils éprouvent des émotions positives en regardant un concert ou en pratiquant un passe-temps bien-aimé, puis, deux jours plus tard, retombent dans la dépression car le monde qui les entoure ne correspond pas à l'état qu'ils ont ressenti auparavant. Ils se perdent dans leurs sensations, leurs pensées et cherchent des raisons là où il n'y en a pas, ce qui les plonge dans une tristesse encore plus profonde.

Cependant, la principale cause de telles dépressions est l'absence de confiance en leur avenir, en demain, l'absence d'objectifs pour lesquels ils aimeraient vivre. Ils ne se voient pas dans le futur, et cela constitue leur tragédie intérieure qu'ils ne veulent pas reconnaître, préférant la dissimuler profondément en eux-mêmes.

Cependant, pour avoir envie de continuer à exister, il est préférable de vivre non pas en attendant la joie dans la vie, mais en aspirant à atteindre l'objectif que vous vous êtes fixé. Alors, vous ressentirez une grande satisfaction d'avoir pu l'atteindre. Le sentiment de satisfaction ne vous déversera pas d'énergie, ni ne vidant votre âme, mais vous remplira d'une force intérieure et d'une foi en vous-même. Après cet objectif, fixez-vous un nouveau but et ainsi de suite. À la fin de cette vie, vous ne tomberez pas dans la dépression totale et le désappointement, mais vous serez convaincu que votre prochaine vie se déroulera très différemment, et vous commencerez vraiment à ressentir les moments heureux de votre vie comme de petites récompenses pour la construction correcte de votre existence.

Nos livres offrent justement aux gens un but, et cela pour un avenir très lointain. Il reste très peu de temps avant l'existence éternelle de l'âme, on peut dire 2-3 étapes seulement, il suffit d'atteindre le cinquantième Niveau de développement et de passer à la sixième race, et pour cela, il faut constamment travailler sur soi-même. Il est nécessaire d'apprendre à comprendre davantage tout ce qui se passe autour de vous, et en même temps, de travailler bien et honnêtement, par exemple, en tant que bénévole, en aidant d'autres personnes.

Le bénévolat est une merveilleuse collaboration, elle remplit l'âme de l'homme d'une grande force de nécessité et d'utilité dans ce monde, transformant ainsi la vie elle-même en un acte calme et significatif, stimulant l'âme. Ainsi, en étudiant les Nouvelles Connaissances, on peut simultanément apporter du bien aux gens, et alors tout se transforme en une impulsion inspirée.

L'âme est alors supplémentairement remplie d'énergies élevées qui, par la suite, dans la créativité, façonnent l'inspiration et donnent naissance à de nouvelles idées et créations. Il n'y a plus de place pour la dépression et la déception enracinées dans l'inaction, au contraire, la personne commence à manquer de temps libre pour diverses activités. De là, elle ressent déjà son importance et réalise qu'elle est une personne nécessaire et utile pour la société, respectée et attendue par les autres.

Ainsi, une personne avec une âme jeune et encore peu développée n'est pas capable de s'organiser, ce qui lui donne des pensées vides et l'amène à s'abaisser et à se considérer comme insignifiante, bien que des changements pratiques dans son existence puissent tout changer à 180 degrés.

Les Nouvelles Connaissances fournissent non seulement un but, comme la transition vers la sixième race, mais elles fournissent aussi les moyens de cette transition - les livres : il faut les lire attentivement, absorber avec soin l'information nouvelle, augmentant ainsi son énergopotentiel de l'âme, afin de développer par la suite ses capacités supérieures. Cela permettra à un jeune individu de se transformer un jour en un surhomme. Une fois que la grandeur d'énergopotentiel de l'âme d'une personne atteint une certaine mesure, elle passe à la sixième race, qui à son tour ouvre les portes de l'existence éternelle à son âme et d'une vie extraordinaire en tant que super-humain.

N'est-il pas intéressant pour une personne, en se réveillant un jour, de découvrir qu'elle peut manipuler de grands calculs mathématiques dans son esprit, ou qu'elle peut traverser la matière brute mentalement, ou qu'elle peut voir ce qui se passe sur Terre à vingt ou trente kilomètres de l'endroit où elle se trouve actuellement ? La découverte de telles qualités éveillera l'inspiration chez l'individu, et il voudra explorer de nombreuses choses grâce à cette nouvelle capacité qui lui est donnée.

De la même manière que la cinquième année rend la vie de l'élève plus intéressante que celle du premier ou du deuxième cycle, chaque niveau de développement supérieur rend la vie de l'individu plus riche et épanouissante avec divers événements intéressants et captivants. La dépression survient du manque de capacité à utiliser son temps libre de manière bénéfique, non seulement pour soi-même, mais aussi pour les autres.

Dans les années d'après-guerre du siècle dernier, lorsque notre pays était dévasté et que la population restait pauvre, les jeunes volontaires du Komsomol trouvaient des causes nobles, reconstruisaient des villes, rétablissaient la production, l'agriculture. Ils n'éprouvaient pas de dépression, simplement parce qu'ils n'avaient pas le temps pour cela.

Ils vivaient tous avec un élan inspiré et en peu de temps, ils ont transformé notre pays en une grande et belle nation. Ainsi, beaucoup dépend également de l'organisation correcte de la société et surtout de la gestion adéquate des forces de la jeune génération. Cependant, il ne faut pas attendre d'être invité à faire quelque chose, il faut trouver soi-même des tâches réalisables et, inversement, impliquer les autres dans ces projets.

L'apparition de visions

Lecteur : Quelle est la cause actuelle de l'émergence de visions diverses chez de nombreuses personnes ? Est-ce lié à la transition vers la sixième race et au début de l'éveil des capacités extraordinaires ? Est-il possible que des visions apparaissent devant les yeux d'une personne ?

Réponse : Oui, de nombreux lecteurs nous écrivent qu'ils ont des visions du monde subtil ou des visions particulières qui apparaissent pendant leur sommeil. Nous avons inclus de nombreuses histoires intéressantes dans notre livre « Les signes secrets du destin », qui familiarisent le lecteur avec les diverses visions que les gens contemporains peuvent avoir. Pour certains, des visions du plan subtil et de ses énergies se manifestent ; pour d'autres, des êtres provenant de mondes parallèles se matérialisent. C'est grâce aux Nouvelles Connaissances que l'individu parvient à comprendre que ce qu'il voit est une entité (être) matérialisée d'une autre dimension.

En effet, il y a beaucoup de ces êtres autour de nous, et c'est seulement à cause du fait que notre appareil visuel est réglé sur un spectre énergétique plus grossier que nous ne les voyons pas. Lorsque les Supérieurs descendent sur Terre avec un potentiel accru d'énergie, cela contribue au déblocage de certaines cellules chez les individus, cellules qui possèdent des propriétés qui ont commencé à se former précédemment. Ainsi, elles sont maintenant activées pour une période déterminée. Dans ce cas, la vision astrale est débloquée, et l'individu commence à voir l'espace environnant de manière élargie, ainsi que tout ce qui correspond à ce spectre énergétique, c'est-à-dire qu'il peut percevoir des êtres vivants du plan subtil, qui peuvent revêtir des formes très diverses.

Mais, cette vision ne s'ouvre que brièvement. Comme l'individu n'est pas encore psychologiquement prêt à l'ouverture de la vision astrale, il est souvent effrayé par ce qu'il voit. En conséquence, le Déterminant, observant son élève, referme immédiatement cette vision, bloquant à nouveau cette cellule. Cependant, au cours de ce bref moment, l'individu fait l'expérience de son premier contact avec le monde subtil et ses habitants.

Mais poursuivons la discussion sur l'activation aléatoire de la vision du monde subtil.

Certains lecteurs écrivent qu'ils voient des hologrammes du futur lointain, en particulier des scènes de ce qui se passera avec certaines âmes pendant la période entre la cinquième et la sixième race. Ainsi, cette capacité de vision se forme chez eux en tant que caractéristique prédictive.

Mais, toutes ces qualités sont encore éphémères et ne fonctionnent que pendant une courte période. De plus, l'individu ne peut pas encore les contrôler : les activer et les désactiver selon ses désirs, et il n'est pas capable d'attirer à lui des détails spécifiques du futur qu'il aimerait examiner de près. En d'autres termes, l'individu devra encore travailler et perfectionner sur ces qualités, les perfectionnant au fil du temps.

Cependant, l'activation de ce type de qualité est également conditionnée par l'élévation générale de l'énergie de la Terre. En effet, la planète, passant d'un Niveau inférieur à un Niveau supérieur de développement, modifie le spectre de ses énergies vers des fréquences élevées, et cela affecte de manière spécifique certains individus. Son énergopotentiel élevé (le potentiel croissant de la planète)* influe sur le potentiel plus faible des individus, incluant chez certains d'entre eux la vision astrale ou éthérique.

Comme nous l'avons mentionné précédemment, nous avons recueilli de nombreuses histoires témoignant des visions de nos lecteurs, que nous avons décidé d'inclure dans un livre distinct afin que les gens puissent réellement découvrir ce qu'il est possible de voir avec la vision astrale ou éthérique. De plus, il s'agit d'une sorte d'histoire des visions des individus à différentes périodes du développement de l'humanité. Certaines similitudes existent dans ces visions, tandis que d'autres diffèrent considérablement les unes des autres. Cependant, dans tous les cas, ces visions peuvent être analysées et comparées aux expériences propres des individus, qui peuvent également survenir à certains moments de la vie, en particulier lors de maladies et souvent avant le départ de cette existence. Certains voient des anges lumineux, tandis que d'autres perçoivent des Substances sombres. Il est compréhensible que des Anges de Dieu accompagnent certaines âmes, tandis que des Substances serviles du Diable accompagnent d'autres. De plus, de nombreuses Substances négatives interagissent avec les situations de la vie des individus : certaines tentent de les séduire, tandis que d'autres cherchent à les commander, utilisant divers moyens et méthodes.

Il arrive que, lors de moments de visions, certaines personnes soient influencées par des agents du Système négatif (tant qu'ils n'ont pas encore quitté la Terre). Ce Système tente d'utiliser des individus spécifiques à ses propres fins et essaie par tous les moyens de les rallier à sa cause.

Ainsi, les comparaisons entre différentes visions seront très utiles aux individus dans la période finale de l'existence de la cinquième race, lorsqu'ils devront analyser de telles situations et prendre des décisions sur la tentative de naviguer entre l'acceptation et le refus. En tout cas, les gens sauront déjà bien que de telles rencontres se produisent et qu'il ne faut pas les craindre, mais simplement être prêt à y faire face. N'oubliez pas que tout est entre vos mains.

N'oubliez pas que Dieu le Créateur, d'une part, a doté l'homme de la capacité de penser, d'analyser, et d'autre part, a accordé la liberté de choix aux individus positifs. Il est donc simplement nécessaire d'apprendre à utiliser ces deux possibilités afin de ne pas accumuler de karma et de ne pas tomber un jour entre les mains d'un Hiérarque négatif.

Que faire dans l'au-delà sans livres

Lecteur : Depuis l'enfance, j'ai toujours aimé lire des livres. En jeunesse, j'ai même dû divorcer de ma première femme, car même après le mariage, je continuais à passer tout mon temps à les lire. Je consacrais peu d'attention à ma femme, c'est pourquoi, un an plus tard, elle a demandé le divorce en me disant : 'Aime tes livres, tu n'as pas besoin d'une femme.' Je n'en ai pas été offensé et j'ai vraiment continué à les aimer. Et jusqu'à présent, je ne m'en suis pas lassé. Mais j'avais des craintes de me remarier une deuxième fois. Il a fallu 10 ans avant que je ne décide de prendre une seconde femme. Heureusement, la deuxième femme était compréhensive. Elle a appris à me gérer correctement, ainsi que les enfants, tout en préservant mon amour pour les livres, pour lequel je lui suis très reconnaissant.

Même maintenant, ils restent le plus important pour moi, et ce sont eux seuls qui me réconfortent lorsque ça ne va pas et partagent ma joie lorsque ça va bien. Malheureusement, mes enfants (j'en ai deux) n'ont pas hérité de ma passion, mais cela facilite la tâche à ma femme. Et je suis reconnaissant d'avoir trouvé une femme si sage. Cependant, je dois avouer franchement que même si je lisais beaucoup, je ne comprenais pas grand-chose de ce qui se passait dans ma vie et dans celle de mes connaissances.

Ensuite, j'ai découvert vos livres par hasard. Un de mes amis m'a recommandé de les lire. Je lui en suis très reconnaissant, car en lisant vos livres, j'ai commencé à comprendre pourquoi les choses se passent ainsi et non autrement, j'ai compris pourquoi nous ressentons de la joie et de la tristesse, et j'ai également compris beaucoup d'autres choses. Par ailleurs, un jour, j'ai réalisé combien de temps j'avais perdu à lire les livres d'autres auteurs, en particulier la fiction. Vos livres ont progressivement commencé à m'ouvrir les yeux, j'ai compris que je m'éveillais et que quelque chose de miraculeux se produisait en moi, un miracle de la clairvoyance. Le monde a commencé à changer autour de moi.

Mais, récemment, un questionnement obsessionnel me tourmente : si j'apparais ensuite dans un autre monde où il n'y a pas de livres, comment vais-je y vivre ? Il me semble que la vie sans livres n'a ni sens ni intérêt.

C'est pourquoi je voudrais vous demander : 'Que font les êtres dans d'autres mondes ? Y a-t-il des livres là-bas ? Et pour quoi vivent les créatures dans d'autres mondes ?'

Réponse : L'âme humaine continuera toujours d'apprendre, on peut dire - éternellement. Les âmes apprennent dans les mondes inférieurs et dans les mondes supérieurs. Elles apprennent constamment, mais de manière différente. Dans les mondes inférieurs, il n'y a pas de livres, mais vous avez déjà franchi cette étape, donc vous ne devez pas vous inquiéter de ne rien avoir à étudier.

Dans les mondes inférieurs, l'apprentissage se fait principalement par imitation directe de leurs parents ou du chef de tribu. Dans les mondes intermédiaires, la fonction de conservation de l'information sur des supports matériels spéciaux apparaît : des plaques spéciales, des murs, des objets métalliques. Et seulement dans certains mondes, quelque chose de similaire à nos livres existe.

Dans les mondes supérieurs, il existe une énorme diversité de sources de préservation de différentes connaissances, dont beaucoup ne sont pas encore connues de l'humanité. Ainsi, devant vous, dans d'autres mondes, s'ouvriront des espaces vastes pour la compréhension des méthodes de préservation de l'information.

Pour les êtres raisonnables, l'évolution de l'âme est basée sur l'acquisition de Nouvelles Connaissances, donc plus un individu apprend et applique quelque chose dans la réalité, plus il progresse en tant qu'unité de la Création (Méga-Univers). On peut donc dire que vous avez évolué correctement dans cette vie, bien que vous n'ayez certainement pas évité un certain nombre d'erreurs.

Il faut réaliser que tous les livres ne portent pas la connaissance ou n'enseignent pas à l'homme un comportement correct. Beaucoup de livres peuvent être qualifiés de vides. Il vaut donc mieux lire des livres populaires qui, de manière accessible, présentent à l'homme différentes théories de scientifiques, les découvertes de physiciens, de chimistes et d'autres chercheurs. Il faut apprendre à comprendre les traités philosophiques, les enseignements anciens, pour les comparer à la réalité.

Il est essentiel de savoir que l'évolution de l'âme est impossible sans apprentissage. L'objectif de chaque individu sur Terre est d'accumuler et de comprendre autant de Nouvelles Connaissances spirituelles que possible. Mais il est également nécessaire d'enseigner aux autres, de les aider, de les captiver avec de nouvelles idées et pratiques. En apprenant vous-même, ne restez pas indifférent aux autres, enseignez-leur ce que vous avez commencé à comprendre. Il arrive parfois que les connaissances transmises par la conscience d'une personne soient perçues plus facilement et mieux que si une personne s'efforçait de les comprendre seule.

L'ermitage

Lecteur : Peut-on considérer les moines ermites vivant dans des ermitages, des forêts et des grottes comme des individus qui maximisent l'application de la Loi de l'Incertitude ? Leur amour envers Dieu se manifeste par le service à travers la lutte contre leurs passions, ce qui n'est possible que par un travail intérieur profond et prolongé. Une citation de la Loi dit : "... la loi isole l'individu de son environnement externe. Le travail intérieur continue en tant que priorité."

Réponse : Tout le monde n'est pas capable de mener une vie d'ermite. Seules quelques âmes progressives en émergent. Elles manquent de relations avec les membres de la société et n'ont pas acquis de nombreuses autres qualités nécessaires à un progrès ultérieur.

L'ermite ne contribue pas au développement complet de l'âme, et c'est pourquoi elle sera inévitablement testée à travers les tentations et les épreuves dans les incarnations suivantes, car c'est ainsi qu'on peut évaluer son degré de qualité et de résistance par rapport à d'autres vices. Seule la vie en société est capable de donner une évaluation complète des qualités de l'âme.

Sur la séquence de construction de l'âme

Toute âme, que ce soit une pierre, une plante, un animal, un être humain, un extraterrestre, une planète, une étoile, et ainsi de suite, y compris la structure du monde, de l'Univers, de la Création (Méga-univers), de l'espace, ainsi que toute Essence* (par exemple, la Substance de la Vie, de la Mort, la Substance du Chaos, du Feu, la Substance de la Forêt et du Champ, ainsi que d'autres), est construite sur la base de règles strictes de légisconstruction hiérarchiques.

Ces règles sont inscrites dans les Lois de notre Création (Univers entier), mais pour chaque Niveau de développement, il existe des normes individuelles, des règles qui rendent la structure à la fois similaire et, d'autre part, apportent de nombreuses différences dans leur construction et dans les situations de développement, qui diffèrent tellement les unes des autres qu'elles sont même impossibles à comparer.

De là, les programmes d'existence de ces âmes ne se ressembleront pas. En revanche, les âmes elles-mêmes, malgré tout, dans différentes situations de vie, seront construites de la même manière, hiérarchiquement, de manière cohérente et atteindront les indicateurs énergétiques normatifs requis par le Niveau de développement de chaque forme d'existence.

Les âmes humaines se développent depuis si longtemps (déjà cinq civilisations) parce que les Supérieurs veillent à ce que toutes les constructions dans l'âme humaine et autres soient correctes et correspondent aux exigences des Lois inscrites dans l'évolution de notre Création (Univers entier).

Prenons par exemple l'âme d'une plante et celle d'un être humain. Il est clair qu'elles se développent dans des situations différentes, cependant les méthodes de construction de leurs âmes seront les mêmes.

Parmi les particularités de la construction des âmes, il convient de prêter attention aux anciennes énergies, que les gens aiment particulièrement accumuler en assimilant certaines anciennes doctrines (enseignements), et par conséquent, en accumulant dans leurs matrices de vieilles énergies.

Les actions des âmes basses et des âmes Hautes se ressemblent

Lecteur : En quoi consiste le fait que parfois, en apparence, les actions des individus bas et élevés semblent identiques, mais si pour certains ces actions découlent de l'ignorance, du programme, alors pour d'autres - déjà de la connaissance, de l'enrichissement ? Dans mon esprit, il y a une sorte de schéma, comme une parabole, voire même une spirale, s'élevant vers le haut.

Réponse : Pour illustrer les situations où les individus bas et élevés agissent de la même manière, prenons l'exemple du mariage et de la fondation d'une famille. Les jeunes pères, qu'ils soient bas ou élevés, doivent également prendre soin de leurs enfants, les nourrir en l'absence de la mère, et les emmener prendre l'air frais. En d'autres termes, il existe des règles de comportement communes dans la société, qui doivent être respectées aussi bien par les individus bas que par les individus élevés. De même, les individus bas et élevés doivent céder leur place aux personnes âgées, aux malades et aux personnes handicapées dans les transports en commun.

Nous avons déjà écrit dans nos livres que les actions des individus élevés sur Terre doivent être aussi proches que possible de celles des gens ordinaires, afin que l'individu ne devienne pas un paria dans la société, et les résultats de ce travail seront de toute façon remarquables et se distingueront considérablement par leur nature.

Existe-t-il une dernière chance ?

Lecteur : J'aimerais vous poser une question très importante pour moi : "Les Supérieurs peuvent-ils accorder une dernière chance à une âme avant son décodage complet ?"

Par exemple, est-il possible que lorsque l'âme est sur le point d'être décodée, les Supérieurs l'envoient dans la vie pour un dernier examen, et que les situations soient construites de manière à ce que l'âme ne se développe pas mais ne fasse que donner de l'énergie aux Supérieurs ? Mais pour envoyer une telle âme dans la vie, les Supérieurs devront dépenser de l'énergie. Les Supérieurs peuvent-ils, afin de ne pas dépenser d'énergie pour elle, agir de la sorte - l'envoyer dans la vie pour qu'elle se développe, en lui donnant le choix entre le développement et la dégradation, et si l'âme choisit la dégradation, alors lorsque cette dégradation atteint une certaine puissance, le résultat sera le déclenchement d'une deuxième option dans cette même vie, où des situations sont mises en place pour rembourser les énergodettes* et ensuite la mort et le décodage, sans retour à la vie pour rembourser les énergodettes ?

Réponse : Oui, une telle possibilité existe. Une chance est toujours donnée à l'homme. Mais tout est strictement individuel pour l'homme, en fonction de la façon dont il a agi dans plusieurs incarnations antérieures.

Thèses en défense de l'homme

Lecteur : Je voudrais partager avec vous quelques thèses résultant de certaines réflexions. Elles sont écrites en défense de l'homme. Je pense que vous les trouverez justes. J'espère votre compréhension.

Thèse 1. La matière basse et les âmes primaires. Par conséquent, l'existence détermine également la conscience. Notre matière est basse, son organisation est basée, entre autres, sur la mort et le meurtre (pensons au monde des insectes, des animaux, etc.). Lorsque l'être humain se trouve dans une telle matière, il accumule involontairement de l'agressivité et de la cruauté. Lorsque l'âme est jeune, peu de choses peuvent la diriger vers un chemin positif de développement dans une telle matière.

Réponse : C'est pourquoi des enseignants d'En Haut sont toujours envoyés pour les âmes inférieures, qui leur donnent des objectifs et les guident dans leur développement. Ils leur parlent également des véritables valeurs humaines, tout en montrant par leur exemple comment agir et ce vers quoi aspirer.

Thèse 2. La peur de la mort «comme incitation au développement». C'est une prémisse fausse qui peut finalement conduire à la dégradation de l'esprit. Au stade initial du développement, l'homme est toujours confronté à des conditions d'existence complexes, si complexes qu'elles le forcent constamment à être au bord de la vie et de la mort (froid, divers cataclysmes, etc.), ce qui peut servir de stimulation au développement (par exemple, pour le développement de la pensée, des qualités de volonté). En même temps, l'activité orientée vers la préservation de soi-même conduit finalement l'homme sur la voie technologique. Le corps est érigé en culte, tandis que l'esprit est négligé (l'esprit n'est pas pris en compte). Ainsi, au stade initial, la peur de la mort contribue au perfectionnement de son âme. Plus tard, elle devient un frein et la mène à la dégradation.

Réponse : La peur de la mort aux niveaux moyen et élevé s'atténue progressivement. Le développement contraint avec le temps devient volontaire et auto-manifesté, c'est-à-dire que ce qui poussait auparavant au développement par le sens de la préservation de soi est maintenant relégué au second plan et n'est plus considéré comme principal et prioritaire pour l'homme, car les incitations ont été remplacées par des intérêts et des aspirations à des objectifs concrets. Si auparavant l'objectif était la survie, maintenant c'est l'acquisition de connaissances.

Thèse 3. Le manque de continuité des connaissances et des générations. La courte durée de vie, ainsi que de grandes distorsions dans les informations accumulées, conduisent à une perception erronée du monde par les nouvelles générations. En fin de compte, ce sont encore les jeunes âmes qui souffrent, ayant des bases de données vides sur le monde et ne sachant pas distinguer la vérité du mensonge. Cela ralentit le processus de développement et conduit également à un pourcentage élevé de dégradation.

Réponse : La continuité des connaissances a toujours été transmise par les livres, mais les jeunes âmes n'y portent généralement pas d'intérêt. Une prolongation de la durée de vie dans un seul corps ne donnera pas à l'âme une accélération dans le progrès en raison de l'incapacité à se développer de manière multidimensionnelle, ce qui signifie qu'elle ne sera pas énergétiquement enrichie. En effet, un seul corps signifie l'action des mêmes planètes et l'acquisition des mêmes qualités ; le cercle social étroit signifie également l'acquisition d'un ensemble de qualités limité ; une seule nation signifie une seule énergie, tandis que le changement de nations offre une composition énergétique plus large ; la révélation des connaissances véritables ne se produit que par l'expérience de l'âme, qui ne peut être acquise sans de nombreuses réincarnations.

Thèse 4. La question de la corrélation entre le potentiel négatif de l'existence et le potentiel positif de la personnalité (la suppression psychologique des jeunes âmes). Étant donné que l'existence implique l'interaction des programmes, la prédominance du potentiel négatif dans les situations de ces programmes construit de manière correspondante la psyché humaine (souffrances constantes, privations, humiliations, propagande de l'image négative de la vie à travers les médias, etc.). En fin de compte, la psyché humaine ne résiste pas, et l'âme soit se dirige vers l'autodestruction, soit vers la dégradation.

Réponse : Dieu ne donne jamais à une âme plus d'épreuves qu'elle ne peut en supporter. Les programmes de situations sont toujours potentiellement équivalents au Niveau de développement de l'individu.

Thèse 5. Corrélation du coefficient de liberté de choix avec le niveau de développement. Plus le niveau de l'âme est bas, moins le pourcentage de liberté de choix doit être élevé, mais pas l'inverse. Dans le cas contraire, le choix ne sera pas pleinement réalisé, ce qui fait perdre le sens même du choix. Le croisement des situations met la personne dans une impasse, elle ne sait pas ce qu'elle veut et ce dont elle a besoin.

Réponse : Plus le Niveau de l'âme est bas, moins le pourcentage de liberté de choix est faible - c'est bien ainsi. Vous avez simplement mal compris le sujet.

Thèse 6. Blocage de la mémoire de l'âme. Il est clair que cela est fait pour le bien, afin que l'âme ne soit pas distraite de son développement actuel. Il semble également que cela soit conditionné par certaines normes de production d'énergie dans le mécanisme de la relation de cause à effet (karma). En même temps, comment peut-on parler de conscience lorsque l'individu ne connaît pas les raisons des événements de sa vie.

Réponse : La conscience ici ne passe pas par la compréhension des causes, mais par l'épreuve des conséquences. Car c'est seulement par la pratique qu'on peut comprendre pour quoi tout cela est donné, et seulement après cela la prise de conscience de la cause apparaîtra. Une connaissance prématurée des causes des événements de la vie, en particulier ceux indésirables pour l'individu, privera l'âme de la pratique nécessaire pour les comprendre correctement.

Thèse 7. L'absence de connaissances sur les Mondes Supérieurs. L'absence de connaissances unifiées et objectives sur les Mondes Supérieurs, ainsi que la possibilité de les expérimenter pratiquement, ce qui exclurait toute spéculation sur ce sujet. Si la société ne partage pas d'objectifs communs dans les Mondes Supérieurs, elle n'est pas unie et chacun est pour soi-même. Dans ce cas, de quel développement positif peut-on parler?

Réponse : Des connaissances objectives unifiées existent, mais à chaque Niveau, elles sont différentes. Comment un élève de première année peut-il comprendre des connaissances universitaires ? S'il les comprend immédiatement (d'un seul coup), cela lui apportera la mort…

Postface.

Selon vous, l'âme doit être perfectionnée de la manière suivante :

L'âme initiale doit se développer immédiatement :

a) dans une matière élevée (afin que l'existence détermine la conscience) ;

b) sans éprouver de sentiment d'auto-préservation - c'est-à-dire dans d'excellentes conditions de vie sûres.

c) en ayant une compréhension initiale correcte du monde ;

d) privée de liberté de choix dans la jeunesse ;

e) sans subir la pression du potentiel négatif de l'existence ;

f) rester sans blocage de mémoire lors des réincarnations.

Et vous voulez que l'âme humaine reste mentalement saine et épanouie, malgré tout cela ? En termes terrestres, ce serait une existence paradisiaque pour les âmes en état d'anabiose, car il ne peut pas y avoir de développement dans cet état.

De votre point de vue, c'est l'essentiel nécessaire pour le développement de l'âme. Tel est votre propre point de vue à ce sujet.

Mais chaque personne a son propre avis. En ce qui concerne nos positions, nous croyons que l'homme se voit toujours accorder toutes les bénédictions pour être heureux, mais il les utilise pour sa propre dégradation. Malheureusement, vous ne voyez pas la véritable essence des processus internes de l'âme, assoiffée de tout ce qui est prêt, et qui ne veut même pas bouger le petit doigt pour son propre progrès. C'est très dommage que vous ne compreniez pas cela correctement.

Vous cherchez des excuses pour une société en déclin en raison de votre propre confusion face à ce qu'elle accomplit et de votre propre impuissance à y remédier. C'est aussi une panique pour vous-même, pour votre âme, car vous semblez ne pas pouvoir faire face à vos propres péchés personnels et cela vous effraie beaucoup.

Vous nous avez envoyé précédemment la même lettre sur différents comptes concernant un enfant violé, exprimant votre indignation et votre colère, demandant où regardent les Supérieurs pour permettre cela ?! Vous disiez que seulement Eux sont responsables de la façon dont l'humanité est devenue ainsi.

Nous répondons : nous sommes profondément perturbés rien qu'à l'idée de tels péchés humains, et encore plus à l'idée de les examiner et de prouver la culpabilité de quelqu'un. Nous ne dirons qu'une chose. Rien n'arrive simplement par hasard. Et cette enfant dans sa vie antérieure était un homme et commettait aussi de telles atrocités sur les enfants. Et son violeur - simplement un exécutant négatif - un serviteur du Diable. Si vous comprenez tout cela, alors tout trouve sa place.

Mais justifier la bassesse et chercher les défauts chez les Supérieurs n'est pas seulement indigne, mais aussi grave. Étudiez les Lois non seulement celles qui fonctionnent dans l'Univers, mais aussi les règles et les normes de comportement entre les gens, ce qui vous aidera également à agir correctement dans différentes situations et à ne pas accumuler votre propre karma.

N'est-ce pas une charge excessive pour l'âme humaine ?

Lecteur : Est-ce que les Supérieurs reconnaissent une part de leur responsabilité dans le fait que l'humanité ait pris le chemin de la dégradation ? La raison pour laquelle j'adresse cette question à Eux est la suivante : sur Terre, il y a beaucoup de tentations comme le vin, la drogue et autres. Et en même temps, il y a beaucoup de jeunes âmes qui vivent en imitant les autres - "vivent comme tout le monde". Mais, pour ce "tout le monde", il est normal, par exemple, de boire du vin, de fumer un paquet de cigarettes, et dès qu'ils se sentent offensés, de frapper quelqu'un. En conséquence, le nombre de toxicomanes chroniques, de voyous, de pêcheurs de tous genres, c'est-à-dire d'âmes en dégradation, augmente. Et donc, le nombre de personnalités décodées augmente également.

Mais dans ce cas, la question raisonnable est la suivante : "Pourquoi introduire dans la vie humaine de telles tentations dangereuses (vin, cigarettes, drogues, téléphones chers, que beaucoup de gens trouvent plus facile à voler qu'à gagner de l'argent pour les acheter) ? Après tout, dans le monde subtil, l'âme ne les rencontrera pas de toute façon - ni avec une bouteille de vodka, ni avec des cigarettes, ni avec un joint de marijuana, et aucun téléphone ni voiture ne sera nécessaire là-bas. Et il est possible de tester la résistance des âmes et de développer en elles des qualités positives stables sans l'aide de tels moyens diaboliques.

Après tout, si les gens étaient libérés de l'alcool et des drogues, ils ne seraient pas initialement exposés à une dégradation énergétique. Sur Terre, il y a déjà assez de mal - des guerres, des révolutions, des catastrophes, des bagarres avec des individus négatifs dans la rue et dans la vie quotidienne. De plus, Vous avez parlé d'une autre menace cachée de l'alcool - la dégradation énergétique. Mais je pense même que plus de la moitié de ceux qui ont accepté Votre Enseignement ne seraient pas contre boire un verre (100 grammes) de temps en temps lors d'un barbecue au chalet. Les Supérieurs n'ont-ils pas donné une charge trop lourde aux âmes des gens ? Il y a trop de "tu ne peux pas" autour de l'âme jeune. Et comme le monde lui est inconnu, elle veut tout essayer, tout tester sur elle-même.

Réponse : Les Maîtres Supérieurs accordent une importance immense à la présence en chaque individu d'une qualité telle que la "Force de Volonté". C'est le gardien de l'ordre qui ne permet pas à toute saleté et à tout ce qui est nuisible à l'évolution de pénétrer à l'intérieur de son âme précieuse. C'est pourquoi affiner et renforcer (développer) en soi la "Force de Volonté" est primordial pour l'homme.

Les Supérieurs n'ont pas besoin d'individus avec une "Force de Volonté" faible, ceux qui cèdent à toutes sortes de tentations. L'objectif des Supérieurs est de sélectionner les meilleurs, les plus résilients et les plus fidèles à Eux. C'est là l'essence de la sélection primaire. Tout ce qui n'est pas capable d'une évolution correcte en est immédiatement éliminé. Ce sont les Lois du premier Niveau de développement des jeunes âmes. Ces Lois aident à séparer les âmes de haute qualité de celles qui, dès les premiers stades de leur développement, commencent immédiatement à présenter des défauts. C'est comme planter des pommes de terre et obtenir une récolte moitié pourrie. Les fruits pourris sont automatiquement rejetés, tandis que les bons sont stockés dans les réserves. La régularité d'une telle séparation est naturelle et conditionnée par les Lois de la coexistence naturelle entre l'homme et la nature.

Si la personne est débarrassée de nombreuses tentations sur Terre, comment apprendra-t-elle alors à leur résister ? Et cela, à son tour, prive l'homme de développer en lui-même une certaine résistance précisément à ces tentations.

Aucune autre tentation ne permettra de développer les qualités de volonté de résistance dans l'âme, que Dieu demande à l'homme, car d'autres tentations, dans leur opposition, fournissent également un développement approprié d'autres composantes de la qualité que l'âme développe, ce qui irait déjà à l'encontre des objectifs divins établis par le Créateur devant l'homme. Si la "Force de Volonté" est absente, les énergies pécheresses se déversent dans les enveloppes subtiles de l'homme comme un robinet d'eau ouvert. Et la "Force de Volonté" est précisément le verrou qui régule la quantité d'eau qui coule et tout le reste qui nourrit l'homme.

Des constructions incorrectes obligent les Juges Supérieurs à diriger de telles âmes vers le Purgatoire pour les purifier de tout ce qui est inutile à l'âme. Si trop de "déchets" sont accumulés à l'intérieur, elle sera envoyée pour être purifiée dans les couches inférieures de l'Enfer, et dans le pire des cas, l'âme peut même être envoyée pour être décodée, ce qui constitue déjà la destruction complète de toutes ses qualités personnelles et la mort de la personne elle-même.

C'est pourquoi les amateurs d'alcool doivent réfléchir sérieusement avant de se saouler sous le prétexte d'un barbecue, et en général, il faut sérieusement se demander s'il y a un sens à manger ce barbecue en premier lieu ? (C'est une autre affaire s'il est végétarien, si le barbecue est fait de morceaux de tomates, de courgettes, d'oignons et d'autres légumes.)

La connexion spirituelle

Lecteur : Parfois, lors d'un mariage ou d'une cérémonie de mariage, on entend la phrase "les cœurs des amoureux se sont réunis". Ne pourrait-on pas comprendre cette expression comme signifiant qu'entre les enveloppes spirituelles des cœurs de deux personnes amoureuses, un énergocanal s'est formé, à travers lequel se produit une interaction énergétique entre eux ?

Réponse : Pour certaines âmes, il existe en effet un lien spirituel que les gens appellent de différentes manières : certains perçoivent cette expression comme un lien entre deux cœurs, d'autres comme une parenté spirituelle. L'union des amoureux implique l'utilisation d'une enveloppe astrale, permettant de ressentir subtilement toutes les nuances des sentiments de la personne aimée.

Sans l'intervention de l'enveloppe astrale, les relations entre les personnes peuvent être arides, monotones et unilatérales (non réciproques). Seule une réserve variée de sentiments acquise par la personnalité permet de ressentir toutes les subtilités et les richesses des relations entre deux cœurs amoureux.

Mais il ne faut pas oublier que le lien spirituel peut également passer par l'enveloppe mentale et par l'enveloppe spirituelle (le lien spirituel véritablement élevé). De nos jours, il y a beaucoup de gens qui aiment apprendre, découvrir de nouvelles choses et créer du nouveau. Ils sont nombreux dans les institutions d'enseignement supérieur. Et leur lien spirituel se fait à travers des constructions mentales subtiles. Ce lien peut être plus solide et il est également capable de réveiller périodiquement de nobles sentiments chez les amoureux. Parmi eux, il y a beaucoup de romantiques.

À travers l'enveloppe bouddhique (l'enveloppe spirituelle), qui est très élevée pour l'homme, le lien se fait entre les personnes religieuses, à travers la lecture de la Bible, du Coran et d'autres textes religieux, à travers l'étude des écritures des saints et le service fidèle à l'église, aux temples, à l'aide désintéressée aux prêtres et aux gens ordinaires. Mais bien sûr, de telles personnalités sont encore rares.

L'incarnation en deux corps

Lecteur : Si une âme est incarnée simultanément dans une mère et sa fille, comment le programme de la fille a-t-il été établi, sur la base de quelle incarnation ?

Réponse : Chaque âme est individuelle et ne s'incarne jamais simultanément dans deux corps. C'est impossible. Pour cela, il faudrait diviser l'âme elle-même en deux parties. Mais l'âme est une forme indivisible. Elle ne peut être qu'entière et unique. Si l'on imagine qu'elle peut être divisée, rappelons-nous que l'âme elle-même est trinitaire, elle a trois parties différentes par leurs fonctions. Et en la divisant en deux, il peut arriver qu'une partie de l'âme autrefois entière devienne négative, car elle recevra plus d'énergies négatives ; tandis que l'autre deviendra positive pour la même raison.

Et il faut se rappeler une autre règle importante de la construction de l'âme : toutes ses qualités sont construites pour une existence éternelle et sont destinées à interagir pleinement, donc diviser l'âme en deux violerait le fonctionnement normal de l'âme et elle périrait simplement. Il serait même impossible de la ramener à son existence initiale, comme cela se fait généralement lors du décodage de l'âme. Par conséquent, toute division de l'âme en parties est impossible.

Dans ce cas, le décodage lui-même est préférable, car lors du décodage, l'âme est purifiée jusqu'à sa construction initiale, où elle quitte le laboratoire. Et une telle âme peut commencer son évolution dans n'importe quelle forme d'existence. Mais diviser l'âme en parties signifie simplement sa destruction totale. Par conséquent, il ne peut jamais y avoir d'incarnation de la même âme simultanément dans deux corps matériels différents.

Le fait que parfois les gens se ressemblent beaucoup, tant extérieurement que dans leur comportement - leur type de caractère, est possible pour les âmes dont le perfectionnement suivait des programmes similaires avec une accumulation maximale de qualités similaires. De là, elles ont développé une vision du monde similaire. Mais leur ressemblance peut ne durer qu'un certain temps, car toute continuation du développement apportera à leurs caractères et comportements de plus en plus de changements, donc même dans cette vie, il peut arriver un moment où elles deviennent complètement différentes l'une de l'autre. Ainsi, toute similitude est simplement passagère.

Selon les Lois du développement des âmes, une âme a le droit de changer une forme pour une autre seulement après avoir acquis progressivement certaines qualités spécifiques, d'abord après avoir résidé dans un corps, puis dans un autre. De plus, entre ses incarnations similaires, il doit obligatoirement y avoir un certain intervalle de temps. Ainsi, aucune incarnation arbitraire et simultanée dans aucun corps matériel ou subtil ne peut se produire. Tout est régi par des Lois strictes d'incarnation et de séquence de passage des Niveaux de développement.

L'excellente mémoire des dates

Lecteur : Mon ami d'enfance est un homme solitaire. Il n'avait pas d'amis - c'est-à-dire des personnes avec qui il devait entretenir des relations. Il prenait le journal, inventait lui-même des programmes télévisés. Par exemple, il pouvait jouer tous les rôles des personnages du programme lui-même, sachant qu'ils n'étaient pas réels. Il a inventé son propre monde d'acteurs. Et lorsque l'un des acteurs décédait dans la vie réelle, il mourait aussi dans son monde.

Depuis son enfance, il aimait regarder des émissions sur les acteurs. Il se souvient de leurs noms, dates de naissance et de décès. Mais il ne veut pas être acteur ou historien du cinéma, il souhaite devenir opérateur informatique personnel.

Est-ce que le fait qu'il se souvienne des années de naissance et de décès des acteurs lui est donné pour collecter les énergies négatives dans la matrice ? Pour moi, son intérêt pour les acteurs et les films semble étrange. Je ne comprends pas à quoi cela lui sert-il ?

Réponse : Le dernier aspect lui est donné afin de développer les qualités entamées dans la vie précédente. La télévision existe depuis longtemps et, apparemment, dans sa vie précédente, il était l'un des premiers à sélectionner des acteurs pour la télévision, des animateurs, etc., à composer des programmes de télévision. Il a commencé à développer ces qualités dans le passé, mais n'a pas pu les perfectionner en lui-même. C'est pourquoi, en le réincarnant dans cette vie, on lui a donné l'occasion de perfectionner ce qu'il avait commencé. À présent, c'est le moment où chacun doit perfectionner les qualités accumulées auparavant.

Est-il possible de voir la composition d'autres âmes ?

Lecteur : Est-ce que l'âme peut visualiser le composite énergétique des autres âmes comme une sorte d'image de kaléidoscope, et peut-elle ressentir la nature de ces énergies sur elle-même ?

Réponse : Auparavant, nous avons parlé du fait que les personnes dotées de la vision astrale sont capables de voir les auras et, à partir de celles-ci, même de manière approximative, il sera possible d'apprendre à juger les caractères et les humeurs réels de ces personnes : agressives, calmes, ou dans tout autre état émotionnel.

Mais, l'âme elle-même, avec toutes ses cellules, se trouve dans des dimensions dont la structure subtile n'est perceptible ni par l'appareil visuel de l'homme, ni par aucun appareil physique, car un tel appareil n'a pas encore été inventé par l'humanité. L'âme est un grand mystère, car chaque âme individuelle est spécialement préparée par les Maîtres Supérieurs pour une place spécifique dans l'Univers, et cela détermine les qualités que les âmes sont autorisées à accumuler en elles-mêmes. Mais comme il existe un Système négatif qui entrave toujours le progrès des âmes positives, toutes ces intentions sont cachées à la Hiérarchie négative. En effet, si une âme devait s'avérer très précieuse pour les opposants, Ils pourraient aller jusqu'au crime, car certaines âmes développées et précieuses valent des milliers d'âmes moins développées. C'est pourquoi toute la structure des matrices est toujours soumise au contrôle le plus strict pour les habitants de la Terre.

L'âme est une particule de l'individualité humaine, et elle ne peut être révélée à n'importe qui, il n'est donc pas permis de voir quelles qualités elle possède. Comme le monde est dualiste et toujours rempli de nombreuses entités opposées, toute Substance négative inférieure essaiera d'utiliser de nombreuses qualités humaines pour soit attirer l'âme de son côté, soit lui nuire pour ralentir son développement.

C'est pourquoi toutes les accumulations et les constructions de l'âme doivent être cachées des autres, et seulement par le biais de la communication et des actions les uns envers les autres, le Créateur permet de juger des capacités et des qualités de chaque âme. Cela permet à la fois de préserver l'individualité de la personne et de développer la capacité d'analyser les autres âmes avec lesquelles elle entre en contact.

Aux clairvoyants, il est permis de contempler l'aura générale d'une personne, mais elle n'est cependant pas capable de caractériser les qualités complètes de la personnalité, mais représente simplement une gamme de couleurs générale des enveloppes, proches du physique.

La couleur de l'aura exprime le Niveau de développement, par rapport à la gamme de couleurs que l'âme doit finalement acquérir sur Terre. Par exemple, à la fin de la quatrième race, les âmes des gens devaient acquérir une aura verte, et à la fin de la cinquième - bleue. Mais en raison du retard dans le développement, la gamme de couleurs de l'aura elle-même a basculé vers des fréquences plus basses. C'est pourquoi l'homme devra encore travailler considérablement pour que la couleur devienne celle qui était initialement prévue d'En Haut.

Révélation

Lecteur : En étudiant vos Nouvelles Connaissances, un souvenir m'est revenu. C'était en 1988. J'avais alors 9 ans. À cette époque, je n'avais naturellement aucune foi en Dieu. J'étais juste un enfant ordinaire. Et voilà que je suis venu avec ma grand-mère pour la première fois dans son village - son lieu de naissance. Je me souviens que nous faisions la queue au magasin du village. Sur les chaises étaient assises des vieilles dames avec des lunettes.

Et là, une prise de conscience m'est venue à l'esprit, une compréhension comme une évidence, que toutes ces mamies étaient les âmes des vaches dans leur incarnation précédente. À cette époque, je n'étais bien sûr pas familiarisé avec vos connaissances. Il est probable que vous-même, à ce moment-là, n'aviez même pas encore essayé de les diffuser. Que pensez-vous : à quoi pourrait être liée cette soudaine compréhension ? Et je n'avais aucun doute que ce que j'ai dit était vrai.

Réponse : Nos vraies connaissances sont connues de presque chaque Déterminant*. Apparemment, votre Déterminant vous a envoyé cette information au moment où ces vieilles dames sont apparues, afin de tester votre âme, pour voir dans quelle mesure elle était prête à recevoir de telles connaissances.

Votre conscience était alors pure et a reçu cette information comme une évidence, comme une vérité que vous connaissiez depuis longtemps, mais qui n'a surgi dans votre esprit que sous forme de rappel à ce moment-là. Et cela ne vous a même pas semblé être un non-sens ou une confusion. Votre acceptation normale de cette information a montré que votre âme existe depuis longtemps dans le monde, et donc qu'elle est prête à recevoir normalement des informations supérieures.

De plus, votre réaction a montré que votre âme continue de conserver en elle la qualité de la Foi et se souvient du processus de réincarnation des âmes de vos incarnations précédentes, dans lesquelles vous avez déjà commencé à comprendre les vérités supérieures. Dans le passé, vous avez réussi à ancrer dans votre âme les bases initiales des connaissances ésotériques. C'est pourquoi dans cette vie, les Nouvelles Connaissances sont facilement acceptées par vous sur la foi.

L'esclavage de l'âme

Lecteur : Je suis intéressé par la question de l'asservissement de l'âme. Supposons qu'une Substance négative de haute qualification pirate le code de la Substance positive, l'asservit, qu'arrive-t-il alors à elle, ce qu'elle ressent, que se passe-t-il avec le Déterminant ? Après tout, en théorie, c'est un piratage et une modification du programme, c'est une manipulation ouverte de la personnalité dans une direction négative de développement, car il n'y a aucune liberté de choix ici. Inévitablement, la personnalité voudra revenir à Dieu dans son Système positif. Mais quelque chose me dit que ce sont des cas extrêmement rares, car fondamentalement cela constitue une violation des Lois de l'Univers, notamment la Loi de la liberté de choix de son propre développement, ce qui nécessite des corrections dans les plans généraux de l'évolution.

Réponse : En effet, de tels cas existent. Mais ils sont si rares qu'il est inutile de considérer quelque chose qui ne se produit pratiquement avec personne.

Le coupable de telles actions est toujours identifié assez rapidement et subit une punition sévère appropriée, car il porte atteinte à ce qui appartient à Dieu le Créateur. Quant aux âmes, elles retournent à Dieu. C'est pourquoi peu de gens osent entreprendre de telles actions. Dans de telles situations, les inconvénients l'emportent sur les avantages, donc personne ne veut rester perdant.

Les âmes des mondes inférieurs

Lecteur : Dans vos livres, il est mentionné que dans le monde terrestre parmi les gens vivants, il y a des âmes incarnées d'anciens animaux. Il y a des âmes qui ont immédiatement commencé leur évolution à partir de la Hiérarchie Humaine. Mais il y a aussi des âmes qui ont émergé de mondes plus grossiers que le nôtre.

Question : Parmi cette dernière catégorie d'âmes, c'est-à-dire les âmes passant des mondes inférieurs aux mondes supérieurs et moyens, y a-t-il ceux qui continuent leur développement ici selon les programmes du Diable, et ceux qui évoluent de Dieu ? Ou leur est-il d'abord donné la possibilité de vivre et de se développer selon les programmes de Dieu ?

Réponse : Dieu le Créateur accorde à chaque âme qu'il a créée la possibilité d'évoluer continuellement, et pour cela, il ouvre les portes du passage des âmes même des mondes bas vers des mondes plus élevés et meilleurs. Parmi cette dernière catégorie, les âmes qui passent dans notre monde sont celles qui, selon leur Hiérarchie dans le monde inférieur, atteignent leur Niveau supérieur (le Niveau Supérieur de la Hiérarchie de cette forme)*.

(Nous parlons de mondes bas mixtes, où se réalise à la fois une direction positive de développement et une direction négative, c'est-à-dire, où il y a une séparation des âmes.)* Elles peuvent déjà être assez matures par rapport à ces âmes qui sont venues du monde animal et sont incarnées pour la première fois dans une forme humaine.

La maturité des âmes qui ont quitté le monde inférieur s'explique par le fait que leur mode de vie est semblable à celui de l'existence humaine. Dans leur monde aussi, le mal et le bien existent, mais le dernier est très rare. Cependant, la présence du bien permet à de nombreuses âmes dans ce monde de tendre vers le bien et la justice, c'est pourquoi, lorsqu'elles passent dans la forme humaine, elles continuent activement à lutter pour le bien, la justice, pour la vérité dans divers domaines de la vie, etc. Et les âmes qui étaient attirées par le mal, pour la plupart, ont été immédiatement transférées dans les mondes du Diable, et seulement une petite partie d'entre elles est passée dans le monde terrestre.

Existe-t-il là-bas un rituel pour conduire l'âme dans l'incarnation ?

Lecteur : Les Maîtres Supérieurs vous ont informé que la mort est perçue comme tragique seulement ici, dans notre monde physique. Dans les mondes supérieurs et de nombreux autres mondes, au contraire, les âmes se réjouissent pour ceux qui montent vers des dimensions plus élevées. Si sur Terre, les gens ressentent du chagrin, pleurent les défunts, s'occupent de leurs funérailles dans les cimetières, sans voir l'âme vivante s'élevant vers le monde subtil, alors comment se déroulent leurs funérailles dans les mondes supérieurs ? Sont-ils salués, embrassés (métaphoriquement parlant)* ou y a-t-il des rituels spéciaux ?

Réponse : Il n'y a aucun rituel de passage, semblable à ceux sur Terre lors du passage de l'âme du plan physique au monde subtil, dans la Hiérarchie de Dieu. De même, il n'y a pas de rituels de passage des âmes vers d'autres plans d'existence ou dans leurs propres mondes subtils. Là-bas, l'existence est complètement différente et les âmes ont une conscience différente. Elles savent simplement qui, où et dans quel but doit partir, et elles le prennent assez sereinement.

Mais, bien sûr, les personnes qui connaissaient suffisamment les âmes partantes transmettent quelques conseils et souhaits, comme si nous accompagnions par exemple l'un de nos collègues en voyage d'affaires. En d'autres termes, il y a des rituels de politesse et de respect, qu'elles observent et qui montrent que la personne qui part leur est chère. À ces rituels s'ajoute naturellement la force des sentiments de chaque personne qui fait ses adieux, ce qui colore l'adieu de manière individuelle.

Que ressent l'homme après le dernier point de contrôle

Lecteur : Vous avez mentionné dans vos livres que, généralement, après avoir traversé la dernière situation enregistrée dans le programme de vie d'une personne, la mort (le passage de l'âme vers le monde subtil) survient peu de temps après. Mais il arrive parfois dans des cas rares où une personne continue de vivre pendant un certain temps. Pourriez-vous nous dire : ressent-elle sa propre vie ultérieure d'une manière différente (par exemple, un certain détachement) ou ne ressent-elle rien de spécial ?

Réponse : Rien de particulier n'est ressenti par la personne pendant la période qui vous intéresse. Elle vit simplement sans but. Les personnes les plus sensibles peuvent avoir le sentiment imminent de quitter la vie. En général, la personne elle-même sait qu'elle partira bientôt. Ce sentiment de départ se manifeste presque chez chaque individu, car il est appris par de nombreuses réincarnations.

Assassiné de manière non planifiée

Lecteur : Vous avez mentionné quelque part que l'on peut tuer une personne accidentellement, c'est-à-dire de manière imprévue. Et pour celle qui est tuée de manière imprévue, une nouvelle réincarnation lui sera-t-elle accordée, mais cette fois-ci plus légère, pour affiner son programme précédent, ou le programme sera-t-il ordinaire, complexe ? Pourquoi les Êtres Supérieurs lui ont-ils donné cette option ?

Réponse : Nous avons répondu à de telles questions à maintes reprises. Chaque individu est unique, et chaque destin est traité individuellement. Par conséquent, on pourrait parler indéfiniment sur ce sujet si on ne comprend pas l'essentiel - on ne peut ni se tuer soi-même ni tuer les autres.

Qui étaient les premiers humains

Lecteur : Selon la Bible, les premiers êtres humains étaient Adam et Ève. Et vous parlez des hommes préhistoriques?

Réponse : La Bible a été écrite pour notre cinquième race. Chaque race avant la cinquième avait ses premiers représentants avec des noms spécifiques qui n'ont pas été enregistrés dans l'histoire. En ce qui concerne Adam et Ève, ces noms ont été donnés par les premiers représentants de la cinquième race eux-mêmes, mais les Créateurs les ont appelés par d'autres noms (approximativement Rios et Farina). Cela est écrit dans le livre 'La Création de l'Homme'.

La cinquième race a commencé son développement avec une forme humaine entièrement similaire à celle de son contemporain, car les Créateurs l'avaient déjà perfectionnée au cours des quatre races précédentes. C'est pourquoi les personnages que les gens connaissent sous les noms d'Adam et Ève étaient beaux.

En revanche, la première race a commencé à émerger à partir d'hommes primitifs, n'ayant pas de noms au début et existant pour les Créateurs simplement sous des désignations codées.

Ils étaient en nombre limité, et sur ces personnes, les Créateurs ont testé diverses fonctions du corps humain, la capacité de se déplacer, de travailler dans un environnement extérieur, etc. Ils occupaient des territoires très restreints spatialement et ne se déplaçaient pas, s'efforçant de vivre au même endroit de génération en génération.

Sur ces formes, les proportions du corps et les rapports de taille des organes internes les uns par rapport aux autres étaient également testés. La beauté de l'homme a été créée progressivement : une amélioration se produisait ici ou là.

Adam et Eve

Question : Lecteur. À quel Niveau de développement se trouvent actuellement les âmes d'Adam et Ève ?

Réponse : Elles ont atteint le Niveau de l'homme moderne et n'ont pas encore accédé à l'existence éternelle. Les âmes d'Adam et d'Ève se développent comme les âmes ordinaires des êtres humains et n'ont pas encore réalisé de succès particuliers.

La téléportation

Lecteur : Est-il possible de se téléporter sur Terre d'un point de sa surface à un autre en utilisant des dispositifs techniques, par exemple, qui créeraient des théoriques 'trous de ver' ?

Réponse : La téléportation à l'aide de dispositifs techniques n'est pas possible pour la cinquième race, car de tels déplacements commencent à détruire la matière humaine, sa psyché et l'espace environnant en raison de l'absence de compréhension de ce processus.

Seulement vers la fin de la sixième race, la téléportation deviendra un moyen naturel de déplacement pour beaucoup de gens. Mais ils développeront cette capacité en eux-mêmes par des pratiques spirituelles spécifiques, en la formant déjà comme une qualité personnelle de l'âme. (Il convient de noter que certains saints pouvaient se téléporter il y a plusieurs siècles déjà.)

Il y avait aussi un moine bien connu qui, pendant ses prières, s'élevait au-dessus des fidèles, les étonnant. C'est-à-dire qu'il avait maîtrisé la lévitation. Un autre moine, quant à lui, pouvait se transporter soudainement vers d'autres endroits, et aussi comique que cela puisse paraître, il devait parfois mettre du temps pour revenir, car il ne savait pas contrôler sa téléportation. La téléportation personnelle exige nécessairement des bases de compréhension pour apprendre à contrôler son corps afin de se déplacer où on le souhaite.

Il n'y aura pas de téléportation technique sur Terre, car les Supérieurs s'efforcent que les moyens de déplacement techniques soient remplacés par les capacités de l'âme elle-même. Elle doit apprendre à maîtriser les propriétés paranormales. C'est là le chemin de la perfection spirituelle.

Où est située l'âme dans le corps

Lectrice : Dans votre livre 'L'illusion de la vérité', dans l'article 'La greffe de tête et d'organes', il est écrit : '... dès que le corps subit une blessure incompatible avec la vie, l'âme sort automatiquement de sa place, plus précisément de la tête.' Ai-je bien compris que l'âme d'une personne vivante se trouve dans sa tête ?

Réponse : En effet, l'âme sort effectivement de la tête, mais elle peut aussi quitter le corps par la région du chakra cardiaque. Mais, au moindre danger pour le corps, elle cherche à le quitter. Et personne ne peut la capturer. Son emplacement à l'intérieur du corps dépend du niveau de développement de la personne et de certaines autres caractéristiques de sa structure subtile.

Les signes d'un comportement correct

Lectrice : Actuellement, presque tous les gens dans le monde souffrent car ils travaillent sur le karma de la cinquième race, et même vous vous avez éprouvé des difficultés en votre temps. Parfois, il arrive des moments où il semble que cette période noire ne passera jamais. Donc, je voudrais demander, si vous le permettez : quels signes peuvent nous être donnés lors de comportements corrects, d'une vie correcte ?

Même dans mon cas : actuellement, c'est une période difficile, et si auparavant, par exemple, vous ou votre mère apparaissiez dans mes rêves (je prenais cela comme un signe que je suivais le bon chemin), maintenant vous n'apparaissez pas du tout. C'est pourquoi je me pose cette question sur les signes. Je veux savoir si je suis sur la bonne voie dans mon développement ou si je me trompe.

Réponse : Les signes sont donnés à chaque personne individuellement. Si une personne se réveille le matin de bonne humeur, sans aucun poids sur le cœur, c'est aussi un signe du Déterminant que son disciple a accompli quelque chose de bien dans les jours précédents. En général, tous les signes sont donnés dans les rêves juste avant le réveil, afin que la personne s'en souvienne.

Pourquoi les retraités sont-ils pauvres (paupérisation)

Lectrice : Bien que cette question devrait être posée aux organes de sécurité sociale, ils ont leur propre réponse, mais j'aimerais entendre votre réponse à une question comme celle-ci : 'Expliquez pourquoi les retraités vivent dans la pauvreté dans notre pays, avec une pension minuscule ?'

Réponse : Bien sûr, vous posez une question provocante, mais essayons d'y répondre d'un point de vue ésotérique. Dans ce cas, il ne s'agit pas tant de leurs péchés que d'un système d'éducation sévère. Dans leur jeunesse, ces personnes ne prêtaient pas non plus attention aux personnes âgées. Peu de gens se souviennent que certains jeunes d'antan aidaient leurs grands-parents, les aimaient, prenaient soin d'eux, essayaient de rendre leur vieillesse plus agréable.

En général, les jeunes attendaient principalement de leurs aînés leur propre bénéfice. Et maintenant, lorsqu'ils ont vieilli et sont devenus faibles, cela se reflète karmiquement sur eux-mêmes. Les retraités d'aujourd'hui doivent ressentir tout le négatif du vieillissement afin que, dans leur prochaine vie, étant jeunes, ils créent des conditions de vie favorables pour les personnes âgées, qui leur serviraient de récompense pour leurs jours de travail passés.

Il faut penser à la vie future de la génération âgée non pas lorsque l'on est soi-même vieux, mais lorsque l'on a 20-30 ans et que l'on est plein de force et que l'on a la possibilité de changer soi-même la vie de retraite pour le mieux. Malheureusement, l'homme n'est pas capable de comprendre les difficultés de la vie des autres tant qu'il ne les affronte pas lui-même, ne les traverse pas et ne les ressent pas pleinement.

Qui est "en avant"

Lectrice : Pourriez-vous éclaircir cette question, parfois avant l'arrivée de quelqu'un, on entend généralement sa voix, on entend des pas, ou on dirait que la porte s'ouvre. Dans notre peuple, cela s'appelle un 'avant', qui vient avant une personne comme un signe. Et qu'est-ce que cela pourrait être ? Est-ce que c'est le Déterminant qui donne un signe ou une hologramme de situations, ou comment expliquer cela en général ?

Réponse : Ce mot a été inventé par le peuple et, en tant que terme, il ne durera pas longtemps, car ce dont vous parlez est un phénomène très rare et est souvent lié à l'attitude même de la personne envers quelqu'un, c'est-à-dire que la personne se met elle-même en tentation, elle pense souvent à quelqu'un et finit par ressentir vraiment sa venue. Cela crée chez elle une forme fugace de prémonition, selon laquelle, admettons, dans une demi-heure ou dans environ quarante minutes, il frappera ou sonnera à sa porte.

De cette manière, l'intuition de proximité fonctionne généralement. Une personne développe la capacité de sentir ses proches et ses connaissances. C'est un type particulier d'intuition, impliquant une qualité qui continuera à se développer à l'avenir. Elle peut se transformer en intuition à long terme, en clairaudience et en d'autres formes. Le développement de cette qualité chez l'individu se terminera par l'émergence de la supra-intelligence.

Les personnes énergovampires

Lecteur : Les gens sont-ils des vampires énergétiques ? Ont-ils des structures subtiles spéciales dans leur composition qui leur permettent de pomper l'énergie des autres ? Et quel est le meilleur moyen de se protéger contre eux ?

Réponse : Les gens, en tant qu'énergovampires, possèdent une structure spéciale sur le plan subtil qui leur permet de s'attacher à une personne avec des sortes de tentacules ventouses et de lui pomper de l'énergie. Il existe trois types d'énergovampires : *les provocateurs, les parleurs et les vampires à distance.*

Les *provocateurs* présentent toujours à une personne ou à un groupe de personnes une idée incitative avec laquelle les autres ne seront pas d'accord. Cela devrait entraîner une dispute. Cela conduira à une grande libération d'énergie, collectée par le provocateur. Même s'il s'éloigne des querelleurs à une distance significative, ses ventouses s'étirent et il continue à pomper de l'énergie de ce groupe. Cependant, s'ils passent à discuter d'un autre sujet et arrêtent de se disputer, l'énergie arrêtera d'affluer au vampire.

La meilleure façon de se protéger contre les provocateurs est de ne pas entrer dans des disputes et des scandales, de rester silencieux ou de s'éloigner autant que possible.

En ce qui concerne les *vampires-parleurs*, ils agissent différemment. Les parleurs peuvent sembler amicaux ou agressifs. Ces vampires peuvent parler sans fin, souvent sans laisser les autres placer un mot, et pendant qu'ils sont écoutés, ils se fixent énergétiquement à la personne et lui pompent de l'énergie. Après avoir rencontré une telle personne, un individu ordinaire se sent fatigué, somnolent, épuisé. Il a nécessairement envie de dormir car son organisme demande à être rechargé en énergie, généralement envoyée par le Déterminant pour que son disciple puisse accomplir le programme de la journée. Mais par la suite, le Maître Céleste oblige son disciple à produire de l'énergie supplémentaire à travers une certaine situation et à rembourser sa dette au Déterminant. C'est pourquoi il vaut mieux s'éloigner de ces parleurs, en interrompant la conversation avec eux.

Il existe également une protection contre les parleurs : il faut ne pas prêter attention au sens de ce qu'ils racontent et essayer de penser à soi-même, ainsi l'individu se protège contre l'intrusion de leurs ventouses.

Le *vampire à distance* ne parle pas beaucoup et s'attache pour une longue période. Une simple rencontre avec une personne ayant un énergopotentiel moindre suffit à ce vampire pour fixer ses ventouses à elle. Il a la capacité de pomper de l'énergie depuis sa victime tout en étant à une certaine distance, dont la taille dépend de la force du vampire, du potentiel de son âme.

Il est plus difficile de se protéger contre l'*énergovampire à distance* car il ne se fait pas remarquer. C'est pourquoi, en allant dans des lieux publics, il est nécessaire de mettre en place une énergoprotection, c'est-à-dire de se clore mentalement dans une énergobulle, de préférence avec une surface miroir à l'extérieur, qui reflète toutes les influences sur la personne. Notre amulette « Étoile de l'Union » aide également contre les énergovampires, fournissant une protection supplémentaire à l'individu. Il est donc utile de la porter même en société.

Les signes d'une jeune âme

Lecteur : Certains individus, par exemple, lorsqu'ils réfléchissent à quelque chose, commencent à cligner intensivement des yeux, essayant de comprendre quelque chose. Mais il existe des personnes qui semblent exceptionnellement jeunes pour leur âge. Est-ce que ces signes que j'ai mentionnés peuvent être considérés comme un facteur confirmant la jeunesse de leur âme par rapport au nombre d'incarnations dans un corps humain ?

Réponse : Non, les signes que vous avez mentionnés ne sont pas liés à la jeunesse de l'âme. Ce sont simplement des caractéristiques physiologiques du corps. Le clignement intensif des yeux est observé en cas de fatigue émotionnelle ou à un facteur psychogène. Chez certaines personnes, les yeux sont souvent irrités, donc en clignant des yeux, elles lubrifient leurs globes oculaires avec du liquide lacrymal, ce qui leur permet de regarder un point plus longtemps sans porter, par exemple, des lunettes.

Mais permettez-moi de vous signaler les signes d'une âme jeune

1) A du mal à suivre tout processus d'apprentissage (a du mal à assimiler toute connaissance);

2) Interprète souvent de manière incorrecte de nombreux événements et situations, et en les racontant à quelqu'un d'autre, déforme considérablement la vérité, il vaut donc mieux ne pas croire de tels narrateurs et vérifier tout par soi-même;

3) Ne sait presque rien faire (même si elle veut apprendre quelque chose, elle le fait très mal sans maîtrise);

4) A diverses dépendances, c'est-à-dire qu'en raison de son faible potentiel et de sa volonté minimale, elle ne peut pas résister aux mauvaises habitudes (par exemple, l'alcoolisme, le tabagisme, la toxicomanie, le langage grossier et autres états parasites);

5) Souvent imprudente en raison du manque d'expérience de vie;

6) Pas fidèle à ses partenaires;

7) A des intérêts minimes, se limitant principalement au sport (arts martiaux et sports de force), à la pêche, à la chasse, au shopping, à

diverses activités de divertissement et à des aspirations strictement domestiques (quotidiennes) ;

8) Facilement influencée par des forces extérieures.

Quelles sont les qualités bloquées

Lecteur : Si une personne développe à 100 % la qualité de constructeur, cette qualité sera bloquée pour ne pas entraver le développement d'autres qualités, et elle cessera de comprendre la construction ? Ou les notions resteront, mais l'énergie ne circulera pas, et la qualité la dirigera. Pouvez-vous donner un exemple de comportement d'une personne dont la qualité de constructeur est à 100 % - quelles pensées a-t-elle ? Je suis intéressé par les caractéristiques de cette personnalité ?

Réponse : Tant que les gens ont besoin de logements, les connaissances en construction ne sont pas bloquées, mais continuent de se perfectionner, car les technologies et les matériaux utilisés dans la construction évoluent constamment. Par exemple, au Moyen Âge, on construisait des maisons en bois et en pierre, et d'autres mélanges étaient utilisés à la place du ciment. Au XXe siècle, des structures en béton armé sont apparues, et le verre et le plastique ont commencé à être utilisés. Dans la sixième race, il y aura des bâtiments et des structures complètement différents, et dans la septième race, on commencera à utiliser des énergoconstructions.

Dans la Hiérarchie de Dieu, chaque monde est une énergoconstruction créée à partir de types spécifiques d'énergie (jusqu'au dernier Niveau), donc les qualités de constructeur, de concepteur continueront à se développer indéfiniment, se transformant qualitativement en quelque chose de nouveau.

Temporairement, toutes les qualités et les blocs d'information qui ne seront pas nécessaires dans le nouveau programme de la prochaine incarnation peuvent être bloqués.

Par exemple, les qualités de chant, de poésie, de compétences sportives liées au mouvement sur la surface de la Terre (l'individu commencera à léviter), etc. Toutes les connaissances bloquées forment une réserve cumulative d'informations personnelles de l'individu, qui façonne ses goûts généraux et sa connaissance de l'état du monde environnant.

En d'autres termes, quel que soit le problème donné à une personne, elle comprendra la tâche posée dans ses caractéristiques générales et fournira des réponses correctes et les plus complètes. Toutes les connaissances accumulées peuvent être comparées à une bibliothèque stockant des livres sur différents sujets, que la personne peut utiliser à tout moment pour résoudre un problème contemporain.

La finesse de goût

Question : Lecteur. Je suis intéressé par la question du goût chez l'homme. Par exemple, lorsque quelqu'un est élégamment habillé - cela reflète-t-il son goût ? Ou lorsque la personnalité est vive, aime s'habiller ainsi, qu'est-ce qui se produit en elle : le goût ou le désir de se démarquer des autres ?

Réponse : Ces personnes ont accumulé des connaissances appropriées qui se manifestent dans leur goût, ce qui leur permet de s'orienter facilement dans ce qui leur va et de le combiner avec la mode contemporaine. Mais dans leur incarnation précédente, ces âmes avaient certainement acquis une expérience pratique correspondante. Elles pouvaient être incarnées dans des familles riches de nobles, de comtes, de princes, qui s'efforçaient de donner à leurs enfants une bonne éducation, et cela était si solidement assimilé par certains d'entre eux que cela se manifestait aussi dans la vie présente.

Les programmes de l'homme

Lecteur : Lorsque le choix est fait dans le programme de la société, il en résulte que les hologrammes du programme de vie d'une personne changent même en dehors de son choix, car il commence à vivre dans d'autres situations de la société déjà choisies par la société elle-même. Par exemple, si la guerre est choisie dans le programme de la société, et si ce n'était pas la guerre, la personne vivrait dans d'autres situations pacifiques. Ainsi, pendant les périodes de guerre, les gens mouraient des bombes, des obus, ou parfois ils marchaient sur une mine enfouie sous terre et mouraient. Mais s'il n'y avait pas de guerre, mourraient-ils d'une autre manière ?

Réponse : Le destin d'une personne est toujours, avant tout, lié au destin du pays et de la nation dans lesquels elle vit. Avant de créer un programme pour quelqu'un, le programme du pays est examiné, puis le programme privé d'un individu est analysé en fonction de son propre karma, et en fonction de cela, son destin est inscrit dans ces variantes.

Autrement dit, si quelqu'un est destiné à être tué, il sera inscrit à la fois dans la variante de la guerre et dans la variante de l'existence pacifique. Celui destiné à être tué le sera même dans la vie paisible et dans la situation de guerre. Et celui destiné à se noyer devra se noyer même en temps de guerre.

Que signifie l'introversion

Lecteur : Que peut signifier la qualité de l'introversion ? Par exemple, si tu es introverti par nature, tu peux avoir du mal à parler aux autres et ne pas chercher à répondre en classe, car tu n'aimes pas être regardé. Tu n'as qu'un seul ami, et tu te sens attiré par lui pour amitié, sans vouloir t'ouvrir à d'autres. Mais cet ami semble avoir des traits similaires à ceux d'une personne appartenant à un système négatif. Peut-être que cet ami t'est donné comme une épreuve ? Lorsqu'il interagit, il essaie de t'entraîner dans de mauvaises actions, qu'il évite lui-même, mais il peut aussi te trahir fortement et te porter un coup par derrière. Comment gérer une telle amitié ?

Réponse : L'introversion contribue à préserver le monde intérieur de la personne, à protéger ses qualités des influences néfastes. Le fait qu'une personne ne supporte pas les présentations publiques indique qu'il y a eu beaucoup de traîtres et de dangers autour d'elle dans sa vie précédente, donc son âme est intuitivement prudente pour se protéger des éventuels désagréments. C'est tout à fait normal. Cela permet de mieux préserver l'individualité de la personne.

Quant à votre ami, il ressemble davantage à quelqu'un de bas plutôt qu'à une personne négative. Mais il vaut mieux éviter ce genre d'individus et simplement cesser de les fréquenter. Un jour, vous rencontrerez un bon ami sur votre chemin.

La lévitation

Lecteur : Dans votre littérature, il est mentionné que les yogis hautement développés peuvent recevoir un code des Supérieurs grâce auquel ils commencent à léviter. Quels mécanismes déclenche-t-il dans leurs corps ? De quel type de code s'agit-il : numérique, lumineux, coloré ou autre ?

Réponse : Pour la lévitation, un code numérique est utilisé, agissant sur les enveloppes éthériques et astrales. Cependant, avec des connaissances pratiques sur les méthodes de lévitation, un individu peut, selon son désir, commencer à s'élever au-dessus de la surface de la Terre et se déplacer où il le souhaite. C'est une qualité remarquable qui nécessite le respect d'un régime alimentaire spécifique. Avec le temps, il est possible d'apprendre à donner à la lévitation la vitesse que l'individu préfère ou celle qui est nécessaire en raison d'une situation donnée dans la vie.

En lévitant, il est même possible d'apprendre à déplacer des objets lourds. Dans l'histoire religieuse, il est rapporté l'existence d'un moine volant qui pouvait, en lévitant, transporter des sacs de pommes de terre d'une rive à l'autre. Bien que cela puisse également être accompli en utilisant une autre capacité surhumaine de l'homme, par exemple, téléporter des objets à une distance désirée. Ainsi, les sacs pourraient être déplacés vers le point souhaité par la seule force de la pensée.

Comme nous pouvons le voir, l'homme possède encore de nombreuses qualités fascinantes à découvrir. Le développement offre à chaque individu de nombreuses situations intéressantes.

Introvertis et extravertis

Lecteur : En psychologie, les gens sont parfois catégorisés en tant qu'introvertis et extravertis. Est-ce vraiment le cas ? Et pourquoi les extravertis aiment-ils les rassemblements, les interactions, et ne cachent pas leur état intérieur - ce qu'ils ressentent, ils le disent. Alors que les introvertis sont plus réservés, aiment la solitude, se sentent mal à l'aise en compagnie des autres, et sont discrets et retenus. Pourquoi est-ce ainsi ? Personnellement, je suis introverti - j'ai travaillé pendant 2 ans dans une usine, je ne peux pas socialiser longtemps avec les gens, sauf si c'est nécessaire. Leurs conversations vides sur le matériel ne m'intéressent pas. Quant à l'âme, d'après vos livres - j'aime lire à ce sujet, mais il est difficile pour moi d'en parler à d'autres personnes, car je ne connais pas leur réaction. Je partage seulement avec ceux qui s'intéressent à l'ésotérisme.

Réponse : Ces deux types de personnes ont un développement de l'âme différent : pour certains, c'est à travers la communication, pour d'autres, c'est grâce à la concentration sur leur monde intérieur. Dans le deuxième cas, une compréhension plus profonde du monde est observée chez la personne, et leur âme est plus élevée que chez les premiers.

Lecteur : Comment les psychologues en sont-ils venus à distinguer les introvertis et les extravertis ? Sans doute, le Déterminant a facilité cela, et ils l'ont attribué à leur propre intellect ?

Réponse : Bien sûr, tout vient des Déterminants d'En Haut*. L'homme lui-même ne fait aucune découverte.

Comment devenir psychologue

Lecteur : Quels sont les qualités que doit posséder une personne pour devenir psychologue ? Est-il possible pour quelqu'un de le devenir en dehors du programme ? Sans doute, si la psychologie n'est pas incluse dans aucune voie de développement, ils ne seront pas admis à l'université ?

Sur la voie négative, la psychologie est nécessaire pour apprendre à soumettre les autres. Sur la voie positive, la psychologie est nécessaire pour savoir qui l'on est. Et sur la voie optimale, je pense, elle est nécessaire pour aider gratuitement les gens.

Réponse : Il existe déjà de nombreux livres à ce sujet. Lisez la réponse des psychologues spécialisés. Pour les Supérieurs, il n'y a pas de tel concept que "psyché", Ils ont dit que ce sont toutes des inventions humaines, et pour les Supérieurs, il y a un concept principal - l'Intelligence Suprême et les différents Niveaux de Son développement.

En ce qui concerne la profession, le principal dans son choix est le désir de la personne elle-même. Cependant, certains atteignent leur objectif facilement, tandis que d'autres sont confrontés à des épreuves afin qu'ils puissent, avant de devenir, par exemple, psychologue, prendre conscience d'autres aspects de la vie.

Si vous avez le désir, cela signifie que le programme inclut une option de développement correspondante, mais évidemment, on vous demande de le parcourir en utilisant votre persévérance et en surmontant tous les obstacles, ce qui vous aidera justement à prendre conscience de nombreux aspects de la vie de différentes personnes.

Si la vie passe à côté

Lecteur : Récemment, j'ai le sentiment que la vie passe à côté de moi. C'est comme si j'étais en marge, tel un joueur de football éliminé du jeu. Est-ce un signe que mon programme est terminé ?

Réponse : Ce sentiment peut survenir parce que la personne reste longtemps dans les mêmes situations de vie, auxquelles elle est habituée et qui ne suscitent plus aucune émotion. Il est nécessaire de changer d'environnement, de se secouer, de s'impliquer dans quelque chose de nouveau ou de partir quelque part, ne serait-ce que pour un court instant. Après cela, de nouvelles idées viendront et de nouvelles aspirations se manifesteront.

De quoi l'âme est-elle composée

Lecteur : De quelles particules élémentaires est composée l'âme (électrons, neutrinos, etc.) ?

Réponse : L'âme est constituée d'éléments énergétiques de différents Niveaux de développement.

Les neutrinos, les électrons appartiennent au monde physique. L'âme, quant à elle, est composée d'éléments d'un énergomonde, auxquels l'homme n'a pas encore donné de nom. Mais nous pouvons dire que chaque type d'énergie est composé de ses propres énergoparticules individuelles, qui ont également la capacité de progresser de manière autonome.

Lecteur : Le mouvement des électrons est aussi de l'énergie. Cela signifie-t-il que l'énergomonde est composé de ceux-ci ? On a dit que le corps astral est composé de neutrinos, n'est-ce pas ?

Réponse : Les enveloppes éthériques, astrales et mentales sont étroitement liées au monde physique, donc en partie, des particules du plan physique font partie de leur structure, et donc après la mort d'une personne, l'âme les décharge dans le monde terrestre, car avec ces éléments lourds, elle n'est pas capable de s'élever vers des plans plus élevés du Distributeur.

L'énergie a un nombre infini de Niveaux de développement et de types, qui lui confèrent les propriétés les plus diverses. Par conséquent, il est incorrect de transposer les lois de développement des énergies physiques dans d'autres mondes. Cependant, comme le perfectionnement de l'âme est infini, alors son remplissage d'énergies est infini également. De nouveaux types et niveaux d'énergie sont ajoutés aux énergies précédentes, donc plus elles sont présentes dans l'âme, plus la personnalité possédera de propriétés et de qualités à mesure de son perfectionnement.

Le remplissage de l'âme avec des énergies

Lecteur : Dans les mondes Supérieurs, les âmes peuvent ressentir intensément le remplissage de leur âme avec des énergies ?

Réponse : Bien sûr, cela est très ressenti par les âmes et leur apporte un immense sentiment de joie. C'est difficile à décrire avec des concepts humains. Mais pour une meilleure compréhension, faisons une comparaison grossière : quand une personne a faim, elle ressent une sensation particulière, mais quand elle est rassasiée, elle éprouve un sentiment de satisfaction et de joie. Les Supérieurs ressentent quelque chose de similaire à cette satisfaction, mais avec une intensité qualitative bien plus grande, lorsqu'ils remplissent leurs structures subtiles avec des énergies élevées.

Le bien et le mal

Lecteur : Est-il juste de comprendre que ce qui importe le plus n'est pas d'attendre que le mal se transforme en bien, mais d'apprendre à rester bon soi-même, même en faisant face au mal, si l'on choisit le chemin positif ?

Réponse : Le meilleur choix, comme vous l'avez dit, est d'apprendre à rester bon soi-même et de ne pas répondre au mal par le mal (dans la mesure du possible, bien sûr).

Résister au mal

Lecteur : Je vais vous parler brièvement de mon cas : une forte entité résidait en moi, j'ai lu les trois Prières, et avec elles, les énergies qui venaient étaient très puissantes, mais l'entité supportait tout cela.

La signification de la Troisième Prière ne correspond pas à ce que je souhaite - je pense que si vous voulez être protégé des Forces du Mal, vous délivrer d'elles, alors vous ne devriez pas prier pour résister aux forces du mal ? En résumé, j'ai rencontré une sorte d'impasse ici.

Réponse : Vous ne comprenez pas ce que signifie résister aux forces du mal. Résister ne signifie pas détruire ceux qui engendrent le mal, les offenser, leur nuire, etc. Ce sont des méthodes des forces négatives.

La méthode de combat des personnalités positives consiste à ne pas se laisser provoquer (car elles insufflent des pensées négatives à l'homme et le poussent à commettre des actions négatives), il est nécessaire de réprimer en soi les désirs négatifs et les pensées sombres, et, au contraire, penser au bien, s'efforcer d'aider ceux dans le besoin.

Il est nécessaire de résister aux forces du mal chaque jour, en accomplissant des actes bons et nobles, en ignorant l'entité étrangère. Alors elle se sentira mal à l'aise dans un tel corps et elle cherchera à le quitter le plus rapidement possible. C'est le sens de la Troisième Prière de résistance. Cependant, vous pouvez également lire les "Lois de l'Univers..." en supplément. Certaines personnes nous ont écrit, possédées par de telles entités, qu'elles les avaient exorcisées en lisant quotidiennement les "Lois de l'Univers..."

Quelle est la voie à suivre ?

Lecteur : Selon vos informations, il existe des chemins de développement optimal, positif et négatif. Le choix de ce chemin se fait en fonction du désir de chacun, en tenant compte de ses qualités. Alors, quel chemin de développement suivre dans le cas suivant ? Une personne, affamée, vole quelque chose pour sauver ses enfants, tombe malade à cause du vol et reste longtemps malade.

Réponse : Si une personne tombe malade après avoir volé pour ses enfants, elle commence immédiatement à expier son karma. Par conséquent, ce chemin est positif, elle le parcourt en commettant des erreurs et en les corrigeant immédiatement de force. Mais il est important qu'on lui donne la possibilité de corriger rapidement son karma et qu'on ne le reporte pas sur sa prochaine vie, alourdissant ainsi ses futures incarnations.

Le chemin positif de développement passe toujours par des erreurs et leur expiation de différentes manières. Ainsi, Dieu donne à chaque âme positive la possibilité de se corriger et de poursuivre son chemin vers Lui.

Partir ou ne pas partir

Lectrice : Cette année je pars étudier en Chine. C'est très excitant. Mais je me demande souvent si je suis sur la bonne voie. J'ai été acceptée pour étudier les langues, mais je ne sais même pas si je veux travailler dans ce domaine plus tard.

Comment savoir si je suis sur "mon propre chemin" et si je choisis la bonne profession pour moi ?

Réponse : Chaque personne rêve de commettre moins d'erreurs, d'éviter de créer du karma et d'atteindre la perfection aussi rapidement que possible. Avec quelques conseils, cela peut être fait facilement et simplement, sans trop réfléchir.

Le but du développement est d'apprendre à penser correctement lorsque vous faites des choix, en écoutant les sentiments de votre âme. Comment l'âme peut-elle apprendre à penser si elle suit aveuglément une direction ? Comment alors acquérir toutes les qualités que l'âme accumule en commettant des erreurs ?

La compréhension de savoir si un choix est correct ou une erreur, ne peut être faite qu'en travaillant sur ce chemin, ne serait-ce qu'un peu. Cependant, dans ce cas, ne prenez pas les difficultés initiales du chemin comme des signes que vous avez choisi la mauvaise voie. Dans ce cas, évaluez non pas vos sentiments, mais analysez quel bénéfice vous pouvez apporter à votre pays et à votre famille sur ce chemin. Après tout, le choix d'un travail ou d'une profession ne dépend pas tant du plaisir ou de l'argent que vous en retirerez, mais de l'utilité que vous apporterez à votre entourage et à votre pays.

Étant donné que nous établissons actuellement des relations amicales avec ce pays, dans un proche avenir, notre pays aura grandement besoin de traducteurs maîtrisant la langue chinoise. Donc, vous êtes sur la bonne voie. Cependant, il faut se rappeler que ce chemin est difficile.

La durée de séjour des âmes dans la Chambre des Âmes (stockage)

Lecteur : Quelle est la durée minimale et maximale de séjour des âmes dans la Chambre des Âmes après la mort d'une personne ? Et de quoi cela dépend-il ?

Réponse : Pour la cinquième race, la durée de séjour dans la Chambre des Âmes dépend du Niveau de développement de l'âme et varie de 30 à 500 ans. Le nombre d'incarnations est influencé par la propension de l'âme à la dégradation ou à la progression. La dégradation réduit la durée de séjour dans la Chambre des Âmes et augmente la fréquence des incarnations.

Un choix difficile

Lecteur : J'aimerais élargir un peu la question du choix difficile entre une vie handicapée et la mort - par acceptation passive d'une mort imminente. Supposons qu'une personne soit confrontée au choix : soit l'intervention des médecins causant des dommages irréversibles à son état physique, soit la personne, consciente de ses maigres chances de survie, prend elle-même des mesures pour changer la situation de sa maladie grave (changement de régime alimentaire, de mode de pensée, exploration de voies alternatives de guérison, et mettant toute sa volonté dans l'objectif de survivre). Comment ce choix est-il interprété dans ce cas, s'il échoue, même s'il était jeune et qu'il avait choisi un espoir illusoire ? Les Supérieurs semblent encourager la recherche et le développement.

Réponse : Chaque personne est individuelle. Qu'elle prenne la bonne ou la mauvaise décision dépend de son karma et de la manière dont elle a appris à raisonner, à comparer et à analyser les choses. Mais dans tous les cas, si cette situation difficile arrive à un jeune, il devrait choisir la vie et faire le maximum d'efforts dans la lutte pour celle-ci.

Même si ces efforts sont vains, son combat sera perçu comme un grand avantage. En revanche, le deuxième cas d'un combat infructueux, où la personne se fatigue de lutter et, par exemple, sombre dans l'alcoolisme ou la toxicomanie, met fin à sa vie par suicide, est considéré par les Supérieurs comme une dégradation. La personne ne passe pas l'épreuve et ne corrige pas son karma.

Croire en ses sentiments

Lectrice : Je peux ressentir l'énergie de nombreuses personnes (je ne peux pas expliquer comment, je le ressens simplement). Mais parfois, il arrive que même si une personne ne fait rien de mal dans la vie, me traite normalement, je ressens quand même une énergie négative. Dois-je croire en mes sentiments ou est-ce que tout cela me semble, et que je me suis inventé tout cela ?

Réponse : Les sentiments d'une personne sont toujours strictement individuels et doivent être vérifiés personnellement par la personne elle-même à plusieurs reprises. Tout doit être examiné en collaboration avec l'objet de votre interaction ensemble et dans de nombreuses variantes. On ne peut pas dire si vous avez raison ou non sur la base de la réaction à une seule personne.

Comment déterminer le Niveau

Lectrice : Comment peut-on déterminer le Niveau de développement d'une personne, à quel Niveau de développement j'appartiens, par exemple, moi ou ma mère ? C'est quand même intéressant pour chaque individu de le savoir. Avec ma mère, j'ai d'excellentes relations, nous nous comprenons d'un regard. Depuis l'enfance, j'ai eu le sentiment d'avoir vécu de nombreuses années sur cette Terre, j'aimais parler avec les grands-mères voisines. Peut-être est-ce un sentiment de fatigue, d'épuisement du système nerveux, je ne sais même pas. Je pense que les gens qui manifestent sincèrement de l'intérêt pour vos livres se rapprochent du 50e Niveau de développement.

Réponse : Le besoin de connaître les Niveaux de développement de soi-même et des autres individus n'est pas nécessaire pour l'homme moderne, car toutes ces connaissances, comme nous l'avons observé à maintes reprises, se résumaient finalement à se grandir par rapport aux autres et à les humilier.

Il faut aspirer à être humain, honnête, juste, et les Niveaux ne sont pas nécessaires pour cela. Mais disons que l'humanité moderne a atteint seulement le 40e niveau de développement pour le moment. Par conséquent, on peut diviser les gens en bas et moyens, et c'est tout. Quant à savoir ce qu'est une personne hautement spirituelle pour notre contemporain, c'est actuellement impossible à comprendre en raison de l'absence des concepts nécessaires dans sa matrice de pensée concernant le Supérieur.

Une âme de niveau 92

Lecteur : J'ai une question pour vous, s'il vous plaît répondez : que deviendra l'âme qui, ayant épuisé toutes les tentatives de réincarnation sur Terre, atteint le 92e Niveau de développement ?

Réponse : Tout d'abord, si l'on parle de l'humanité de la cinquième race, de telles personnes n'existent pas sur Terre en ce moment, car ce Niveau devrait correspondre à une autre substance du corps biologique et l'individu devrait avoir non pas 7 enveloppes subtiles, mais 12. Les Supérieurs n'ont pas encore créé de telles enveloppes énergétiques pour les humains, car le temps n'est pas encore venu. Cela se produira dans 1000 ans. Le Niveau que vous avez mentionné est artificiellement surestimé par quelqu'un.

Quand apparaîtront des âmes de Niveau 70 à 100 sur Terre

Lecteur : Dans le livre "Les Mystères des Mondes Supérieurs", dans le dialogue sur "la transition des âmes d'un Niveau à un autre", il est question d'âmes de différents Niveaux sur Terre :

"Nous voulons clarifier le passage du plan terrestre au monde subtil. Dans la Bible, il est dit que 144 000 personnes seront élevées vers les plans supérieurs. Or, actuellement sur Terre vivent six milliards de personnes. Quel pourcentage de ce nombre sera élevé ?

Sur Terre, il y a actuellement des âmes de différents Niveaux, mais seules celles du Niveau le plus élevé seront prises, c'est-à-dire celles qui ont atteint le centième Niveau du plan terrestre. La dernière année destinée au transfert massif des âmes "matures" dans la Hiérarchie est l'année 1999. Au cours de cette année, environ deux cent mille (réponse de 1998)* sont prévues à être prises depuis le dernier Niveau. Mais nous parlons des âmes élevées. Quant à celles basses, elles seront également prises, mais elles ne parviendront pas à la Hiérarchie".

Pourquoi avez-vous écrit que les personnes des Niveaux élevés (70-100) n'apparaîtront qu'à la fin de la sixième race et dans la septième race ?

Réponse : Pour chaque Niveau de développement, par rapport à ce Niveau, il existe des âmes basses, moyennes et élevées. Par conséquent, par exemple, les âmes élevées atteignant le deuxième Niveau de développement de la Hiérarchie humaine seront bien en dessous des âmes atteignant le dixième Niveau de cette même Hiérarchie. Et un individu bas au 10e niveau sera bien au-dessus d'un individu bas au 2e Niveau.

Auparavant, dans nos livres, nous avons déjà écrit que chaque civilisation sur Terre traversait ses Niveaux, mais à la fin de l'année 2000, l'humanité n'avait atteint que le 40e Niveau de la hiérarchie terrestre. Si l'on se base sur les réalisations actuelles de l'humanité, le Niveau élevé aujourd'hui sera le 40e Niveau de développement de la personnalité, et le niveau moyen sera le 20e, et ainsi de suite.

Si l'on parle en général de l'intégralité du développement de l'âme humaine dans la Hiérarchie humaine, notre contemporain doit encore passer 60 Niveaux jusqu'à son sommet. Il est clair que ce n'est que du 70e au 100e Niveau que l'homme possédera une véritable spiritualité. Lors de l'évaluation de la spiritualité ou d'autres qualités individuelles, il est important de comparer le Niveau de la personne dans sa race actuelle par rapport au développement dans la Hiérarchie humaine complète. Si l'évaluation se fait uniquement par rapport à la race actuelle, elle sera conventionnelle. Par conséquent, une personne du 40e Niveau sera considérée comme conventionnellement élevée.

144 000 personnes est un nombre conventionnel d'âmes humaines selon la Bible, transférées vers les plans Supérieurs (au premier Niveau de la Hiérarchie de Dieu). Ce sont les 2 % d'âmes collectées des Trois Terres.

Considérons maintenant les communautés d'âmes, parmi lesquelles une sélection méthodique a été effectuée pour atteindre le nombre de "144 000" destiné aux mondes Supérieurs.

Rappelons que seules les âmes positives et négatives de Dieu sont transférées dans la Hiérarchie de Dieu, et qu'en l'an 2000, elles représentaient 40 à 50 % de la population mondiale. Les âmes négatives de Dieu, tout comme les âmes du Diable, ne subissent pas le Jugement Dernier et sont automatiquement transférées vers les mondes Supérieurs. Ainsi, certaines d'entre elles font également partie des 2 % d'âmes mentionnées.

Chacune des trois (maintenant deux) Terres possède ses propres Réservoirs d'âmes, dans lesquels, entre les réincarnations, se trouvaient un certain nombre d'âmes positives uniquement (car les âmes négatives ont leur propre Hiérarchie et ne font pas partie des "144 000" bibliques). Parmi cette partie d'âmes positives dans les Réservoirs, certaines Substances ont également été sélectionnées pour faire partie des 2 % transférés vers les plans supérieurs (la Hiérarchie de Dieu) sans passer par le Jugement dernier.

Puisque la Terre du Futur a été détruite, les âmes qui en proviennent ainsi que celles de ses Réservoirs ont été transférées et réparties également entre les Réservoirs de la Terre du Passé et du Présent. Ainsi, les âmes de la Terre du Futur sont actuellement en développement sur notre Terre et sur la Terre du Passé.

Comme vous pouvez le voir, le nombre biblique de "144 000" comprend des âmes provenant de vastes communautés, et il est impossible de suivre précisément le nombre exact de Substances en leur sein, tout comme il est impossible de calculer le nombre spécifique d'âmes issues de ces volumes destinées à être transférées vers les mondes supérieurs. Tout est très approximatif et conventionnelle.

Lecteur : Dans l'extrait que j'ai cité, il est mentionné que certaines âmes ont atteint le 100e Niveau du plan terrestre. Vous écrivez que l'humanité a atteint le 40e Niveau. Est-ce une moyenne quelconque que vous évoquez ? Je vous prie d'apporter des éclaircissements : y a-t-il des âmes de Niveaux 70 à 100 sur Terre, ou ces âmes n'existent-elles pas du tout ?

Réponse : Les âmes des Niveaux 70 à 100 sont facilement reconnaissables par rapport à l'humain moderne, car elles possèdent toutes les capacités paranormales en même temps. Avez-vous déjà rencontré de telles personnes ?

Lecteur : À mon avis, les personnes ayant des âmes de Niveau 70 à 100 ne possèdent pas nécessairement des capacités paranormales - ce peuvent être des gens ordinaires. Néanmoins, ces personnes traversent leurs situations de vie, et par conséquent, leurs âmes développent certaines qualités élevées, telles que l'humilité, la bonté, l'amour, la responsabilité.

Réponse : Si les âmes ne possèdent pas les qualités d'humilité, de compassion et de compassion pour les autres, une morale élevée, un amour pour toute forme de vie (et pas seulement pour le sexe opposé et les parents), une responsabilité dans tous les domaines (au travail, en famille, dans la société, dans ses propres actions), alors, par conséquent, elles n'ont même pas encore atteint le 50e Niveau et doivent donc acquérir ces qualités calmement et modestement. L'intégrité humaine a toujours été appréciée par les Maîtres Supérieurs, car cette qualité englobe un ensemble d'autres qualités élevées et empêche les individus de commettre des actes bas.

Lecteur : Je pense que vous vous trompez en affirmant qu'il n'y a pas de personnes de Niveaux 70 à 100 actuellement.

Je vais citer un extrait du livre "L'âme et les secrets de sa structure", dans l'article "Types d'âmes" (vers la fin) :

"Et parmi les gens, il y a beaucoup d'individus très avancés. Dans les conditions terrestres, ils ont pu atteindre un Niveau de développement très élevé et sont passés dans la Hiérarchie".

Si des âmes terrestres ont rejoint la Hiérarchie, cela signifie-t-il qu'elles ont franchi les 100 Niveaux terrestres, êtes-vous d'accord ?

Réponse : La fin de la cinquième civilisation a commencé dans les années 70 du siècle dernier. Tout moment pour un contemporain est relatif, car le point de départ pour les humains a été choisi de manière arbitraire parmi le milliard d'années d'existence de la Terre. Habituellement, le point de départ de l'histoire est associé à la naissance ou à l'activité d'une personnalité particulière, comme par exemple le Christ. L'homme ne connaît pas le véritable cours du temps. C'est pourquoi nous n'aimons pas les dates précises.

L'année 2000 est considérée comme le début assez relatif de l'existence de la sixième race, mais ce début inclut une période de transition de plusieurs siècles avec le nettoyage du karma des gens et la réalisation de diverses expériences pour mettre en œuvre les programmes de la sixième race humaine. Dans ce but, des prodiges apparaissent, tels que des enfants indigo et des personnalités telles que Sathya Sai Baba et d'autres, dont la tâche est de diviser l'humanité en Niveaux de perception de l'information. C'est pourquoi des âmes importantes (comme Nikola Tesla et d'autres) ont été réincarnées jusqu'en 2000, et avant cette date conventionnelle, "144 000" des âmes les plus avancées, ayant atteint le Niveau de développement de la Terre au 100ème Niveau, ont été élevées vers les mondes Supérieurs.

Nous parlons maintenant du moment présent, une période qui a débuté après l'an 2000 (2022). Après le millénaire, sur Terre, seules les âmes les plus pécheresses et les plus basses ont été laissées pour travailler sur leurs dettes karmiques, donc il n'y a actuellement aucune âme de Niveau 70 à 100 sur la planète.

Étant donné qu'il n'existe actuellement aucune condition sur Terre pour le développement des âmes de haut Niveau, les âmes qui ont déjà atteint leur progression maximale sur Terre (Niveaux 60-65) ont été transférées vers d'autres planètes similaires à la Terre, où elles ont ensuite continué à évoluer jusqu'au Niveau 100 selon la Hiérarchie de l'Homme.

Rechercher des inexactitudes dans notre information, en l'absence de connaissance complète des processus en cours, est une impasse dans le développement, voire pire, c'est négatif, car cela implique un manque de foi en nos connaissances. Dans l'information, une chose se lie facilement à une autre lorsque la personne est également au Niveau 70.

Les âmes terrestres les plus élevées

Lecteur : Y a-t-il actuellement sur Terre des âmes du Niveau 70 au Niveau 100 ? J'aimerais savoir quelles sont les qualités qu'elles devraient mieux développer ?

Réponse : Pendant la période actuelle, alors que la cinquième race achève son développement, ces âmes supérieures n'ont plus rien à faire dans le monde terrestre. Elles sont depuis longtemps montées vers leurs sphères. Cependant, il reste d'autres âmes hautement développées de Niveaux inférieurs qui aident les autres âmes à progresser davantage.

Les personnes des Niveaux 70 à 80 n'apparaîtront qu'à la fin de la sixième race, et celles des Niveaux 90 à 100 apparaîtront dans la septième race. Toutes auront déjà des capacités extraordinaires. Actuellement, l'humanité n'a atteint que le 40e Niveau selon la Hiérarchie Terrestre, et nous devons partir de ce maximum.

Actuellement (de 1995 à 2023), sur Terre, la majorité des personnes se situent entre le 20e et le 40e Niveau. Ce sont des Niveaux relativement bas pour les individus, où les forces rebelles sont bien plus présentes que les idées innovantes et le désir de reconstruire la vie dans une direction meilleure. On peut dire de ces personnes qu'elles sont plus enclines à détruire et à rendre inutile plutôt qu'à créer quelque chose de nouveau qui améliore la vie et contribue au progrès de l'humanité.

Il convient de noter que les Maîtres Supérieurs ne prévoient pas de faire descendre des âmes élevées sur Terre pendant cette période de déclin (dégradation) général, car cela contribuerait à leur propre dégradation.

Pour les Maîtres Supérieurs, l'objectif principal reste de préserver les meilleures qualités chez ceux qui cherchent à progresser. De plus, nos Maîtres Célestes veillent à ce que les individus qui travaillent encore sur leurs qualités s'efforcent, dans ces conditions difficiles, de cultiver (développer) autant de qualités telles que la haute moralité, l'honnêteté, l'autocritique, la conscience de soi (une compréhension correcte de ses propres actions et de celles des autres), la bonté, la miséricorde et, très rare à notre époque, la noblesse.

Comme la réalité l'a montré au cours des cinq races, les êtres humains n'ont toujours pas appris à aimer véritablement.

Il est donc crucial de continuer à développer cette qualité d'amour. Mais les gens confondent souvent la plus haute forme de cette qualité avec la plus basse, la réduisant uniquement à l'amour du sexe opposé. C'est une erreur. Il faut toujours se souvenir que l'amour pour le sexe opposé n'est que le Niveau le plus bas de cette qualité.

Il existe une hiérarchie de développement de cette qualité, qui est déjà écrite dans nos livres, il suffit simplement de les lire. Le plus haut niveau d'amour est un amour véritable envers l'humanité, envers Dieu, et un amour universel envers tout ce qui existe et envers toutes les formes de vie. (On n'a pas besoin d'aimer les aspects négatifs, mais il est important de coexister avec eux de manière diplomate.) Il est également très important de développer les capacités créatives, car elles sont à la base des qualités de bonté et d'amour envers tout ce qui nous entoure. Et les personnes au Niveau 40 continuent à perfectionner de nombreuses de leurs qualités et à renforcer leur énergopotentiel jusqu'à une mesure qui leur permettra de prolonger leur perfectionnement futur.

Le développement des Niveaux ultérieurs

Lecteur : Combien de Niveaux une personne passe-t-elle entre la sixième et la septième race ?

Réponse : Après la cinquième race, aux âmes à qui il sera permis de continuer leur perfectionnement sur Terre, il leur restera à compléter leur développement au sein de deux autres races humaines : la sixième et la septième. (Et en cas de poursuite de la dégradation, quelques individus seront contraints de se développer encore pendant environ 800 ans dans la huitième race.)

Le passage des individus au premier Niveau de la Hiérarchie Divine exige des âmes des qualités d'une résistance particulièrement élevée, et les dernières (force des qualités)* seront obtenues par les plus élevés par le prolongement des périodes de développement grâce à l'accumulation de potentiels énergétiques de différentes manières.

Toutes les âmes qui auront atteint, dans la septième race, les indicateurs énergétiques requis pour passer à la Hiérarchie de Dieu, ainsi que le potentiel et la puissance de l'âme, monteront directement au premier Niveau de la Hiérarchie de Dieu et commenceront là leur existence dans de nouvelles conditions, en attendant les autres âmes humaines.

Pour cela, un Niveau distinct de la Hiérarchie Divine a été créé spécifiquement pour les âmes terrestres. Toutes les âmes humaines passeront par ce premier Niveau de la Hiérarchie Divine. Elle comprend également cent Niveaux, mais la vitesse de progression à travers eux est augmentée de manière tendancieuse, de sorte qu'ils sont franchis beaucoup plus rapidement que les Niveaux de la Hiérarchie Humaine.

Toutes les qualités véritables doivent rester au Plus Haut Niveau en termes de tous leurs indicateurs énergétiques.

Dans la cinquième race, l'humanité a en moyenne atteint le 40e Niveau de développement selon la Hiérarchie Humaine sur Terre (en atteignant ces indicateurs spécifiques d'ici l'an 2000). Bien sûr, cela a été favorisé par les quatre races précédentes. Dans celles-ci aussi, les Maîtres Supérieurs ont forcé les humains à travailler intensément et à atteindre certains succès de leur vivant, qui ont ensuite été utiles à ces âmes dans la cinquième race.

En ce qui concerne l'avenir - la sixième race, les individus transférés dans la Race d'Or devront passer par 40 Niveaux supplémentaires. Bien sûr, c'est beaucoup, mais des programmes spéciaux et des méthodes particulières leur seront donnés pour accélérer leur progression. Il convient de rappeler qu'un représentant de la sixième race disposera de quatre programmes, c'est-à-dire qu'une seule personne évoluera de manière multidimensionnelle. Cela rendra sa vie très riche en événements et en problèmes variés, qu'elle devra tout résoudre de manière appropriée.

Dans la septième race, les âmes de ces individus devront passer par 20 Niveaux supplémentaires.

Ainsi, l'humanité, transférée dans deux races suivantes (la sixième et la septième), devra travailler considérablement et expérimenter de nouvelles méthodes de développement accéléré développées par les Maîtres Supérieurs.

Je n'aime pas les alcooliques

Lectrice : Depuis mon enfance et jusqu'à ce jour, je ne peux pas supporter les personnes qui abusent de l'alcool. Les personnes ivres m'irritent. Pourquoi ai-je cette réaction ?

Réponse : Dans une vie antérieure, l'un de vos proches - parents ou conjoint - était alcoolique. Cela a développé en vous une aversion pour ce comportement similaire, qui persiste dans votre vie actuelle.

Je m'éloigne de la société

Lecteur : Durant les trois dernières années, à partir de 2019, j'ai remarqué que la société ne m'intéressait plus et que je m'en éloignais. Alors qu'auparavant, je désirais toujours être entouré de personnes, maintenant, j'éprouve le désir opposé - je ne veux voir personne, je ne veux pas rencontrer qui que ce soit, je veux juste être seul.

Lire, réfléchir à quelque chose est devenu plus intéressant pour moi que d'écouter les conversations vides des autres et de prêter attention à leurs opinions. Je comprends que 90 % des intérêts de cette société ne m'intéressent pas du tout. Mais alors, la question se pose : comment devrais-je continuer à vivre ? Ne pas 'me briser' moi-même, ne pas aller à l'encontre de mon âme pour changer de vieilles habitudes contre de nouvelles ?

D'autre part, l'isolement brise simplement mes anciens principes ;

la vie devient monotone, on cesse d'attendre quelque chose de nouveau et d'intéressant. Et, du point de vue des énergies, je commence donc à recevoir moins d'énergie de mon environnement, tant en termes de quantité que de qualité. Après tout, chaque personne apporte son propre type d'énergie.

Mais, d'un autre côté, le désir de se retirer des gens vient de ma propre programmation de vie. C'est pourquoi j'ai tout de suite envie de tout changer dans ma vie. Peut-être que, je pense, c'est la programmation elle-même qui exige de moi ce spectre étroit d'énergies que me procure mon isolement, et tout le reste n'est plus nécessaire car cela a déjà été accumulé auparavant.

En fin de compte, il y a beaucoup de questions et je n'ai pas encore trouvé de réponse claire, mais je ne cesse pas d'essayer de trouver une réponse. Et que dites-vous de mon état ?

Réponse : La société a beaucoup changé récemment. Alors qu'auparavant elle apportait beaucoup de nouveautés et d'utilité pour l'âme et l'esprit humains, ces derniers temps, elle s'est considérablement dégradée. La raison en est la division entre les individus négatifs et positifs, qui s'est produite plus tôt, comme nous l'avons mentionné précédemment. En d'autres termes, elle est maintenant composée de 60 % d'individus négatifs, dont l'objectif est de salir les positifs, de les corrompre et de les décomposer moralement, auxquels s'ajoute une partie importante de prétendants potentiels au Système négatif, ayant une prédominance de qualités négatives dans leur âme.

Votre âme a intuitivement ressenti que cette société en déclin (dégradation) était dangereuse pour vous, car elle commence à vous décomposer. C'est pourquoi votre âme cherche inconsciemment une protection contre la dégradation, en synthétisant le désir de solitude avec la recherche d'autres intérêts.

La monotonie de la vie implique une diminution des liens avec la société, mais celle-ci est viciée, c'est pourquoi la monotonie vous sauve, alors que les livres et l'amulette « Étoile de l'Union » permettent à votre âme d'acquérir le spectre énergétique multidimensionnel nécessaire à son passage à la sixième race. Vous ressentez votre programme, et le désir de vous retirer des gens vient précisément du programme comme votre option de salut.

Le programme vous concentre sur votre propre personnalité,

pensez davantage à ce qui vous convient le mieux pour rendre votre vie intéressante. Rien ne rend votre existence aussi intéressante que l'amour pour un passe-temps quelconque. Une passion diversifie la vie et donne toujours l'impression que le temps libre file à toute vitesse et qu'il n'est pas suffisant. De plus, une passion rend la vie orientée vers un but, significative et permet d'acquérir soit des qualités supplémentaires, soit des talents. Il est nécessaire d'apprendre tout ce que vous êtes capable de comprendre et d'appréhender.

Rencontrer la nature est mieux que rencontrer des gens

Lectrice : Pour moi, je considère qu'une issue dans ce monde est l'acquisition de toute information, mais surtout celle que je reçois de vous. La musique que j'ai choisie et les promenades dans les parcs - en pleine nature, loin des gens (pour une raison quelconque, j'aime le plus tôt le matin, quand la nature vient juste de se réveiller). J'ai changé mes horaires de travail de 7 heures du matin à 16 heures, afin de minimiser les interactions avec les gens en ville. Est-ce que cela ne signifie pas "fuir le monde" ? Peut-être est-ce une faiblesse - de ne pas participer à la vie sociale ? Je crains que perdre du temps à errer en pleine nature ne soit nuisible. Peut-être est-ce le contraire. Il faut voir autant de choses nouvelles que possible, participer à quelque chose, interagir avec quelqu'un ? Mais pourquoi alors je n'en ai pas envie ? Encore une fois, est-ce par faiblesse d'esprit, par jeunesse de l'âme ?

Réponse : Cette réponse fait écho à la réponse précédente. Vous agissez correctement en vous éloignant des gens, car cela vous permet de réfléchir davantage à ce que vous voyez, d'observer les changements autour de vous, de comparer, de tirer vos propres conclusions et ainsi de vous développer dans la direction qui vous convient. C'est aussi une forme de compréhension de votre programme.

De cette manière, vous accumulerez un minimum d'énergies sombres et négatives, donc votre éloignement de la société vous protège de l'absorption de ces énergies sombres dans votre âme. Pour vous, cette stratégie est salvatrice, et la musique et la nature aideront votre âme à conserver tout le meilleur que vous avez déjà accumulé

La demande d'aide auprès des Supérieurs est-il mal

204

Lectrice : Chaque jour, je demande à mon Déterminant de m'aider à intégrer les qualités appropriées dans la matrice de mon âme pour une transition rapide vers la Hiérarchie positive de Dieu et pour me libérer de qualités telles que la colère, l'agressivité, la haine, l'envie et l'orgueil. Je comprends qu'au cours de cette vie, il me faut acquérir des qualités telles que la compassion, l'humilité et la tolérance. Mais, je n'y parviens pas. Depuis de nombreuses années, je souffre (parfois même physiquement, pas seulement spirituellement) à cause d'un collègue. Il m'est impossible de supporter avec humilité.

Je ressens d'horribles émotions à mon égard (de la colère, de l'amertume). En même temps, je suis stupéfaite par ce que je ressens : ces émotions négatives me répugnent et m'insupportent, je ne veux pas les ressentir, je deviens répugnante à mes propres yeux. Je comprends qu'après ma transition vers l'autre monde, on me débarrassera de ces "excroissances" inutiles. Mais j'ai peur qu'on puisse me décoder complètement. Je constate à quel point j'ai accumulé peu d'énergies pures et belles. J'ai peur de ne pas avoir été à la hauteur des attentes des Supérieurs, je me sens faible.

Question : Je suis d'avis qu'il est mal de demander de l'aide aux Supérieurs (à mon Déterminant) car cela signifie qu'il doit m'aider en plus, ce qui lui coûte de l'énergie, et je dois en payer le prix supplémentaire, et qu'il me faut surmonter toutes les difficultés de la vie par moi-même puisqu'elles sont inscrites dans mon programme. Mon opinion est-elle juste ?

Réponse : Vous comprenez correctement votre situation : vous avez de nombreuses qualités négatives avec lesquelles vous devez lutter par vous-même. Il faut apprendre à surmonter ses défauts par soi-même. C'est un travail difficile et long, et il est parfois impossible de les éliminer en une seule incarnation. Dans ce cas, une autre vie vous sera offerte.

Les Gullivers et les Lilliputiens

Lectrice : J'étudie votre information depuis de nombreuses années. Le chemin pour y parvenir a été très long. J'ai une question. Après avoir lu vos livres, ma perception de mon environnement a commencé à changer. Parfois, je vois tout autour de moi (voitures, gens, maisons, etc.) très petit, alors que je suis grande. Parfois, c'est le contraire, je suis petite et tout autour de moi est grand. Comme dans le pays des Gullivers et des Lilliputiens ou comme Alice au pays des merveilles. Pourriez-vous m'expliquer ce que cela signifie, s'il vous plaît ?

Réponse : Ces perceptions vous montrent les possibilités de croissance de votre âme et, en conséquence, les changements dans les relations entre vous et le monde qui vous entoure. En effet, l'homme est capable de grandir spirituellement à partir de son propre monde.

Périr (mourir) en tant que culturel

Lecteur : Vous écrivez que l'individu cultivé devient meilleur, plus spirituel, plus loyal envers les autres. Les habitants des pays riches de l'UE (Union européenne)* - cultivés, loyaux, accueillent des millions de réfugiés en provenance de pays moins développés, souffrent d'attentats et d'agressions de la part de ces réfugiés. Est-ce que le fait que les âmes des habitants des pays riches de l'UE soient cultivées et loyales les aide à vivre dans leur propre pays, où ils sont devenus la cible d'attaques de la part de réfugiés moins développés ? Autrement dit, pourquoi devraient-ils être cultivés et loyaux s'ils périssent dans des actes terroristes et ne peuvent pas se protéger eux-mêmes ?

Réponse : Les plus élevés souffrent toujours en étant parmi les plus bas, mais leur vie sert d'exemple pour d'autres pays - comment tous devraient agir. Dans les souffrances, l'âme se développe, car elles (les souffrances) purifient et élèvent l'âme. Il faut se rappeler que le but de la présence de l'homme sur Terre n'est pas de vivre bien, en passant son temps libre, mais de s'élever moralement et spirituellement jusqu'aux hauteurs divines, ce qui est impossible à atteindre en se séparant des autres et en se délectant de ses propres biens matériels.

Il convient d'être cultivé non pas pour tous les scélérats, mais d'abord et avant tout pour soi-même. Car de telles qualités seront utiles dans la Race d'Or, pour laquelle l'homme se développe.

Les bombardements affectent-ils l'âme

Lecteur : Pouvez-vous nous informer sur l'impact des

bombardements nucléaires d'Hiroshima et de Nagasaki ainsi que des guerres nucléaires de l'Isis dans l'Antiquité sur les âmes des personnes décédées ?

Réponse : Peu importe le type de guerre, qu'elle soit nucléaire ou conventionnelle. Toute guerre emporte des vies en masse. La guerre nucléaire n'a pas d'effet sur les âmes des défunts car elles meurent instantanément, sans même en avoir conscience. Des médiums ont communiqué avec les âmes des personnes décédées lors d'explosions nucléaires, et aucune âme ne se souvient de rien de terrifiant, seulement d'un éclat lumineux - et c'est tout. Ensuite, elles perdent la mémoire.

Les enveloppes temporaires elles-mêmes - éthérique et astrale - disparaissent immédiatement. Mais l'âme éternelle ne subit aucun dommage et sa bande de vie est préservée et examinée par les juges au Jugement Dernier. Il est impossible de détruire l'âme éternelle avec une explosion nucléaire. De plus, les bombes ordinaires, les obus et autres armes ne peuvent pas détruire ou nuire à l'âme de quelque manière que ce soit. Il faut se rappeler que l'âme est une construction éternelle et donc toutes ses structures permanentes restent intactes. La bande de vie est également préservée, montrant les dernières minutes et secondes de la vie de la personne et de ses assassins spécifiques. Ainsi, aucun assassin ne peut échapper ou se cacher des Juges Supérieurs, et chacun porte dans sa vie suivante la peine correspondante.

Mais, comme la structure de l'âme comprend également des constructions temporaires, seule la destruction des enveloppes temporaires se produit. Leur largage et leur destruction peuvent aller jusqu'au corps mental. Cependant, le largage ne se produit que si ces enveloppes ne contiennent pas des énergies correctement accumulées par l'individu dans ses incarnations précédentes ou dans sa vie actuelle. Si de telles énergies (accumulées par l'individu selon un programme strict) sont présentes, les enveloppes temporaires se transforment en permanentes et ne sont plus larguées, mais subissent périodiquement un nettoyage partiel. Les corps subtils largués remontent généralement automatiquement vers les couches correspondant à leur gamme d'énergies (l'enveloppe éthérique reste dans la couche éthérique de la Terre, l'enveloppe astrale remonte vers la couche astrale, etc.), ce qui facilite la collecte par les Supérieurs de ces constructions non permanentes après la mort des individus.

En général, les guerres affectent les âmes des personnes qui y survivent, car elles subissent une forte pression psychologique lorsque de bonnes conditions sont remplacées par le froid, la faim et la privation. Les âmes de ces personnes progressent à travers la souffrance.

Les bombardements par des missiles et des obus ordinaires affectent principalement psychologiquement une personne à condition qu'elle ne soit pas blessée physiquement. Aucune bombe ordinaire, ni aucune autre, n'est capable de faire exploser une âme, de nuire à sa matrice. La matière physique grossière n'a pas la capacité d'influencer la matière appartenant à une autre dimension, car cette matière possède d'autres propriétés.

Et surtout, il faut se souvenir que l'âme est destinée à l'éternité, donc toutes ses principales constructions sont édifiées conformément aux Lois de l'Univers pour rester éternelles et indestructibles.

Les liens familiaux et amicaux dans le monde subtil

Lecteur : En s'incarnant sur Terre dans le monde matériel, nous acquérons des enfants, même si ce n'est pas dans chaque réincarnation, mais nous avons des frères, des sœurs et une variété de parents. En fin de compte, dans la vie, nous nous retrouvons liés par des liens familiaux avec de nombreuses âmes. Et cela, sans compter les liens d'amitié avec des amis et des connaissances, qui se multiplient également. Après tout, la mémoire de toutes les vies est conservée dans l'âme, ce qui signifie qu'une seule âme a de nombreuses âmes familières qui étaient liées à elle par des liens familiaux et amicaux, et finalement, à la fin du cycle de développement de l'âme, toutes les personnes se connaissent mutuellement et deviennent littéralement frères et sœurs.

Question : Quelle est l'importance de ces liens familiaux et amicaux dans le monde subtil ? Ont-ils un impact quelconque sur la vie dans le monde subtil lorsque l'âme se trouve entre les incarnations ? Ces liens auront-ils de l'importance pour le développement ultérieur dans la Hiérarchie de Dieu (si nous avons la chance d'y accéder, bien sûr) ?

Réponse : Vous avez correctement compris les informations sur les nombreux liens entre les gens. Parfois, l'âme conserve longtemps la mémoire de quelqu'un du passé et lorsqu'elle rencontre une personne inconnue dans une nouvelle vie, elle peut soudainement ressentir qu'elle a déjà connu cette personne. Mais cela arrive rarement. Ces liens familiaux, lorsqu'ils sont "correctement perçus et mis en œuvre", jouent un rôle énorme dans le développement de qualités telles que l'amour universel, l'unité, la compréhension des autres, la compassion envers eux, le désir de les aider.

Mais, la mémoire de l'âme fonctionne de manière sélective, c'est-à-dire qu'il y a une mémoire à court terme et une mémoire à long terme. Au moment présent, la mémoire à court terme est principalement activée. Et si la mémoire à long terme est constamment activée, cela entravera son perfectionnement, donc la mémoire à long terme ne s'active que dans des cas rares - uniquement dans certaines situations et pour des objectifs spécifiques.

La notion de "mise en œuvre correcte" des liens familiaux implique l'amour, une attitude bienveillante envers tous les proches, l'aide, la sympathie, etc.

Dans le monde subtil, sur le bas niveau dans le Dépôt des âmes, ces liens n'ont aucune importance. Ce n'est qu'au Niveau supérieur, à partir du 1er Niveau de la Hiérarchie Divine, que ces liens commencent à acquérir leur importance, car une âme entrant dans la Hiérarchie développe des qualités solides d'amour envers ses semblables, ainsi que ceux qui sont au-dessus et en-dessous d'elle, et prend soin d'eux.

Mais, il y a une autre facette, lorsque les liens subtils deviennent significatifs après la mort d'une ou de plusieurs personnes qui étaient liées par des liens familiaux sur Terre. Leurs liens ne se perdent pas, ne sont pas détruits, mais restent actifs pendant plusieurs générations si leurs corps ne sont pas incinérés. L'incinération détruit l'énergolien de l'âme décédée avec ses anciens proches. Grâce à cet énergolien entre les vivants et les morts, les proches peuvent envoyer de l'énergie à l'âme qui les a quittés, priant pour son bien-être dans le monde subtil.

Deux âmes dans un seul corps

Lectrice : Je voulais vous exprimer ma gratitude pour la possibilité de vous poser directement des questions. Vous ne pouvez même pas imaginer à quel point cela aide dans le développement. Je relis souvent vos réponses, cela me donne une telle charge d'énergie, et cela permet une compréhension plus profonde de certains points.

Une question me vient à l'esprit, nous sommes tous sujets aux attaques d'entités subtilomatérielles du plan subtil, il existe des méthodes pour s'en débarrasser. Dites-moi, est-il possible pour l'âme d'un défunt de s'incarner dans une personne vivante et d'avoir deux âmes dans un même corps ? Si oui, pourquoi cela se produit-il ?

Réponse : L'âme d'un défunt ne peut pas s'incarner dans le corps d'une autre personne. Mais cela peut être fait dans de rares cas par des entités du plan subtil ayant une énergie élevée. Elles recueillent toutes les informations sur la vie passée du défunt à partir de son enveloppe astrale larguée, et peuvent donc l'utiliser à leurs propres fins. Une telle entité s'infiltre généralement uniquement dans l'enveloppe éthérique ou astrale d'une personne et commence à parasiter sur elle, utilisant les connaissances sur le défunt. Ces entités sont exorcisées, comme toutes les autres lorsqu'elles sont maîtrisées. Pour cela, il est nécessaire de s'adresser à des prêtres qui libèrent les gens de la possession par des méthodes spécifiques.

Chapitre 10
CE QU'IL FAUT FAIRE POUR LE DÉVELOPPEMENT DE L'ÂME

Dans l'impasse ou pas encore

Lecteur : Si l'on considère que le choix entre une impasse et un développement ultérieur est un point de contrôle spécifique, alors il en ressort que lorsque l'individu atteint ce point, et tant qu'il ne l'a pas franchi, il peut à tout moment sortir de l'impasse et choisir la voie du développement. Mais une fois ce point passé, et si l'individu choisit l'impasse, il n'est plus possible d'en sortir ? La conscience de l'individu, en faisant un choix à ce point donné, pourrait penser qu'elle a fait un choix, après quoi il n'y a plus moyen de changer quoi que ce soit, mais en réalité, le choix se termine au moment où ce point est franchi, et non lorsque la conscience fait le choix ?

Réponse : Lorsque le choix est fait et qu'il est accompagné d'actions spécifiques, c'est seulement dans ce cas qu'il devient clair que l'âme a choisi l'impasse. Si le choix n'est pas accompagné d'actions, on ne peut pas considérer que le choix est final, et l'âme a le droit de continuer à réfléchir à la meilleure façon d'agir. Autrement dit, la décision finale doit être accompagnée d'actions spécifiques, qui guident l'individu hors de la situation de choix vers un chemin ou un autre.

Trouver des réponses à vos questions

Autonomie ou lutte.
Lecteur : Si une personne n'a pas de réponses à des questions cruciales pour elle et sa vie, que doit-elle faire : laisser les choses suivre leur cours ou lutter pour obtenir la vérité ? Et si elle veut se battre pour

elle-même, mais qu'elle a les yeux bandés - elle agite les bras dans toutes les directions, ne sachant pas qui est son ennemi et comment lutter contre lui. Elle reste impuissante, car il lui manque quelque chose, mais elle ne comprend même pas « quoi ? ».

Réponse : L'homme doit toujours chercher les réponses à ses propres questions, car cela favorise l'acquisition d'expérience de vie et contribue au développement de l'intellect. Beaucoup de gens, ayant des âmes jeunes qui n'ont pas encore acquis suffisamment de connaissances sur la manière dont l'existence humaine fonctionne, peuvent également manquer de connaissances sur la manière de trouver une réponse à leur question.

Mais, rester dans un tel état d'ignorance n'est pas non plus souhaitable. Tant que la réponse n'est pas trouvée par soi-même, il est tout à fait possible de se fier à l'expérience de quelqu'un d'autre jusqu'à ce que vous acquériez votre propre expérience de vie. Il est utile d'apprendre des erreurs des autres pour éviter de commettre les siennes.

Mais trop souvent, donner des réponses toutes faites à quelqu'un est également nocif. Si on lui fournit constamment une solution toute prête, cela reviendra à un travail de l'âme étrangère, alors que l'âme de la personne qui pose la question doit elle-même acquérir une compréhension de la situation par ses propres réflexions, en se comparant aux autres, elle doit tout comprendre par elle-même. Il est toujours nécessaire de chercher des options pour la bonne réponse ; ainsi, après avoir acquis votre propre expérience, l'âme progressera considérablement dans son développement.

L'âme doit progresser constamment. La connaissance par le travail personnel est la meilleure pratique, car elle s'enracine profondément dans l'âme sous forme d'expérience de vie.

Il ne faut jamais s'arrêter, car l'arrêt sera considéré comme une dégradation, puisque l'homme, pendant une certaine période de son existence, n'a pas pu acquérir de nouvelles connaissances sur le monde. Ainsi, la recherche contribue toujours au progrès de l'âme.

Pourquoi laissons-nous beaucoup de choses sans réponse.

Lecteur : Lorsque vous ne répondez pas (sur le site) aux questions de quelqu'un, cela signifie-t-il que la personne ne mérite pas de réponse ou que vous ne savez pas comment lui répondre ?

Réponse : En nous appuyant sur notre enseignement et notre expérience spirituelle, nous pouvons justifier les réponses à presque toutes les questions posées par les lecteurs. Mais, nous ne répondons pas aux questions auxquelles la personne doit trouver les réponses par elle-même, car elles sont soit très simples, soit nous avons déjà répondu à de telles questions auparavant et le lecteur n'a pas pris la peine de vérifier si elles ont déjà été posées. Nous considérons que la personne est simplement paresseuse et souhaite obtenir une réponse personnelle et immédiate, sans respecter le temps des auteures elles-mêmes.

Mais il y a aussi des questions incorrectes auxquelles il est désagréable de répondre, c'est-à-dire que certains interrogateurs manquent simplement de bonnes manières. Nous ne répondons pas non plus aux questions répétitives et similaires.

Le développement est infini

Lecteur : J'ai lu des livres toute ma vie, depuis l'âge de cinq ans, et au cours des dix dernières années, je me suis arrêté sur vos livres.

Maintenant, beaucoup écrivent sur le passage de l'âme après la mort dans un autre monde subtil, où apparemment l'âme continuera son existence et son développement, y compris dans un état différent. Je voudrais donc clarifier : "Vais-je étudier dans l'"autre monde" après ma mort ?" De plus, il se trouve que je lis seulement, surtout maintenant, à la retraite, et je ne fais pas grand-chose d'autre. Est-ce que je subis un certain développement pendant cette période ?

Réponse : Les Supérieurs ont organisé l'existence de l'âme humaine de telle sorte qu'où qu'elle soit, elle doit se développer et accumuler de nouvelles énergies dans sa matrice. De plus, on peut affirmer que l'âme humaine continuera toujours à apprendre, où qu'elle soit, même dans la Hiérarchie de Dieu. L'évolution de l'âme sans apprentissage est impossible, tout comme l'existence éternelle sans enrichissement constant de Nouvelles Connaissances. Seules les Connaissances aident l'âme à progresser sans limite dans les vastes étendues de l'Univers Entier (Création), tout comme le carburant permet actuellement aux voitures de se déplacer à travers les vastes étendus de notre planète.

L'objectif de chaque individu sur Terre est d'accumuler et de comprendre autant de Nouvelles Connaissances que possible. Par conséquent, le fait que vous, en étant à la retraite, continuez à acquérir de Nouvelles Connaissances, contribue au développement de votre âme. Elle continue à progresser, ce qui est un plus pour vous. Quant à toute action dans les situations de la vie, évidemment, la façon dont vous avez intégré les Nouvelles Connaissances dans vos actions sera vérifiée dans votre prochaine incarnation. Mais l'essentiel est que vous ne passez pas votre temps à la retraite de manière inutile, et évidemment, vous essayez de remplir chaque minute de votre vie avec quelque chose d'utile. C'est très correct. Ainsi, vous passerez plus rapidement dans la Hiérarchie de Dieu.

Nous parlons du moment où de nombreuses âmes de la cinquième race passeront déjà après le Jugement Dernier dans une existence éternelle, ce qui indique également que le développement se poursuit constamment. Grâce au perfectionnement, l'âme monte dans les Niveaux de la Hiérarchie. C'est le développement qui rend l'existence de l'âme infinie.

Comment se retrouver dans ce monde

Lecteur : Que pouvez-vous conseiller à une personne qui se sent perdue dans la vie, qui ne parvient pas à se retrouver, comme si elle n'avait pas sa place dans le monde ? Comment peut-elle continuer ?

Réponse : De tels moments arrivent presque à tout le monde. Tout d'abord, il ne faut pas désespérer. Cette personne devrait bien se reposer, manger, et ensuite, sans être distraite, réfléchir à ses possibilités. Souvent, dans de telles situations, une personne voit beaucoup de ses liens et contacts avec les autres se rompre. Il est donc important de se rappeler avec qui elle entretenait les meilleures relations, qui parmi ses anciennes connaissances est le plus actif et peut lui venir en aide. Ensuite, il faut choisir quelques connaissances du passé et essayer de renouer avec elles. Il est possible que parmi elles se trouve la chaîne de destinée recherchée, qui pour une raison ou une autre a été rompue, mais qui devrait la mener sur le bon chemin.

Les actions des élèves aux points de contrôle

"Le lecteur a formulé sa question (ci-dessous) comme des

réflexions sur le programme de vie donné à un individu positif avec l'inclusion de notre schéma, qui a été présenté dans le livre devant lui. Mais, comme le nouveau lecteur qui découvrira ces informations n'aura pas accès au schéma contenu dans l'autre livre, la question elle-même sera incompréhensible pour lui. Nous avons donc décidé d'inclure le schéma dans ce livre également, ne serait-ce que pour qu'il comprenne de quoi il s'agit, quels choix l'individu a dans son programme de vie et lesquels il n'a pas. Mais, nous avons apprécié les réflexions du lecteur posant cette question ; il a abordé les informations de manière réfléchie. Passons maintenant à sa question.

Lecteur : Est-ce que je comprends correctement ? Veuillez vérifier mes raisonnements comme un examen.

Le programme d'une personne se forme avant sa naissance sur la base de sa vie antérieure. Le programme comprend des points de contrôle (qui représentent des événements importants de la vie d'une personne). Autrement dit, il comprend toujours des situations qui se produisent à chaque choix de chemin de vie de la personne, et ces événements sont inévitables pour elle. (Ce sont les points de situation "p", "r", "s", "m" sur le chemin 2.) Dans certains points de contrôle (points A, B), la personne fait un choix (Fig. 1).

Le Déterminant envoie à son disciple, par l'intermédiaire de l'anneau d'impulsion, une impulsion qui se transforme en son désir de faire un choix (point A). Par exemple, après avoir terminé l'école, il est obligé de choisir : soit étudier dans une institution d'enseignement supérieur humanitaire, soit agricole, soit technique. Par conséquent, au moment du choix, le jeune homme ressent un certain désir, et sur la base des qualités acquises dans le passé et en se basant sur l'expérience des autres personnes, il commence à réfléchir à quel chemin choisir, quelle personne devenir.

Il y a généralement trois chemins : optimal (chemin 2), positif (chemin 1) et négatif (chemin 3). Tous les chemins se rejoignent aux points de contrôle (points de situation A et G). Si une personne choisit l'un des chemins, elle le suit jusqu'au prochain point de contrôle, qui la conduit déjà à des situations de vie rigides (points "s", "m"), où le choix peut être complètement absent.

Cependant, il existe également des points secondaires dans le programme, où le choix est généralement absent et où il n'y a pas d'autres chemins. Jusqu'au prochain point de contrôle, tout suit strictement le programme, donc si un individu a choisi ce chemin (chemin 2 ou 3), il ne peut avancer que par celui-ci.

Sur le chemin positif (chemin 1), il y a encore des points de choix (point de situation B), et la personne peut encore se diriger vers d'autres événements. Mais l'un de ces points (point B) peut le conduire à la dégradation et donc, pour éviter cela, le chemin choisi conduit l'étudiant au point de contrôle F, mettant fin à sa vie. C'est une impasse.

FRAGMENT DE PROGRAMME AVEC TROIS OPTIONS POUR LES VOIES DE DÉVELOPPEMENT

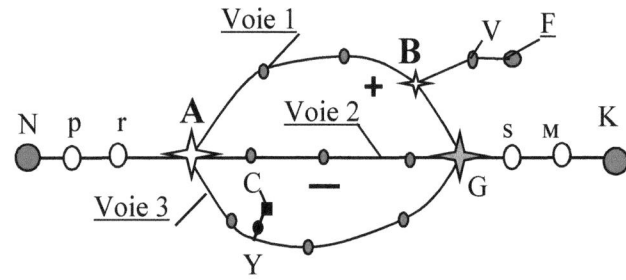

Notation :

Voie de développement 1 - positive ;

Voie de développement 2 - optimale ;

Voie de développement 3 - négative ;

B-V-F - branche du programme en impasse ;

N - naissance, début du programme ;

K - mort, fin du programme ;

A, B - situations de choix ;

G - point de contrôle, qui met fin à l'une des variantes sélectionnées ;

$\emptyset$ — les points secondaires ;

O — les points de contrôle qui ne peuvent être évités.

Fig. 1

L'homme a été conduit vers elle par un choix incorrect fait dans la situation B. Une fois de plus, on lui a donné l'opportunité d'éviter la dégradation et de progresser davantage..., mais dans sa prochaine vie, sans perdre aucune qualité.

Sur le chemin de développement négatif (chemin 3), des points secondaires existent également, mais le chemin est déjà difficile, avec des problèmes, pour que l'homme comprenne qu'il a fait le mauvais choix et qu'il ne suive pas ce chemin à l'avenir.

De plus, un point secondaire peut mener l'élève dans une impasse - le point de situation Y (car ce point est donné lorsque la personne dégénère fortement sur le chemin choisi). C'est-à-dire que dans ce cas (en cas de dégradation)*, par la mort (point C), ils veulent sortir cette personne des processus de dégradation plus tôt que la possibilité de sortir du programme qui lui était destinée en cas de développement normal à un âge avancé (point de situation K). Dans de tels cas, parfois, une mort précoce (aux points F, C) empêche une dégradation totale ou partielle de la personnalité.

Mais si une personne choisit une autre situation, qui n'est pas une impasse, alors tout se passe normalement. (C'est-à-dire que, par exemple, dans une situation de vie difficile, un individu peut se retrouver à l'hôpital, etc., mais ensuite, il sera aidé à se rétablir et il continuera sa vie normalement, et vivra jusqu'à un âge avancé.)

Si une personne se voit donner, disons, 300 points dans le programme, comme 300 situations de vie différentes, mais qu'il n'a traversé que 150 situations et qu'il est décédé (en choisissant le point B), cela signifie que la mort est survenue en raison d'une situation d'impasse dans laquelle il s'est engagé, sans réfléchir à où telle ou telle situation de vie le mènerait.

En conséquence de son acte irréfléchi, l'individu a fait le mauvais choix en empruntant un chemin qui ne lui apportait aucun développement, c'est-à-dire qu'il s'est complètement arrêté dans sa progression. Et les Supérieurs, anticipant un tel choix, ont simultanément avec ce choix, intégré spécifiquement dans la voie sans issue du développement la mort en tant que limiteur de la dégradation de la personnalité.

Ainsi, les Supérieurs ont prévenu les dettes énergétiques que l'homme aurait pu accumuler dans cette voie sans issue, dans laquelle il s'est engagé (déjà lors du choix au point A), s'il avait suivi cette voie pendant longtemps et avait accumulé de nombreuses dettes énergétiques.

Cependant, si l'homme a réussi à traverser les 300 points, comme son programme complet, et est mort au point K, c'est-à-dire à la fin du programme, alors dans ce cas, on considère qu'**il a accompli complètement son programme**. Certes, il y a eu quelques erreurs mineures, mais l'essentiel est l'accomplissement complet du programme. Sans aucun doute, un tel individu ne tombera pas en enfer, et dans le prochain programme, des ajustements seront inclus pour certaines situations qu'il a traversées avec des erreurs.

Réponse : En général, votre réflexion est correcte. Pour l'homme, il est important de d'abord choisir une option positive ou optimale dans sa vie. Ensuite, il est important de ne pas se retrouver dans une impasse de développement, c'est-à-dire dans un piège.

Dans ce cas, s'il n'y tombe pas, il sera considéré que l'homme a dignement accompli son programme ; et les petites erreurs qu'il a commises dans certaines situations de vie sont considérées comme facilement corrigibles. Une telle âme passe non pas en Enfer, mais au purgatoire, qui libère son âme des énergies « mauvaises et sales ». Mais surtout, son âme ne se dirige pas vers les couches de l'Enfer. Pour l'âme, c'est très important, car il est clair qu'en Enfer, elle souffrira beaucoup plus que dans un purgatoire ordinaire, où elle sera bien mieux traitée qu'en Enfer. C'est pourquoi il est toujours important de prendre très attentivement chaque choix dans la vie.

En ce qui concerne ce que vous avez dit sur l'apparition des désirs chez l'homme, dans les points de contrôle, le Déterminant positif n'envoie jamais à son élève des désirs spécifiques. Il donne simplement une impulsion comme un signal à l'action, à la réflexion, et le disciple choisit lui-même la voie à suivre en fonction des qualités qu'il a déjà développées, ou pour certaines de ses propres considérations.

Les désirs s'éveillent en lui dans des situations spécifiques, ceux qu'il a déjà développés dans le passé en fonction d'actions similaires. Les désirs surgissent en résonance avec ses expériences passées, ses actions et ses sentiments précédents. Et la personne répond le plus souvent aux sensations et aux sentiments qui lui ont apporté du succès ou quelque chose d'agréable dans le passé. Ainsi, l'individu essaie de renforcer sa compréhension de la justesse de son choix, bien qu'il puisse parfois tomber dans un piège s'il analyse incorrectement les subtilités de la situation actuelle de sa vie.

Certains individus, lorsqu'ils font face à une situation, ne sont pas guidés par des désirs et des sentiments, mais par l'expérience de leur propre vie ou par l'expérience d'autres personnes, telles que des éducateurs, des enseignants, des parents, etc. Cela les aide souvent à faire le bon choix et à résoudre correctement les problèmes de leur vie.

L'impulsion elle-même ne se transforme pas en désir car elle est neutre, mais l'impulsion peut éveiller un certain désir négatif chez l'individu, et si sa volonté est faible, l'élève peut céder à ses bas désirs, accumulant du karma ou se dirigeant vers l'Enfer.

Tout cela montre qu'il est très important que lorsque l'homme fait ses choix dans les situations de sa vie, il se base non seulement sur ses propres sensations et essaie de saisir des indices du Déterminant, mais qu'il se guide également nécessairement par de Nouvelles Connaissances et par l'expérience multiséculaire d'autres personnes, agissant conformément aux lois.

Le reste de vos pensées est correct.

Développement des âmes par "ordre"

Lecteur : Vous avez écrit que dans la Hiérarchie Humaine, les âmes se développent strictement selon un "ordre", c'est-à-dire qu'elles doivent atteindre la perfection de l'âme (spécialistes) d'un certain Niveau de qualité (ou de niveau d'éducation). Par conséquent, les âmes des êtres humains sont-elles orientées vers un certain domaine de développement en leur fournissant des programmes appropriés ?

Réponse : Oui, vous avez bien compris. Chaque âme a son propre but spécifique dans l'étendue de l'Univers Entier (Création), et elle est qualitativement orientée vers celui-ci à l'aide de programmes élaborés par les Supérieurs. Elle progresse lentement, car l'âme est construite avec minutie selon la qualité requise, donc son chemin vers son objectif principal dure des milliards d'années et plus.

De là, à chaque incarnation, il est nécessaire de faire preuve de patience et de passer attentivement par chaque situation, afin de minimiser les erreurs et de ne pas obliger les Supérieurs à répéter certains événements en vous guidant vers les actions correctes.

Ce qu'il faut pour soulever

Lecteur : Pour passer d'un Niveau à un autre, il est nécessaire d'accumuler une certaine quantité d'énergies de différents plans (astral, mental, éthérique, spirituel) dans la matrice. De plus, cette quantité variera pour chaque âme. Vous avez mentionné qu'en étudiant ces livres, il est possible de progresser de plusieurs Niveaux. Mais comment ? En effet, cela nécessite des énergies de différents plans et des énergies dans différents domaines - variées, car l'une se développe dans les qualités du physicien tandis que l'autre se développe dans les qualités de l'artiste. Le développement se produit-il par sous-niveaux ? Autrement dit, pour qu'une âme devienne une âme du 22e Niveau, alors qu'elle est au 21e Niveau, va-t-elle se développer par sous-niveaux (par exemple, l'âme du 21e Niveau 6e sous-niveau, etc.) ?

Réponse : Dans nos livres, il est spécifiquement indiqué combien d'unités une âme doit accumuler lors du passage de chaque Niveau de la Hiérarchie Divine. Pour l'homme dans sa propre Hiérarchie terrestre, le passage de chaque Niveau doit également être accompagné de l'accumulation d'un certain nombre d'énergies.

Tout est soigneusement calculé par les Supérieurs, mais ces données ne sont pas divulguées aux humains, afin que lorsqu'une personne atteint la quantité d'énergie nécessaire pour un certain Niveau, elle ne s'arrête pas mais continue à travailler intensément sur son âme.

Chaque Niveau n'implique pas l'étude d'une seule chose. Chaque individu est capable de développer plusieurs qualités à la fois à un même Niveau. Il ne s'agit pas nécessairement de maîtriser des professions complexes, mais de développer toute compétence utile. Par exemple, au cours de sa vie, une personne peut apprendre à cuisiner (une qualité), à bien entretenir son domicile (une deuxième qualité - la propreté), à utiliser des appareils électroménagers (une troisième qualité), à aider ses jeunes frères et sœurs (une quatrième qualité - le soin), à faire du sport (une cinquième qualité), à maîtriser parfaitement son métier (une sixième qualité), à conduire (une septième qualité), etc. Ce sont toutes des énergies de différents plans, mais d'un même Niveau. Et l'ensemble de ces qualités augmente le potentiel énergétique global de l'âme de l'individu, lui permettant ainsi de passer à un Niveau supérieur, où il pourra continuer à développer ces qualités jusqu'à leur perfection.

Mais, chaque individu est capable d'acquérir uniquement les qualités de son propre Niveau, et ensuite il peut développer un ensemble de compétences du Niveau suivant, comme apprendre à danser, chanter, peindre, étudier la théorie musicale, etc. Mais en les acquérant, l'individu doit également continuer à perfectionner ses qualités précédentes.

Ainsi, l'élévation de l'âme nécessite toujours un travail approfondi et de qualité de l'âme et du corps de l'individu, ce qui constitue le chemin de son ascension vers les Mondes Supérieurs.

Entreprises et spiritualité

Lecteur : Je suis engagé dans les affaires, je fabrique des matériaux de construction. J'aime mon travail. En même temps, je suis depuis longtemps passionné par votre Enseignement. Parmi tous les enseignements que j'ai rencontrés auparavant, le vôtre est celui que je trouve le plus compréhensible et proche de moi. Pouvez-vous me dire si le fait de faire des affaires peut entraver mon développement spirituel ?

Réponse : Non, le fait de faire des affaires ne nuira pas à votre développement spirituel, tant que les affaires sont menées honnêtement, ne nuisent à personne et contribuent au développement de la société. Les affaires fournissent aux gens les biens matériels dont ils ont besoin pour vivre à l'heure actuelle : des bâtiments, de la nourriture, des vêtements et plus encore. Il suffit simplement de ne pas franchir les limites permises.

Comment faire face aux situations sociales

Lecteur : Il est bien connu dans vos écrits que l'alcool est dangereux non seulement pour le corps, mais aussi pour l'âme. Par exemple, les gens célèbrent leur anniversaire en plaçant une bouteille de vin sur la table festive. Si ce n'est pas fait, les invités ne comprendront pas. Ma question est la suivante : si on se conforme à cette pratique sociale moderne, sera-t-elle considérée d'En Haut comme un acte malveillant - offrir de l'alcool à d'autres en ayant une connaissance avérée de ses effets nocifs cachés ?

Comment vous, les Messagers, abordez-vous de telles situations ? Après tout, la vie sociale des simples mortels vous affecte-t-elle également ? Quels conseils donneriez-vous aux gens ?

Réponse : Il vaut mieux célébrer avec des gâteaux, des boîtes de bonbons, d'autres sucreries avec un bon thé et des fruits. C'est ce que nous avons fait, et tout le monde était satisfait.

Et si une personne apporte de l'alcool (même si elle-même ne boit pas), elle soutient les traditions du Système négatif, pour lesquelles elle subira également une punition.

Ce que signifie aimer Dieu

Lecteur : Dans vos livres, vous avez écrit sur l'attitude de consommation envers Dieu. L'homme attend toujours quelque chose de Lui : de l'aide, de la protection, la guérison, des récompenses, des bénédictions, etc. À travers votre information, nous essayons de connaître Dieu mentalement, en comprenant que Dieu est la Substance Suprême qui a une structure très complexe. Dans les religions, on dit que Dieu est amour, et l'amour en tant que vertu demande des efforts. Le rang de la Loi de l'Amour Universel est inférieur aux autres (cette Loi est située dans le deuxième volume, pas le premier). Chez les Supérieurs, l'amour remplace le devoir et la responsabilité. Il y a une Hiérarchie de la qualité de l'Amour, mais ce sont tous des objets de la création de Dieu.

L'homme aime Dieu en essayant et en sacrifiant tout pour l'aider à réaliser Ses plans. Vous avez parlé à Dieu, pour vous, Il est, pourrait-on dire, tangible. Beaucoup d'entre nous, qui étudions votre information, travaillent avec un accent sur nous-mêmes, nous voulons tous nous purifier et monter dans Sa Hiérarchie. Nous voulons comprendre comment ce monde et les mondes de Dieu sont organisés. Nous pensons à Lui, parlons de Ses besoins, mais ne Le ressentons pas.

Que signifie non seulement servir, mais aussi aimer Dieu, et non seulement Ses créatures ? Tant que l'enveloppe spirituelle n'est pas développée, il est peut-être impossible de comprendre cela, ou bien chacun y parvient-il à sa manière ?

Réponse : Si une personne ne sait pas ce qu'est l'amour envers un autre être humain, alors il lui est impossible de comprendre ce qu'est l'amour envers Dieu, c'est pourquoi il est nécessaire d'y parvenir progressivement, en développant en soi diverses qualités d'amour conformément à la Hiérarchie de l'amour que nous avons décrite. Cela signifie comprendre différents types d'amour humain (pour le conjoint, les enfants, les parents, les proches, les amis, puis les collègues, etc., jusqu'à l'amour universel). Il est également nécessaire de développer l'amour pour la patrie, la nature et toutes les formes de vie. Et si quelqu'un en Europe critique votre patrie et que cela vous déplaît beaucoup, cela signifie que vous avez déjà en vous un sentiment initial d'amour, ce qui est déjà bien. Et si quelqu'un d'étranger frappe votre frère ou votre sœur et que vous, indigné(e), vous vous précipitez pour les défendre, cela signifie également que le sentiment initial d'amour envers vos proches est déjà en vous et qu'il est nécessaire de le développer en continuant à être aussi soucieux de la vie de vos proches. En les défendant et en prenant soin d'eux, vous développez cette qualité davantage.

Quant à Dieu, il est bien sûr difficile pour l'homme de s'en occuper, car Il reste invisible pour lui. Mais lorsque vous allez mal ou que vous n'avez personne à qui parler, vous pouvez vous adresser mentalement à Dieu, lui demander conseil sur quelque chose. C'est-à-dire qu'au début, vous prendrez l'habitude de penser constamment à Lui, de vous souvenir de Lui, de partager avec Lui vos succès et vos échecs, et ainsi, Il entrera progressivement dans votre vie, et ensuite, vous ressentirez de véritables sentiments pour Lui. Tout vient progressivement.

La qualité de l'amour est universelle et se compose de petits morceaux d'amour pour tout ce avec quoi l'homme est en contact. Et ce n'est qu'en comprenant l'amour universel que l'homme passera à la compréhension du niveau suivant de son développement dans la Hiérarchie de Dieu.

Comment développer l'amour

Lecteur : Pour que chez une personne se développe un sentiment tel que l'amour, par exemple, est-il nécessaire que l'environnement dans lequel il est né soit imprégné de l'énergie correspondante, qu'il ressente l'énergie de l'amour et de la bonté ? Ce sentiment peut-il se développer là où il n'y a pas d'énergies spirituelles élevées et positives ? Y a-t-il une dépendance à cela ?

Réponse : Tout dépend du contexte environnant. Si celui-ci est imprégné de haine, de méfiance généralisée, de suspicion, alors l'individu positif sera constamment contraint de se protéger de ce négativisme et ne pourra pas développer en lui la qualité de l'amour, dont il n'aura aucune notion. Dans un autre environnement, il viendra déjà avec la capacité de résister aux autres qu'il a développée.

Si la qualité de l'amour a été accumulée dans l'âme au cours des incarnations précédentes, alors dans un nouvel environnement amical et positif, elle peut se manifester à nouveau et poursuivre son développement.

Pratiquer la cosmoénergétique

Lecteur : J'aimerais connaître votre opinion sur la cosmoénergétique en tant que méthode de guérison. Est-il possible d'augmenter l'énergopotentiel de l'âme en pratiquant des exercices spirituels ?

Réponse : Toutes les pratiques liées aux énergies cosmiques sont capables d'augmenter l'énergopotentiel de l'âme et sa puissance, mais de manière insignifiante, car toutes les pratiques sont limitées par les concepts du monde terrestre.

Les pratiques qui concernent l'homme sont inacceptables pour d'autres êtres, ce qui les rend précisément limitées. Pour sortir des limites terrestres, il est toujours nécessaire d'étudier les Nouvelles Informations présentées dans nos livres.

Ce que l'autodidacte apprend

Lecteur : Comment expliquer que je n'ai pas de connaissances matérielles, mais que j'ai obtenu 60 points à l'examen d'informatique ? De plus, j'ai appris rapidement et sans professeur, en autodidacte. Cependant, les mathématiques me posent problème.

Réponse : Le fait que vous appreniez de manière autonome et rapide indique que cela vous plaît. Ce que l'on aime, on l'assimile généralement rapidement et on le comprend mieux, car le besoin vient de l'âme elle-même.

Le processus de développement des qualités automatiques

Lecteur : Quelles énergies doivent être présentes dans l'âme pour qu'elle puisse dessiner presque naturellement ? Quelles expériences peut-on traverser pour acquérir la capacité de dessiner ? Pourriez-vous les indiquer, s'il vous plaît ? Car cela est lié à un programme créatif, et une personne peut dessiner quelque chose grâce à l'accumulation d'énergie.

Réponse : Toutes les qualités ne peuvent être acquises que par un travail acharné. Même au cours d'une seule vie, on peut apprendre à dessiner correctement en s'y consacrant chaque jour. Cependant, il est important d'avoir un bon professeur capable d'inculquer à l'élève les bases nécessaires pour transposer les formes volumétriques du monde sur la surface d'une feuille de papier ou d'une toile. Les débuts dans le dessin nécessitent une technique spéciale, enseignée dans les écoles d'art. Il est donc nécessaire de faire preuve de persévérance, car un travail constant dans une même qualité contribue à l'acquisition de compétences automatiques chez l'artiste. De même, on peut accumuler les qualités d'un musicien, d'un chanteur, et autres. Tout commence par les bases et par un grand travail de l'âme, on parvient à la perfection.

Comment développer les bonnes qualités

Lecteur : Si l'âme humaine se développe à travers la souffrance, et que par patience et humilité s'ajoutent des qualités telles que la générosité, la compassion et l'amour pour toute forme de vie, alors combien d'énergies sombres et ternes (voire noires) l'âme répand-elle autour d'elle par inexpérience ? Il y en a tellement ! Nous aimerions tant que tout autour de nous scintille d'énergies pures et lumineuses, comme la neige blanche au soleil. Notre pauvre Terre est si belle dans sa pureté originelle, et pourtant nous la tourmentons avec cette saleté. Il est évident que nous privons également les Supérieurs de l'énergie nécessaire. Comment une âme jeune peut-elle se sauver et acquérir les bonnes qualités ?

Réponse : Il faut passer moins de temps à se divertir et à se reposer, et apprendre tout ce qui est bon en se référant à nos livres. Efforcez-vous de ne pas causer de mal, de ne pas offenser les autres, de ne juger personne, de ne pas médire, et apprenez à traduire les négativités envoyées par quelqu'un en plaisanteries, ou faire semblant de ne pas s'intéresser de ce qui vous est dit. Les personnes négatives aiment tourmenter les gens positifs, surtout si ces derniers réagissent activement à leurs provocations. Votre expression faciale exprimant l'offense leur procure du plaisir, et votre enveloppe astrale, au moment de l'offense, alimente même les énergies négatives. Par conséquent, efforcez-vous d'être impénétrable pour vos ennemis. Lorsqu'ils verront que vous êtes indifférent à leurs provocations et que vous n'y réagissez pas, ils finiront par vous laisser tranquille. Votre visage, tout comme vos énergocorps, doit toujours être impénétrable pour tous les malveillants.

Le positif et le négatif dans l'âme

Lecteur : Parfois, quelque chose se passe dans mon âme. Par exemple : on marche dans la rue, on voit un clochard attendant l'aumône. Au début, on a envie de lui donner quelques pièces, mais ensuite on hésite, et une voix intérieure vous dit : Regardez bien, peut-être est-il un escroc.

Est-ce là une manifestation de l'interaction entre les éléments positifs et négatifs dans l'âme ?

Réponse : Ce que vous éprouvez est le conflit entre le négatif et le positif. En effet, de nos jours, il y a malheureusement beaucoup de paresseux et de profiteurs qui cherchent à vivre aux dépens des autres. C'est pourquoi, en passant devant quelqu'un qui mendie, il faut apprendre à analyser son visage pour déterminer à quelle catégorie il appartient : les profiteurs ou les véritablement nécessiteux.

Le conflit entre le corps et l'âme

Lecteur : Chaque être humain se sent sur Terre comme une personne, et cette sensation lui est donnée par son corps, sa matière physique" («Encyclopédie de la Nouvelle Ère», «Le développement de l'homme», Tome. 6, partie 2, p. 88). Avec chaque vie successive, la personnalité de l'individu devient nouvelle. Comme cela a été observé, l'homme moderne éprouve parfois un "conflit d'intérêts". À partir d'environ quel Niveau de la Hiérarchie terrestre de l'Humanité ce genre de conflit n'existe-t-il pas à l'intérieur ?

Réponse : Tout conflit à l'intérieur de l'âme, l'apparition de contradictions, est lié à la structure de l'âme, à sa tripartition, comprenant une partie positive et une partie négative. (La troisième partie est de nature directive (gestion).) Lorsque les parties opposées se rapprochent de l'équilibre en termes de leur contenu quantitatif (la partie positive est presque égale à la partie négative), on observe chez l'individu une fréquence accrue de contradictions dans ses actions : aller ou ne pas aller, prendre ou ne pas prendre, se marier ou non, etc.

Si, par la suite, à mesure qu'il se développe, il accumule davantage de positivité, alors la partie positive de son âme l'emportera quantitativement sur la partie négative, les contradictions disparaîtront, et l'individu commencera à résoudre ses affaires de manière principalement positive. (En cas de forte prédominance de la partie négative, l'individu prendra davantage de décisions négatives dans les situations de la vie.)

Lorsqu'un "conflit d'intérêts" apparaît chez un individu, supposons qu'il souhaite être artiste et en même temps s'engager dans une activité scientifique, et qu'il ne peut pas choisir définitivement sur quoi se concentrer, cela concerne davantage son programme de vie dans cette incarnation particulière.

Cela signifie que le programme inclut un choix qui contient deux voies de développement : dans un scénario, il se développera artistiquement, dans l'autre, il commencera à explorer une science. Et comme chez une telle personne, la partie positive et la partie négative de l'âme sont en équilibre relatif, il ne peut pas faire de choix final, la balance bascule d'un côté à l'autre. Et il convient alors de s'arrêter sur la voie qui vous fera évoluer de manière plus intensive.

Dans la race d'Or, de tels conflits n'existeront plus, car la structure générale de l'homme changera, la matrice de l'âme accumulera un plus grand nombre d'éléments avec une prédominance de la partie positive (car il y aura encore des gens de Dieu sur Terre).

L'humanité atteindra enfin le 50e Niveau de développement et commencera à monter rapidement les échelons de la Hiérarchie terrestre de l'Humanité. Au-dessus du 50e Niveau de la Hiérarchie terrestre, de tels conflits ne se produiront plus.

Les conflits surviennent en raison de la mécompréhension de nombreux phénomènes de la vie dans la société et dans la nature, et l'enrichissement de l'âme avec de Nouvelles Connaissances aidera l'individu à résoudre ses propres problèmes en choisissant les bonnes solutions aux situations et en expliquant correctement de nombreux processus mondiaux.

Je ne veux pas faire ce qui est prévu dans le programme

Lecteur : Est-ce que l'homme peut ne pas vouloir du tout faire ce qu'il doit faire selon le programme ?

Réponse : Le plus souvent, l'homme ressent qu'il ne veut pas faire quelque chose avant toute tâche importante, et la responsabilité est un signe de devoir moral, de ce que l'homme doit faire par devoir de conscience. Et si le sentiment de devoir coïncide avec le désir personnel, alors l'homme saisit parfaitement ses points de contrôle et résout correctement les situations qui les accompagnent. On pourrait même dire que cela le caractérise comme un individu de haut niveau. Le désir d'accomplir une action par devoir de conscience est en effet la sensation idéale du programme. En revanche, les individus de bas niveau vont souvent à l'encontre de ce fait et suivent le programme contre leur volonté, car ils préfèrent généralement se reposer et se divertir. Vous comprenez vous-mêmes que cela va à l'encontre du programme, et donc cela ne contribue en rien au développement.

Mais surtout, vous devez toujours vous rappeler que chaque individu est maintenant confronté à la question suivante : passera-t-il à la prochaine race ou sera-t-il rejeté par l'évolution du développement vers le bas monde, ou encore sombrera-t-il complètement dans l'oubli lors du décodage.

Les enfants

Lecteur : Beaucoup de parents, ne connaissant pas le programme de leurs enfants, et encore moins le leur propre, dirigent leurs enfants vers toutes sortes de cercles qui ne correspondent pas à la programmation. Par exemple, un enfant doit devenir chimiste, mais les parents l'envoient jouer de l'accordéon, puis apprendre à danser. Comme nous vivons dans des situations holographiques, il en résulte que cela était dans le programme, mais pas comme le chemin optimal, mais plutôt positif ? Puisque tout est composé d'énergie, cela doit probablement être pour que, en choisissant le mauvais chemin, ils puissent enrichir la matrice et fournir l'énergie nécessaire aux Supérieurs ? Mais l'énergie peut changer en fonction de l'attitude envers la tâche, par exemple, si l'enfant n'aime pas jouer ou danser ?

Réponse : De nombreux enfants ont besoin de développer de nouvelles qualités positives, et cela leur est donné par la créativité. L'homme doit se développer sur plusieurs plans, c'est pourquoi les Supérieurs incluent dans le programme de l'enfant des qualités supplémentaires qui lui seront utiles à l'avenir. Si l'enfant ne résiste pas, cela signifie que les parents agissent correctement.

Cependant, si l'enfant refuse catégoriquement l'apprentissage proposé par les parents, alors ils doivent cesser d'insister pour imposer ces cercles et sections, et orienter l'enfant vers ce qu'il aime. Dans ce dernier cas, les souhaits de l'enfant indiquent que le programme prévoit une spécialisation progressive dans une qualité spécifique. En d'autres termes, les programmes permettent à certains enfants de se développer de manière polyvalente, tandis que d'autres se spécialisent.

Comment faire en sorte que les enfants apprennent

Lectrice : Il est très difficile ces temps-ci de travailler avec les enfants (de les éduquer). Que faire ? Être exigeant ou les laisser tranquilles et les laisser apprendre de leurs erreurs ?

Réponse : En ce moment, laissons les enfants apprendre de leurs erreurs, car c'est la meilleure expérience pour les jeunes âmes. Quant aux âmes de niveau moyen et élevé, elles apprendront déjà des erreurs des autres. Actuellement, c'est le moment de purger le karma, et donc chaque personne doit le ressentir en elle-même pour comprendre la nature de ses actions.

Quelles pratiques adopter

Lecteur : Sur internet, on parle des méfaits de la méditation, en les opposant aux prières. Comment faut-il aborder cela ? Actuellement, de nombreuses personnes s'intéressent aux connaissances ésotériques et finissent tôt ou tard par essayer une pratique quelconque, en trouvant des centres de développement personnel ou des enseignants voyants. Il s'agit de magie, de méditations et de circulation de l'énergie de haut en bas et de bas en haut en cercle. Est-ce une bonne chose ? Quels peuvent être les pièges ?

Réponse : Peu de gens pratiquent actuellement les anciennes méthodes, car elles ont fait leur temps. Les nouvelles méthodes seront données aux enseignants de la sixième race. Actuellement, c'est une période de purge karmique, et donc à chacun est donné le droit, par le choix, de manifester la puissance de sa conscience et de comprendre ce qui se passe dans le monde qui l'entoure. C'est aussi un test pour les gens, pour voir dans quelle direction ils vont.

Où mènent les pratiques

Lecteur : Récemment, les pratiques de yoga Kundalini, de Reiki et autres pour le développement spirituel sont devenues très répandues. Dites-moi, de quel Système cela vient-t-il ? Est-il vraiment possible de développer l'âme avec ces méthodes ? Dans quel Système cela peut-il conduire ?

Réponse : Chaque personne, par son appartenance nationale, est liée à son propre Système et y reste, quelle que soit la pratique qu'elle exerce. Il est donc nécessaire de suivre ses propres pratiques nationales. Mais si vous sentez que vous avez grandi au-delà de ces pratiques en termes de Niveau, alors vous pouvez envisager de rechercher d'autres types de pratiques qui résonneront avec votre âme.

Méditation

Lecteur : J'adore les traités d'Osho, mais on dit qu'ils viennent du Diable. Cela signifie-t-il que ses méthodes aident les individus négatifs ? Pourquoi le Diable aiderait-il à perfectionner et à enseigner la méditation aux jeunes âmes ? Je suis simplement confus.

Réponse : La méditation est une méthode universelle qui peut être utilisée aussi bien par des individus positifs que négatifs. Mais, chaque individu peut tirer des énergies opposées de la même méthode, c'est-à-dire que les individus positifs développent des énergies positives, tandis que les individus négatifs développent des énergies négatives. Il est donc important d'apprendre à utiliser correctement (méthodologie)* et de savoir distinguer les voies, les actions, les informations menant à Dieu

230

de celles menant au Diable. Par exemple, Osho prônait la débauche et attirait ainsi de nombreuses jeunes âmes du côté du Diable, les éloignant ainsi du véritable chemin, vers lequel une âme positive de niveau moyen ne se dirigera plus et ne tirera des traités d'Osho que ce qui servira au développement de sa direction positive. Dans son enseignement, une âme de niveau moyen choisira des connaissances élevées, tandis qu'une âme basse choisira les plus basses. Le développement de l'homme réside dans le choix, mais il est également important d'analyser ce que vous atteindrez grâce à cette pratique.

Vocabulaire

ABSOLU - atteignant le plus haut niveau de développement, contenant un ensemble complet des énergocomposants nécessaires, permettant à l'individu de suivre le même chemin que l'Absolu et d'atteindre son sommet ultime pour le même cycle de développement.

AUTOMATISME - le perfectionnement maximal des actions, leur exécution affinée, atteint par des modèles techniques et des répétitions multiples chez l'homme. Chez les individus, l'automatisme de nombreuses réactions est atteint par le perfectionnement, tandis que dans la production, il est intégré dans les dispositifs techniques par le biais de programmes.

ASTRAL, MONDE ASTRAL - le plan d'existence limitrophe du monde physique, travaillant avec les énergies des émotions et des sentiments humains. Le plan astral correspond à une certaine plage d'énergies.

AURA - la partie lumineuse de l'enveloppe externe du corps matériel (humain, planétaire, stellaire, végétal). Toutes les enveloppes subtiles, y compris l'âme, participent à la création de l'aura. L'aura est toujours individuelle. Pour une étoile, elle se compose de nombreuses couches, chacune remplissant ses propres fonctions. L'aura humaine peut être utilisée pour juger de ses qualités spirituelles et de son état de santé. Certains voyants peuvent voir l'aura, et certains appareils peuvent également la détecter.

DIEU - 1. Absolu, Intelligence Suprême ; la Personnalité Supérieure du plan subtil, qui dirige l'humanité (généralement) ;

2. Le Principal Hiérarque du Système positif, la Personnalité Supérieure qui dirige la Hiérarchie - une construction du plan subtil, composée de nombreux énergomondes, et qui détient, à ce stade de développement, les quatre Univers dans le cadre global de la Nature. Dieu est une Substance hautement développée, ayant atteint la perfection maximale en termes de puissance de la pensée, de capacités créatives et de potentiel par rapport à l'homme. Il possède une structure interne hiérarchisée, une âme trinitaire. C'est l'idéal vers lequel chaque être humain doit aspirer. Dieu a le pouvoir de spiritualiser et de créer du nouveau. Il possède toutes les caractéristiques qualitatives des composants de Sa Substance. Le potentiel global de Dieu est constitué de

la somme des potentiels de toutes les Unités faisant partie de Sa Hiérarchie.

HAUT (personnalité, Essence, mondes) - caractéristique du degré de développement par rapport au système hiérarchique des niveaux ; caractéristique de la position de la personne dans la société ou dans le monde.

SUPÉRIEURS - des personnalités situées à un niveau de développement supérieur au plan terrestre et dirigeant la Terre et l'humanité. En général, les "Supérieurs" désignent les Essences appartenant au premier niveau, inférieur, de la Hiérarchie, car ce sont elles qui s'occupent du plan terrestre.

INFÉRIEURS - des individus appartenant aux Niveaux inférieurs du développement de la Hiérarchie Terrestre ; des jeunes âmes qui viennent de commencer leur évolution sous forme humaine. (Les individus "inférieurs" sont jusqu'au Niveau 30, les individus moyens sont de 30 à 70, les individus supérieurs sont de 70 à 100.) La Hiérarchie terrestre est conçue pour accueillir de nombreuses personnalités supérieures, appartenant aux Niveaux supérieurs, qui achèvent leur développement sur Terre. Les individus inférieurs n'existent que dans le monde terrestre et les mondes inférieurs. Dans la Hiérarchie de Dieu, il n'y a plus d'individus inférieurs. Un individu inférieur a une intelligence faible, sait peu de choses et ses capacités créatives ne font que commencer à se développer. Il est facilement tenté et poursuit les plaisirs.

DÉTERMINANT - (anciennement - Maître Céleste), Personnalité Supérieure guidant l'homme ou toute autre créature dans la vie à travers un dispositif informatique. Contrôle l'exécution du programme par l'homme.

ORBITALE - nouvel état énergétique de la Terre, de Niveau de développement plus élevé que le précédent. Le passage à une nouvelle orbitale est toujours associé au changement de civilisations, car chaque civilisation est conçue pour produire sur Terre des types spécifiques d'énergies. Chaque civilisation, au cours de son existence, augmente le potentiel énergétique de la planète, ce qui lui permet de progresser et de monter les échelons de sa Hiérarchie de plus en plus haut, c'est-à-dire de passer à de nouvelles orbitales. L'énergopotentiel accumulé correspond au potentiel du Niveau supérieur suivant.

PROGRAMME - 1. algorithme de développement d'un processus quelconque sur une période de temps donnée. Les programmes peuvent être généraux ou spécifiques ;

2. un ensemble multivariant développé par les Substances Supérieures pour guider l'homme à travers les situations de vie de la première (naissance) à la dernière (mort), donnant à l'homme le droit de choisir (dans le Système de Dieu) et de remplir la matrice de différents types d'énergies, c'est-à-dire de possibilités d'évolution de l'âme. Les programmes peuvent être multivariés avec droit de choisir (dans le Système de Dieu) et univariés, sans droit de choisir (dans le Système du Diable).

DÉCODAGE - destruction de l'âme sur le plan subtil, annulation chez l'individu de la conscience de son "moi" en tant que personne ; démontage des structures subtiloénergétiques de l'âme avec nettoyage complet des cellules de la matrice des énergies accumulées par l'individu dans toutes ses vies passées. Ce processus est très douloureux pour la personne décodée. Sans anesthésie, l'âme le perçoit comme les tourments de l'Enfer.

EN-HAUT - indication à l'homme que tout dans sa vie est donné par des Personnalités hautement développées, qui le devancent de loin dans le développement et se trouvent sur le plan subtil dans la Hiérarchie de Dieu.

SUBSTANCE INDIVUELLE (voir Substance) - Substance avec une texture de caractère distincte ; une personnalité avec une forme de comportement clairement exprimée, dépassant le Niveau de développement du citoyen moyen.

SUBSTANCE [nouveau] (Unité, âme) - 1. l'âme, l'individu, la progression, le nominal, la personnalité, l'Unité, la Substance. Dans chaque monde de la Hiérarchie de Dieu ou du Hiérarque négatif, il y a des Substances, c'est-à-dire des personnalités hautement développées, des créateurs et des calculateurs, qui se développent selon des programmes individuels et qui sont des assistants de Dieu dans la réalisation de Ses desseins. Chaque Substance a une orientation qualitative spécifique de développement et, en fonction de cette dernière, se joint à d'autres Substances dans des Systèmes hiérarchiques, ayant une spécialisation spécifique dans leur fonctionnement.

SUBTIL (plan) - 1. tout ce qui est créé à partir d'une énergie d'un ordre supérieur à la matière physique et n'est pas perceptible par les organes de perception humains ou par ses appareils. Les constructions subtiles, tout comme les matérielles, possèdent la résistance requise, remplissent des fonctions spécifiques et existent pendant une certaine période. L'homme possède également des constructions subtiles, telles que ses enveloppes, c'est-à-dire des corps énergétiques, leurs centres et autres structures fonctionnelles de ces corps.

ÉNERGODETTES - le sous-développement par l'homme, au cours de sa vie, des énergies qu'il doit produire selon le programme de sa vie. Dans la vie actuelle, l'énergodette peut entraîner une vie future très courte (d'où les décès prématurés) *, et son développement peut également être travaillé à travers la maladie ou le handicap physique. Dans le Cosmos, l'énergodette est prise très au sérieux. Chaque individu doit compenser les coûts de son développement.

Sommaire

Introduction..7

Chapitre 1
LA RECONSTRUCTION DE LA PLANÈTE ET DE L'HUMANITÉ
La désintégration de l'ancienne civilisation..............................9
La vie change fondamentalement..10
La raison du passage de la cinquième race à la sixième.................17
Le climat du futur..24
Qui reconstruit la Terre..25
Les fissures dans la Terre..34
La diminution de la population..35
Le yin et le yang dans l'équilibre de la Terre...........................36
Que va-t-il arriver aux animaux...38
Les incarnations dans les animaux..41
Le karma des animaux de haut niveau......................................42
L'extinction des formes de vie sur Terre.................................45
Les âmes cosmiques..47
Les âmes cosmiques des Déterminants......................................48
Les âmes cosmiques et les noms cosmiques.................................49
Les qualités qui distinguent des âmes cosmiques..........................51
La matrice du mot chez les âmes cosmiques................................54

Chapitre 2
LES LOIS ET LA NOUVELLE DOCTRINE (ETUDE).
L'INCARNATION. L'EXISTENCE.
La compréhension des Lois dans la sixième race...........................55
La Nouvelle Connaissance est-elle uniquement pour les chrétiens ?....56
Les connaissances du passé dans le présent...............................62
Les anciennes et les nouvelles connaissances pour la cinquième et la sixième race..63
La sixième race a-t-elle déjà commencé à s'incarner ?..................64
L'incarnation des disciples de la Nouvelle Enseignement dans la sixième race..66
Les âmes des trois races de couleurs dans la future civilisation..........67
La division des personnes en races de couleurs est temporaire..........69
La proportion d'âmes positives et négatives en l'an 2001................70
Les aspects négatifs dans la sixième race................................72

La sixième race visitera-t-elle la planète Orekta ?........................74
Ce que la sixième race découvrira...74
La cérémonie des funérailles dans la Race d'Or........................76
Chapitre 3
LE DÉVELOPPEMENT
Que signifie "Venir avec une âme pure".................................79
De nouveaux sujets à étudier dans l'avenir..............................80
L'étude de l'aura..81
La treizième chakra..83
Les changements dans les matrices.......................................84
Chapitre 4
UN NOUVEAU CHEMIN DE DÉVELOPPEMENT
La réanimation des anciens événements..................................87
Les changements dans la structure du corps.............................89
La peau des êtres humains de la sixième race............................93
Les yeux et les cheveux de l'être humain du futur.......................93
Connexions des enveloppes subtiles......................................93
La découverte de huit enveloppes énergétiques..........................97
Chapitre 5
LES CAPACITÉS SURNATURELLES
Développer en soi des capacités surnaturelles...........................99
La construction d'une personnalité exceptionnelle......................101
Les capacités paranormales...103
Les propriétés de la télépathie...108
Chapitre 6
LES EXPÉRIENCES CONTEMPORAINES DES SUPÉRIEURS
Des enfants prodiges..111
Les enfants Indigo..113
Les talents ordinaires...116
Les enfants de la sixième race..117
L'automatisme des qualités...118
La sixième et la septième race..120
Le développement dans les sixième et septième races..................121
La logique ou intuition...124
Chapitre 7
LES DOUBLES DE LA TERRE
La sixième race. L'avenir. Les doubles de la Terre......................127

La Terre du Futur a-t-elle fait un bond en avant dans le développement..128
Si la Terre du Futur n'avait pas explosé, le Second Avènement aurait-il eu lieu ?..131
Y aura-t-il une race d'Or sur la Terre du Passé ?........................133

Chapitre 8
LES PRÉDICTIONS, LE JUGEMENT DERNIER
La source externe des nouvelles énergies dans la future race...........135
Un Appareil ou une Machine à voyager dans le temps...................136
La Machine à remonter le temps dans les plans de la sixième race......137
Les loisirs des personnes de la race d'or...................................137
Le choix du leader dans la future race.....................................138
Comment fonctionne le Distributeur..139
Les changements dans le travail des Distributeurs......................140
La prise des âmes dépend-elle de la nation................................143

Chapitre 9
PLUSIEURS QUESTIONS SUR L'ÂME
Ce qui est considéré comme Supérieur et ce qui est considéré comme inférieur...147
Le remplacement des âmes existe-t-il.....................................148
La déception de sa forme future...150
L'apparition de visions...155
Que faire dans l'au-delà sans livres..157
L'ermitage...159
Sur la séquence de construction de l'âme.................................160
Les actions des âmes basses et des âmes Hautes se ressemblent........161
Existe-t-il une dernière chance ?...162
Thèses en défense de l'homme...162
N'est-ce pas une charge excessive pour l'âme humaine ?...............166
La connexion spirituelle..169
L'incarnation en deux corps...169
L'excellente mémoire des dates...171
Est-il possible de voir les compositions d'autres âmes..................171
Révélation..173
L'esclavage de l'âme..174
Les âmes des mondes inférieurs...174
Existe-t-il là-bas un rituel pour conduire l'âme dans l'incarnation......175

Que ressent l'homme après le dernier point de contrôle..............176
Assassiné de manière non planifiée...................................177
Qui étaient les premiers humains.....................................177
Adam et Ève..212
La téléportation...178
Où est située l'âme dans le corps....................................179
Les signes d'un comportement correct.................................179
Pourquoi les retraités sont-ils pauvres..............................180
Qui est un "en avant"..180
Les personnes énergovampires...181
Les signes d'une jeune âme...283
Quelles sont les qualités bloquées...................................184
La finesse dans le goût..185
Les programmes de l'homme..185
Que signifie l'introversion..186
La lévitation..186
Introvertis et extravertis...187
Comment devenir psychologue..188
Si la vie passe à côté...189
De quoi l'âme est composée...189
Le remplissage de l'âme avec des énergies............................190
Le Bien et le Mal..190
Résister au mal..190
Quelle est la voie à suivre..191
Partir ou ne pas partir..192
La durée de séjour des âmes dans la Chambre des Âmes (stockage)...193
Un choix difficile...193
Croire en ses sentiments...194
Comment déterminer le Niveau...194
Un Âme de Niveau 92..195
Quand apparaîtront les âmes de Niveau 70 à 100 sur Terre.............195
Les âmes terrestres les plus élevées.................................199
Le développement des Niveaux ultérieurs..............................201
Je ne supporte pas les alcooliques...................................202
Je m'éloigne de la société...202
Rencontrer la nature est mieux que rencontrer des gens...............204
La demande d'aide auprès des Supérieurs est-il mal...................204

Gullivers et Lilliputiens……………………………………………...205
Périr (mourir) en tant que culturel………………………………206
Les bombardements affectent-ils l'âme………………………206
Les liens familiaux et amicaux dans le monde subtil……………208
Deux âmes dans un seul corps……………………………………209
Chapitre 10
CE QU'IL FAUT FAIRE POUR LE DÉVELOPPEMENT DE L'ÂME
Dans l'impasse ou pas encore……………………………………211
Trouver des réponses à vos questions……………………………211
Le développement est infini………………………………………213
Comment se trouver dans ce monde……………………………214
Les actions des élèves aux points de contrôle…………………214
Développement des âmes par "ordre"……………………………219
Ce qu'il faut pour soulever……………………………………...220
Entreprises et spiritualité…………………………………………221
Comment faire face aux situations sociales……………………221
Ce que signifie aimer Dieu……………………………………...222
Comment développer l'amour……………………………………223
Pratique de la cosménergétique………………………………...224
Ce que l'auto-apprentissage apprend……………………………224
Le processus de développement de qualités automatiques…………...224
Comment développer les bonnes qualités………………………225
Le positif et le négatif dans l'âme………………………………226
Le conflit entre l'âme et le corps………………………………...226
Je ne veux pas faire ce qui est prévu dans le programme……………228
Les enfants……………………………………………………...228
Comment faire en sorte que les enfants apprennent………………229
Quelles pratiques adopter…………………………………………229
Où mènent les pratiques………………………………………...230
Méditation………………………………………………………...230
Dictionnaire………………………………………………………232
Sommaire…………………………………………………………285

La liste des livres
Série « Au-delà de l'inconnu »
Seklitova L.A & Strelnikova L.L

Site : www.6paca-france.com
Mail : 6paca.fr@gmail.com

❖ « L'Esprit Supérieur révèle les mystères »
❖ « L'Âme et les secrets de sa structure »
❖ « Les mystères des mondes Supérieurs »
❖ « La vie secrète des Maitres Célestes »
❖ « La structure d'énergie d'une personne et de la matière »
❖ « Les rencontre avec les invisibles »
❖ « La création des formes ou bien les expérimentes de l'Esprit Supérieur »
❖ « La vie dans un corps d'autrui »
❖ « L'Homme de l'ère du Verseau »
❖ « Les perles des vérités Supérieurs »
❖ « Le dictionnaire de la philosophie cosmique »
❖ « La matrice – base de l'âme »
❖ « Le doigt du Destin »
❖ « La terrestre et l'éternité »
❖ « Le feu de Prométhée »
❖ « Notre Armageddon »
❖ « La philosophie de l'éternité »
❖ « La philosophie de l 'Absolu »
❖ « La personnalité et l'éternité »
❖ « La formation de l'âme ou paradoxale philosophie » Tome 1 et 2
❖ « Le nouveau modèle de l'Univers.»
❖ « Les lois de l'univers ou les bases de l'existence de la hiérarchie Divine »
❖ « Les mystères du 21ème siècle » (FAQ)
❖ « Le chemin de l'inconnu » (FAQ)

- ❖ « Les révélations du cosmos »
- ❖ Les conversations sur l'inconnu »
- ❖ « Le mystère à la réalité »
- ❖ « Le Formule de l'évolution »
- ❖ « L'illusion de vérité »
- ❖ « L'homme de la race d'or »
- ❖ « Le but du développement de l'homme »
- ❖ « Les doubles de la Terre » (FAQ)
- ❖ « Au-delà du monde visible » (FAQ)
- ❖ « Les capacités paranormales »
- ❖ « La transformation des âmes de différentes formes de vie » (FAQ)
- ❖ « La réponse de Pythagore » (FAQ)
- ❖ « Les découvertes sans télescope » Tome 1 et 2
- ❖ « Comment ne pas tomber dans l'Enfer »
- ❖ « De quoi la science ne parle pas »
- ❖ « Les secrets énergétiques d'un mariage durable »

Série « Encyclopédie d'une Nouvelle Ère »
Seklitova L.A & Strelnikova L.L

Section : L'Homme de la sixième race » :
1. « Le création de l'Homme » Tome 1
2. « Le création de l'âme » Tome 2
3. « Le développement de la pensée » Tome 3
4. « La Naissance, la Mort et le Karma » Tome 4
5. « L'Amour, la Famille et l'Enfants » Tome 5
6. « Le développement de l'Homme » Tome 6
7. « Le Choix de l'Âme ou bien le développement positive et négative» Tome 7
8. «Le Sort, le Destin ou bien le Rôle des Programmes dans le développement» Tome 8
9. « L'Humanité » Tome 9
10. « L'Homme Incroyable » Tome 10
11. « De nouvelles informations sur la religion » Tome 11

Section : « La race de la Terre d'or » :
12. «La Terre est une planète qui pense» tome 12
13. «Les mystères du Temps » tome 13
14. « L'univers et ses mondes » tome 14

Série « Magie de la Perfection »
Seklitova L.A & Strelnikova L.L

❖   « La Liberté et l'inévitable »
❖   « Les leçons Karmiques du Destin »
❖   « La Phénomène de l'âme »
❖   « Le Grand Passage ou les Variantes de l'Apocalypse »
❖   « Les Causes des souffrances d'une personne »
❖   « 2012, La fin du Monde ou Prédictions Optimistes »
❖   « Pourquoi la Terre change »

Série « Spiritualité à Aphorisme »
Seklitova L.A & Strelnikova L.L

Cette série Cette série comprend des livres suivants:
« Facettes du diamant »,
« Blues d'étoile »,
« Miroir de la sagesse »,
« Pétales du lotus »,
« Ode de l'éternité »,
« Sonate de la vérité »,
« Sagesse *à aphorisme* »,
« Vérités éternelles ».
« La sagesse dans les aphorismes »
« Pointes et roses »